上海高等学校一流本科建设引领计划项目系列教材

跨文化管理概论
Introduction to Cross-cultural Management

主编 王朝晖
参编 周 霞 段明明

机械工业出版社

本书在文化与管理、跨文化沟通、跨文化营销与人力资源管理等方面着力，强调"应知"（知识点）和"应会"（可操作性），以跨国公司为核心，以文化差异为重点，立足于全球化与本土化、标准化与差异化，同时做到理论与实践相结合。

本书通俗易懂，力求内容全面、系统。本书以相关专业的本科生和硕士研究生为主要读者对象，也可供社会读者自学使用。

图书在版编目（CIP）数据

跨文化管理概论/王朝晖主编．—北京：机械工业出版社，2020.4
（2024.7重印）
上海高等学校一流本科建设引领计划项目系列教材
ISBN 978-7-111-64877-2

Ⅰ．①跨… Ⅱ．①王… Ⅲ．①企业文化–跨文化管理–高等学校–教材 Ⅳ．①F272-05

中国版本图书馆 CIP 数据核字（2020）第 032951 号

机械工业出版社（北京市百万庄大街22号　邮政编码100037）
策划编辑：常爱艳　责任编辑：常爱艳　王　芳　易　敏
责任校对：常筱筱　封面设计：鞠　杨
责任印制：邓　博
北京盛通数码印刷有限公司印刷
2024年7月第1版第2次印刷
184mm×260mm · 14印张 · 1插页 · 346千字
标准书号：ISBN 978-7-111-64877-2
定价：45.80元

电话服务　　　　　　　　　　网络服务
客服电话：010-88361066　　机　工　官　网：www.cmpbook.com
　　　　　010-88379833　　机　工　官　博：weibo.com/cmp1952
　　　　　010-68326294　　金　书　网：www.golden-book.com
封底无防伪标均为盗版　　机工教育服务网：www.cmpedu.com

前　言

改革开放使我国打开了大门。大量外国企业进入中国，通过独资、合资和合作等方式开展经营活动；我国企业也开始走出去，到国外进行各种投资。随着经济全球化的进程不断加快，文化差异在这些企业国际化经营中的影响引起了越来越多的关注，跨文化管理因此成为它们必须重视的课题。与此同时，在跨国企业进行人员外派和人才本土化的过程中，跨文化交际和沟通对员工素质提出了很高的要求，国内外企业对于跨文化人才的需求日渐增多，这一状况促使我国的高等教育做出反应，一些大学陆续开设了跨文化管理的课程，跨文化管理方面的教材也在这一过程中不断推陈出新。

一、国内外相关研究对教材的促进

跨文化管理指的是企业在跨国经营中，对各种文化差异开展灵活变通的管理，包括妥善处理文化冲突，应对文化差异给企业带来的挑战和机遇，最大限度地挖掘员工的潜力，以实现企业的战略目标。基于文化的视角，对不同的管理模式及管理原则进行比较研究，由此总结出适应不同文化条件的管理方法与技能，是跨文化管理研究的重要内容。国内外学者有关跨文化管理的研究成果，为我国高校的跨文化管理教学和教材编写提供了理论基础。

（一）文化维度理论成为教材的重要内容

跨文化管理研究自20世纪60年代兴起至今已有几十年的历史。全世界200多个国家和地区之间，甚至同一个国家的不同地区之间，都存在各种各样的文化差异。为了认识和区分这些形态各异的文化，帮助企业更好地开展经营，一些学者提出了文化维度的相关理论。这些理论能够帮助人们明确文化之间的差异，解释这些差异背后的逻辑，在实践中发挥指导作用，因此在我国的跨文化管理研究和教学中得到了高度重视，同时也成为我国跨文化管理教材的重要内容。

（二）国外的跨文化管理研究为教材提供参考

随着越来越多的企业开展国际化经营，文化差异理论与企业管理理论结合得越来越紧密，一些欧洲学者总结了国际商务的经验、教训，分析并研究了企业的实践案例，撰写了不少跨文化管理著作。我国在2001年加入世界贸易组织（WTO）以后，这些书籍的中译本也纷纷面世，它们为我国高校跨文化管理教学提供了很好的支持和参考。

值得关注的是，不少海外华人学者，主要是生活在美国、加拿大、澳大利亚、新加坡及欧洲一些国家的大学教授，在跨文化管理的研究和教学方面做出了很大的贡献。一方面，他们拥有在多元文化中生活和工作的经历，对文化差异有比较深刻的理解，因此能够针对外国公司在我国以及我国企业在国外的经营提出自己的见解；另一方面，他们与我国高校建立了非常密切的联系，通过学术交流和兼职教授等形式，将国外流行的跨文化管理理论和教学方式传播过来，在很大程度上推动了我国高校跨文化管理教学的发展，对跨文化管理教材的编写和出版有重大影响。

(三) 我国本土学者的跨文化管理研究为教材提供支持

改革开放以后，我国本土学者一边吸收和借鉴国外学者的理论观点，一边总结企业的跨文化管理实践，形成和积累了不少理论成果。用"跨文化管理"为主题词对中国知网（CNKI）进行检索，发现1988年至2020年有关"跨文化管理"研究的文献超过2000篇，其中绝大部分是期刊论文，也包括一些硕士论文、博士论文、会议论文、报纸文章。与此同时，我国本土学者有关跨文化管理的著作也陆续问世。这些情况在某种程度上说明我国的高等教育特别是工商管理教育对跨文化管理人才的培养愈加重视。

此外，我国本土学者注重使用比较的方法对跨文化管理进行研究，从文化的视角，对不同的管理模式及其背后的管理思想进行比较，重点探讨适应我国文化条件的管理方法与技能，即中国式管理。以曾仕强为代表的学者通过研究美国式管理、日本式管理等参照物，以及中国传统文化和跨国公司实践，不断构建和完善中国式管理的理论体系，对企业管理和高校教学有越来越大的影响力，其中不少观点被后来出版的跨文化管理教材吸收和阐述。

二、从全球化到本土化的跨文化管理教材

跨文化管理是适应经济全球化和企业国际化的发展趋势而形成的一门综合性管理学科。当前对跨国公司的研究趋向于文化比较层面，遵从文化原则和比较原则。文化原则指的是，文化是影响管理风格的主要权变因素，只有在具体的文化框架内，传统的管理原则与方法才具有操作的现实意义；比较原则指的是，通过比较不同文化背景下管理原则和方法的相似性与差异性，为跨国公司提供有效的管理指南。最近十多年来，我国的跨文化管理教学存在比较明显的发展轨迹，即"引进—吸收—整合—创新"，其中，教材的推陈出新也反映了从全球化到本土化的特征。

(一) 国外的跨文化管理教材被陆续引进我国

他山之石，可以攻玉。西方发达国家在企业国际化经营方面相对领先，很早就重视跨文化人才的培养，它们的部分高校陆续出版了许多跨文化管理方面的教材。由于美国是世界第一大经济体，工商管理教育比较完善，美国学者撰写的教材也得到了广泛传播。国外优秀的跨文化管理教材不断在我国出版发行，促进了我国高校跨文化管理教学的发展。

(二) 我国学者不断推出本土化的跨文化管理教材

随着我国经济的飞速发展、综合国力的增强，国人对自己的文化更加自信，同时在世界500强的排行榜中我国企业的数量逐年增加，在全球范围内的影响力越来越大。我国高校的工商管理教育一方面不断与国际接轨，引进国外的跨文化管理教材，另一方面也开始重视教材的本土化，在跨文化管理教学中越来越多地出现了中国学者和教师撰写的教材。现在，我国高校跨文化管理教材已有全英语教学教材、双语教学教材和中文教材。

三、对我国高校跨文化管理教材的改进建议

随着我国对外开放的不断扩大，企业对于精通跨文化管理和中国式管理人才的需求与日俱增。为了满足国际市场及国内市场的人力资源需求，跨文化管理教学的广度和深度都需要加强。种种迹象表明，在经济全球化持续发展的背景下，随着我国的跨文化管理教材与时俱进地发展和创新，我国高校将会培养出众多对多元文化有充分理解力、敏感性和适应能力的国际化人才，他们在未来世界经济的舞台上将会发挥积极的作用。

基于上述考虑，我国高校跨文化管理教材的编写，首先要明确以大学生和研究生为主要读者对象，内容应该力求全面、系统、实用、通俗易懂，并强调"应知"（知识点）和"应

会"（可操作性）；其次要以跨国公司为核心，以文化差异为重点，立足于全球化与本土化、标准化与差异化，同时做到理论与实践相结合。具体来说，跨文化管理教材需要在文化与管理、跨文化沟通、跨文化营销及人力资源管理等方面着力和改进。

本书由王朝晖设计框架和统稿，并编写第三、第五和第六章；由周霞编写第一和第二章；由段明明编写第四章。

本书作为上海高等学校一流本科建设引领计划项目系列教材，也是上海对外经贸大学国家级一流本科专业建设点的成果。对于本书的出版，上海对外经贸大学的各级领导给予了大力支持，赵平、孙海宁等教师，以及傅佳诚、周胡非、陈成琳、张春胜、朱晓菲、罗田雨等硕士研究生为书稿贡献了很多力量，在此一并表示感谢！

为选择本书作为授课教材的教师免费提供电子课件（PPT）、习题解答、模拟试卷，请联系责任编辑索取：changay@126.com。

本书是在 2009 年出版的《跨文化管理》和 2014 年出版的《跨文化管理原理与实务》的基础上编写而成的。我们在编写过程中参阅了大量国内外论著和资料，谨向作者们致敬！由于编者的专业水平和能力有限，书中难免存在不足之处，敬请各位专家与读者批评指正。

编　者

目　录

前　言
第一章　文化与管理 1
　第一节　文化 1
　第二节　国家文化 5
　第三节　企业文化 15
第二章　文化差异理论 34
　第一节　文化维度理论 34
　第二节　文化架构理论 47
　第三节　六大价值取向理论 54
　第四节　个体主义—集体主义理论 58
第三章　跨文化沟通 67
　第一节　文化差异对跨文化沟通的影响 67
　第二节　口头语言沟通的跨文化差异 74
　第三节　非口头语言沟通的跨文化差异 82
　第四节　跨文化谈判 90
第四章　跨国公司的文化整合 106
　第一节　跨国公司的文化环境 106
　第二节　跨国公司的文化管理 114
　第三节　跨文化团队的管理 126
第五章　跨文化营销 144
　第一节　跨文化市场调研 144
　第二节　跨文化产品和定价 151
　第三节　跨文化促销 161
　第四节　跨文化分销 167
第六章　跨文化人力资源管理 176
　第一节　跨文化人员配备 176
　第二节　跨文化员工培训 185
　第三节　跨文化绩效评估 193
　第四节　跨文化薪酬管理 199
　第五节　跨文化劳资关系 206
参考文献 216

第一章
文化与管理

教学目的和要求：
1. 了解文化的定义。
2. 熟悉典型文化类型的特点。
3. 理解不同国家的文化对管理的影响。

第一节 文 化

一、文化的定义

有关文化的定义很多。汉语中，文化的本义为"以文教化"，表示对人的性情的陶冶、品德的教养，属精神领域范畴。英语中，"文化"（culture）一词源于拉丁文"cultura"，最初意为经过人类耕作、培养、教育、学习而发展的各种事物或方式，后来逐步演变为个人素质及整个社会的知识、思想、文艺等，并且被引申为全部社会生活。研究者由于所处的地位和所观察的阶段不同，对文化概念的理解和体会也不同。文化的定义既反映了文化的丰富内涵，也反映了文化与个人、民族、国家和社会的紧密联系。

无论是从人类学、社会学、心理学，还是从哲学等角度考察和定义文化现象，专家和学者们都为人们展示了如何理解文化的开阔视野。要给文化下一个完整而科学的定义并不容易，一般来说，它具有广义和狭义两种含义。

1. 广义的文化

广义的文化是指人类精神产品和物质产品的创造过程及其结果。爱德华·伯内特·泰勒（Edward Burnett Tylor）、爱德华·萨丕尔（Edward Sapir）、戴维·波普诺（David Popenoe）等从广义上对文化做出了定义。

泰勒在《原始文化》一书中将文化概括为"包括知识、信仰、艺术、道德、法律、习俗以及作为一个社会成员的人所习得的一切能力和习惯的复合整体"。这个定义具有经典性，认为一切文化都凝结了人类的创造性，为后人对文化概念的界定提供了基本的线索和引导。

萨丕尔认为，文化是被民族学家和文化史学家用来表达在人类生活中任何通过社会遗传下来的东西，包括物质和精神两方面。

波普诺则认为，文化是人类群体或社会的共有产物，这些共有产物不仅包括价值观、语言、知识，还包括物质对象。

2. 狭义的文化

狭义的文化专指精神产品的创造过程及其结果，包括语言、文学、艺术及一切意识形态。持狭义观点的学者有克拉克·威斯勒（Clark Wissler）、理查德·拉皮尔（Richard Lapiere）、吉尔特·霍夫斯泰德（Geert Hofstede）等。

威斯勒认为，文化现象包含所有人类通过学习所获得的行为。拉皮尔则认为，文化是一个社会群体中一代代人学习得到的知识在风俗、传统和制度等方面的体现，是一个群体在一个已发现自我的、特殊的自然和生物环境下，所学到的有关如何共同生活的知识的总和。霍夫斯泰德认为，文化是一个环境中人的"共同的心理程序"（collective mental programming）。

综上所述，文化是人类文明进程中不断习得和积累的，并为自身所默认且潜在主导人的思想、行为及习惯等的一系列知识、经验、感受的总和。它在某一群体内作为共性相对持久地存在，从其能动性上看，表现为向文而化的动态过程。⊖

二、文化的层次

文化是一个复杂的概念。对文化的内涵进行层次分析，有助于更好地理解什么是文化。文化的内涵表示文化内部的本质属性，包括其要素与结构。同心圆模型、文化陀螺结构模型是形象化地分析文化内涵层次时常用的工具。

1. 同心圆模型

"同心圆说"又称"多层次论"。目前大多数学者在研究文化层次时持此观点。同心圆模型是以精神层为中心圆、其他外圆层层包围的模型，如图1-1所示。

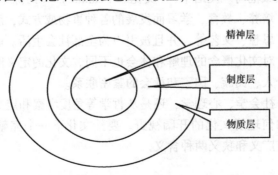

图 1-1 同心圆模型

⊖ 任志宏等，《企业文化》，经济科学出版社，2006年版，第5页。

同心圆模型根据划分方法的不同，又可分为很多种：

（1）两层次论　两层次论如物质文化与精神文化、显性文化与隐性文化、有形文化与无形文化等。

（2）三层次论　三层次论如物质文化、精神文化与制度文化，物质文化、观念文化与政治文化等。

（3）四层次论　四层次论如物质层、制度层、行为层和观念层，思想内涵、信息网络、行为规范和企业形象等。

虽然对各层次的名称、内容表述不同，但不同的同心圆模型均认同精神层是文化的核心。同心圆模型能够解释普通的文化层次现象，但它只是一个静态模型，对各层次间的动态关系无法做出解释。

2. 文化陀螺结构模型

为克服同心圆模型的缺陷，吴维库等学者在此基础上提出了一种陀螺形状的文化结构模型。他们认为，三层次论和四层次论具有无法解释动态关系的缺点；而文化环境是一个动态的系统，可以被看作一个运转的"文化陀螺"。该陀螺的轴心是核心价值观，即同心圆模型的精神层，而其他层次则是陀螺的惯性盘（如制度层、行为层、物质层），如图1-2所示。

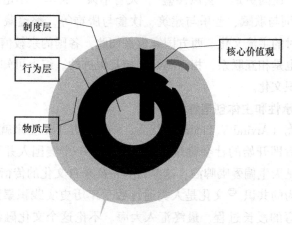

图1-2　文化陀螺结构模型

从文化陀螺结构模型可以看出，核心价值观处于决定性地位。但是，作为轴心的核心价值观需要与作为惯性盘的文化的其他层面匹配，以保持运转的平衡。⊖尽管文化陀螺结构模型考虑了核心价值观作为核心层对其他层的主导作用，但是没有考虑其他层对观念层的反作用，也没有考虑其他层之间的相互作用，本质上与同心圆模型并无太大差异。

三、文化的特点

要想真正了解文化，除了要知道文化是什么之外，更要把握其相对独特的东西。只有这样，才能更好地把文化与其他事物区别开来。

⊖ 吴维库等，《基于价值观的领导》，经济科学出版社，2002年版，第37-41页。

1. 文化是共性和个性的集合体

共性和个性是文化的基本特征。

就其共性而言,文化本质上是群体成员通过行为和认知构建起来的、涵盖群体成员行为和认知的交集的观念体系。这个观念体系实际为群体成员所共有,并且这一共有部分所占比例越大,群体的文化类型就越凸显,在群体中的影响力和稳定性也越强。

与此同时,不同的群体之间又保留着各自独特的文化,被称为"文化的个性"。文化的个性一方面反映了一个群体独特的历史和现状,以及其看待未来的态度和观念;另一方面也反映了不同自然环境对文化产生的影响。正因为文化个性的存在,才使得文化的研究具有价值。

2. 文化是一个系统

所谓文化系统,是指由若干相互联系、相互作用、相互影响的文化要素所构成的,具有一定结构层次,并能发挥文化功能的有机整体。文化包含了太多内容——知识、信仰、艺术、道德、法律、风俗、饮食等,凡是人类创造和衍生的东西都被囊括其中。但是,它们并不是支离破碎的,而是相互联系、共同构成一个完整的系统。例如,我国汉朝初期,文帝、景帝崇奉的黄老思想,其"清静无为"的理念系统地体现在治国方略、法律道德、外交政策、军队建设等方面。民间更是"玄风甚盛",大有不谈"玄学"不足以显示自己的学问之势。㊀因此,当时的诗词与歌赋、音乐与建筑、饮食与服饰等,都蕴藏了文化的内涵,都在一定程度上反映了当时的主流文化。西方国家也是如此,各国的宗教信仰、国家政体、艺术风格等在一定程度上也是相互联系、相互制约和相互促进的。综上可知,人们必须从系统的角度深刻地了解与认识文化。

3. 文化是历史继承性和主体创造性的统一

阿尔温德·帕达克(Arvind V. Phatak)认为,一个人并不是生来就具有既定文化的,文化是他或她在其出生后即开始的社会化过程中获得的。一个美国人并不是生来就喜欢吃热狗,一个德国人也不是天生偏爱喝啤酒,这些行为特征来自文化的传衍,是一代代传下来的对于存在、价值和行为的共识。㊁文化是人类通过数千年历史实践积累而来的,这正如许多支流经历了九曲十八弯的漫长过程,最终汇入大海。不论这个文化融汇的过程是多么的复杂、多变,保留下来的文化传统总有其连续性,是人类的祖先在不断选择、融合、沟通、淘汰中所继承下来的。

勒格兰(Legrain,2003)说,美国牛仔裤是一个德国移民李维·斯特劳斯(Levi Strauss)将热那亚水手的裤型和法国一个小镇的粗纹棉布相结合的产物。显然,文化的传承过程不乏文化主体——人的创造性活动。一方面,这表现为人对文化的扬弃或辩证否定过程。"扬弃"是既舍弃又保留,舍弃的是历史文化的糟粕,保留的是历史文化的精华,从而创造性地推动传统文化向前发展和不断演变。另一方面,世界上的一切文化都凝结着人的创造性,无论是人化的自然界(如桥梁、高楼、运河等)还是精神领域(宗教、艺术、法律等),都是人的实践创造物。

㊀ 周施恩,《企业文化理论与实务》,首都经济贸易大学出版社,2006 年版,第 20 页。
㊁ PHATAK AV. International Dimensions of Management [M]. 4th ed. Cincinnati: South-Western, 1995.

4. 文化是可以交流的

前联合国秘书长科菲·安南（Kofi Annan）获诺贝尔和平奖（2001）时发表演讲：我们发现自己是文化、传统和记忆的产物，相互尊重使我们也可以将本土文化与外来文化相结合以获得新的力量。

文化与交流息息相关，交流包括显性文化的交流和隐性文化的交流。正如同心圆模型所展示的，处于文化同心圆外环的、显性部分的信息，可以通过感官直接获取；而处于文化同心圆内环的、隐性部分的信息，只有在关键场合或者深刻理解和思考后才能被感受到。在文化交流中，显性部分促进了群体内的文化趋同，而隐性部分则使各自的文化保持相对的独特性。

第二节 国家文化

受地理环境、发展历程、历史背景、价值观念以及其他因素的影响，世界文化可以有几种较为典型的文化类型。在跨国域、跨民族、跨文化的经济和社会交往中，当面对一个陌生的国家时，了解不同的文化类型，明确彼此的文化差异，才能处理好由于文化差异而引起的一系列问题。

国家文化是在一个国家占主导地位的文化。它包括一个国家的成员所面临的共同经历、共同语言和共同制度环境等，它对国家的成员价值观的形成产生共同影响，使该国家的成员区别于其他国家的成员，也使得这个国家的文化特征与其他国家的文化特征明显区别开来。因此，国家文化也是一个国家个性的体现。下面分别对北美洲、中南美洲、欧洲、亚洲、大洋洲、非洲、中东①等地区主要国家文化的特点加以介绍。

一、北美洲文化

北美洲位于西半球的北部，人种主要是白种人、印第安人、黑种人等。其主要文化影响来自于爱斯基摩人（因纽特人）和欧洲人，前者是文化上各不相同的北美土著民族，有农业文化和游牧文化；后者起初只是西班牙人、法国人和英国人，后来有欧洲大陆多个国家的移民。北美洲文化实际是指美国和加拿大文化（墨西哥文化应被划入中南美洲文化范畴），这两个国家在文化上有许多相似之处，同时也存在着截然不同的地方。

1. 美国文化的特点

1）美国人讲究平等，晚辈可以直呼长辈和上司的名字。对于别人的赞扬，美国人会接受，并且表示感谢。

2）美国人友好而开放，他们的礼节通常不太正式。

3）美国人比较实际，不会太在意别人的看法。他们喜欢直率地表达自己的观点，当被问及某事时，一般必须给出一个比较明确的答复。

4）美国人在与人交往时不会询问对方的年龄、收入、婚姻等，他们认为这样侵犯了他

---

① "中东"地理上是亚洲西部与非洲东北部的地区，共17个国家和地区。"中东"不属于正式的地理术语，因为文化具有共性，所以此处单列一小节"中东文化"。

人的隐私权。

5）美国人非常守时。对许多美国人而言，"时间就是金钱"。

6）美国人注重个体思维方式，他们把复杂的事物分解成简单的要素，逐个进行研究。

7）美国人的流行用语"把事情搞清楚"，反映出他们希望了解情况并迅速得到结果的强烈愿望。

8）美国文化价值观的核心是个人主义，相信个人价值，高度重视个人自由，强调个人的自我支配、自我控制、自我发展。

【资料1-1】
美国主流文化的基本出发点和价值观

斯图尔特（Stewart）与其他人共同列出的一个清单，可视为对美国主流文化的基本出发点和价值观的总结。①清单的主要类别有行为模式、社会关系、动机、对世界的认知（世界观）、对自身及个人的认知。

一、行为模式

1. 人们如何理解行动？
(1) 与"做"、过程、改变外部环境有关。
(2) 乐观，努力。

2. 人们偏爱何种生活节奏？
(1) 快速，繁忙。
(2) 充满活力的。

3. 人们生活的重要目标是什么？
(1) 物质目标。
(2) 舒适，无痛苦。
(3) 活动。

4. 问题解决模式的特性是什么？
(1) 计划行动。
(2) 预测后果。

5. 人们生活在哪种层面上？
操作层面，以结果评定目标。

6. 人们价值评判的基础是什么？
实用性（即有效与否）。

二、社会关系

1. 角色如何定义？
(1) 自己获取。
(2) 宽泛地定义角色。
(3) 从一般意义上定义角色。

2. 与不同社会地位的人如何打交道？

---

① STEWART M. The Age of Interdependence: Economic Policy in a Shrinking World [M]. MA: MIT Press, 1984.

(1) 强调平等。
(2) 差异最小化。
(3) 强调随意和自然。
3. 性别角色如何定义？
(1) 相似，重叠。
(2) 性别平等。
(3) 两性皆可为友。
(4) 不太将其合法化。
4. 一个团体的成员有何权利和责任？
(1) 承担有限责任。
(2) 加入团体以寻找个人目标。
(3) 积极的成员能影响其所在团体。
5. 人们如何评判他人？
(1) 是否有特别的兴趣、能力。
(2) 是否以任务为中心。
(3) 通过局部接触。
6. 社会交往中人际关系的特性是什么？
(1) 真诚至上。
(2) 各自独立（各付己账）。
(3) 平等（各付己账）。
7. 人们如何看待社会交往中友善的咄咄逼人？
可以接受，有趣，开心。
8. 友谊的内涵是什么？
社会性友谊（短期承诺，有共同的朋友）。
三、动机
1. 什么是动力？
成就。
2. 如何评价人与人的竞争？
建设性的，健康的。
四、对世界的认知（世界观）
1. （自然）世界是什么样的？
(1) 物理的。
(2) 机械的。
2. 世界如何运转？
(1) 以一种理性的、可知的、可控制的方式。
(2) 存在机会和概率。
3. 人的本性是什么？
(1) 与自然相分离，与一切等级制度相分离。

(2) 非永恒、非固定、可变的。
4. 人与自然的关系是怎样的？
(1) 人类应为了自身的目的而改造自然。
(2) 人们期望拥有健康的身体和舒适的物质生活。
5. 真理的本质是什么？善的本质又是什么？
(1) 善是无限的。
(2) 试验性的（工作类型）。
(3) 与具体情境相关。
(4) 以两分法分析的经验。
6. 时间如何定义和评价？
(1) 看重将来（预期）。
(2) 时间是精确的单位。
(3) 时间是有限的资源。
(4) 时间是线性的。
7. 财产的特性是什么？
私人财产作为自身之延伸，其所有权很重要。
五、对自身及个人的认知
1. 用何种方式定义自身？
(1) 通过扩散的、变化的语言定义自身。
(2) 通过灵活的行为定义自身。
2. 一个人的身份何在？
在于他的成就。
3. 个人的本质是什么？
是个人之间彼此独立的不同方面（意图、思想、行动、生活经历）。
4. 一个人应该依赖谁？
(1) 自己。
(2) 非个人的组织。
5. 人们尊重何种人？
年轻的（充满活力的）人。
6. 实现社会控制的基础是什么？
(1) 说服，诉诸个人。
(2) 罪。

2. 加拿大文化的特点
1) 加拿大人自谦，但又极度独立。他们极度讨厌把他们不加区分地与美国人相提并论。
2) 讲礼貌在加拿大的社会意识中根深蒂固，人们更喜欢合作而非竞争。
3) 加拿大人友好但保守，他们往往能注意可能被美国人忽视的礼节仪式和规范。
4) 加拿大人的时间观念很强，英裔和法裔加拿大人常常受制于其日程安排和最后期限。

5）加拿大人爱国、守法，并且由于拥有强大的经济力量、高水平的教育和健全的医疗保障体系而对未来充满自信。

二、中南美洲文化

中美和南美洲有多个国家、多种文化。西班牙文化、传统和西班牙语在巴西以外的其他国家占绝对主导地位，在巴西则是葡萄牙文化、传统和葡萄牙语占主导地位。泛亚洲文化也有显著影响。其他欧洲文化（德国、爱尔兰、意大利）以及非洲文化的影响也很普遍。有一些国家，如哥伦比亚和墨西哥㊀，则有着强大的古印第安文化传统。中美洲主要受拉丁文化影响。

1. 墨西哥文化的特点

1）墨西哥人骄傲、爱国、勤劳，家庭观念很强，人情味很浓。

2）"尊敬"在墨西哥是一个富含感情的词汇，与平等、公平和民主精神这些价值观紧密相连。

3）在交谈时，墨西哥人强调人们之间的性别、社会地位或年龄差异。

4）尽管墨西哥人重视人的独特个性及内在尊严，却并不一定明显地表现在行动中，蔑视人的尊严被视为严重的挑衅行为。

5）墨西哥人不忌讳谈"死"这一概念，他们把"死"看成一个好朋友或者一个奇异认识，拿"死"开玩笑、逗趣。

2. 巴西文化的特点

1）巴西人在人际交往中大都活泼好动，幽默风趣，爱开玩笑。他们喜欢直来直去，有什么就说什么。

2）巴西人在社交场合通常都以拥抱或者亲吻作为见面礼节。只有在十分正式的活动中，他们才相互握手。除此之外，巴西人还有一些独特的见面礼，如握拳、贴面、沐浴。

3）巴西人的穿着十分考究。他们不仅讲究穿戴整齐，而且主张在不同的场合，人们的着装应当有所区别。

4）巴西人平常主要吃欧式西餐。因为畜牧业发达，巴西人所吃食物之中肉类所占比重较大。在巴西人的主食中，巴西特产黑豆占有一席之地。

5）巴西人招待普通朋友，一般是去餐馆，不轻易邀请客人到家中用餐。只有知己或亲密朋友，才会被巴西人请进家中做客，这也是对客人的一种最高礼遇。

三、欧洲文化

当人们提到日本和美国时，就会联想到它们各自一系列特有的信仰、风俗习惯、价值观、传统以及情感，分别用来描述日本人和美国人的生活方式和行为举止。但是，当提起对欧洲的印象时，人们并不十分容易地把握欧洲人的整体特点。下面将按地域，分别对西欧、中欧、北欧和东欧及各自代表国家的文化特点进行归纳。

㊀ 因为文化更接近中南美洲文化，所以放在此处。

【资料1-2】

在欧洲做生意的技巧[一]

1）客户服务是取得成功的关键。但在这方面，欧洲的标准，尤其是在快速维修和家庭服务方面，还不及美国。

2）以当地货币形式把价格列于价目表上。

3）本国工作人员被委派到欧洲建立实质性客户关系时，至少需要两年以上工作经验。只要有可能，尽量雇用当地员工并对他们进行培训。

4）确保销售人员十分了解他们的产品。欧洲人在购买国外商品时是很精明的。

5）欧洲人衡量外国公司的未来发展和对客户承诺的可靠性，主要是看它们对待销售代表的方式。在判断外国公司的长期表现方面，这些销售代表在欧洲人眼中起关键作用。因此，要认真选择销售代表。

6）欧洲人不喜欢频繁的改变，因此对外国公司来说，选择稳定、长期的工作项目是至关重要的。尽管如此，欧洲人也同样对新的项目、产品和服务感兴趣。

7）欧洲人的专门用语和敬语称呼在口头和笔头的交流中应值得注意（尤其是英国人与美国人相比，在英文单词拼写上有很多的不同）。

（一）西欧文化

西欧在地理上是指欧洲西部濒临大西洋的地区和附近岛屿。西欧大多数国家为发达国家，对外贸易兴盛。西欧灿烂的历史文化造就了法国巴黎埃菲尔铁塔和凯旋门、英国伦敦白金汉宫和格林尼治天文台原址等。英国和法国无论是在当前还是历史上，始终是西欧乃至整个欧洲的文化中心。

1. 英国文化的特点

1）英国人非常注重生活质量，追求精神享受。他们很喜欢在家里饲养一种甚至多种宠物。

2）英国人平时喜欢自己动手做家务，酷爱运动，喜欢外出旅游度假，也非常爱好文化活动，如阅读书刊、写文章、听音乐会、看戏剧等。

3）英国人在重要场合穿着很正规，男士着燕尾服，女士着低胸晚礼服。但是，很多老百姓日常喜欢穿休闲服，式样简单，舒服合体。

4）在英国，每个人都享有宗教自由，在各中心地区形成了多种不同宗教信仰蓬勃发展的局面。绝大多数英国人都信奉基督教。

5）英国为数众多的博物馆和美术馆所珍藏、展示的各种各样的文物，成为人们了解古今艺术、文化和历史知识的宝库。

2. 法国文化的特点

1）法国以"自由、平等、博爱"精神著称于世。

2）法国人以个人主义的方式行事。法国的俗语说"每个人都要保护好自己的那一块牛排"。

3）法国人对身份、地位很敏感。

4）法国社会的交流互动受到了社会固定观念的影响。对法国人来讲，要摆脱这些社会

[一] （美）菲利普·R.哈里斯、罗伯特·T.莫兰，《跨文化管理教程》，关世杰主译，新华出版社，2002年版，第332-333页。

固定观念较为困难。

5) 法国人基本上不喜欢竞争。

6) 法国人友好、希望被人尊敬。他们更重内而不重外，将自己的行为和对对方的评估建立在个人感情、偏好和期待之上。

7) 法国人信任他人的依据是对此人特点和性格的内在评估。

8) 法国人喜欢并欣赏幽默，倾向于在更多的场合表现幽默。

9) 对于法国人来说，展示以自我为中心的特点很不妥当。与法国人的对话中，当被问到关于自己的问题时，他们可能会避开这类问题。

(二) 中欧文化

中欧包括德国、波兰等国家。中欧西部部分地区为温带海洋性气候，东部为温带大陆性湿润气候。中欧经济发展的总体水平高于东欧和南欧，但是低于西欧和北欧。因地处欧洲中央，中欧不仅自然条件具有多样性和过渡性，其政治、经济、民族与文化也具有同样的特点。

以德国为例，中欧文化有以下特点：

1) 德国人以勤奋、努力工作、谨慎而著称。

2) 德国人不是外向型人，他们不爱谈论别人的私事。德国人对熟人和朋友区分对待。他们非常注重与家人的亲密关系。

3) 德国人知识非常丰富；善于经商，他们的产品一流，销路广泛。对此，他们非常自豪。

4) 在德国，每个人都必须认真对待自己的承诺，无论是书面的还是口头的。

5) 德国人在会见时，握手是很重要的事情，男士应当稍事鞠躬。

6) 德国人对于头衔的称呼十分敏感，正确称呼他们的头衔才是有礼貌的。

7) 德国人的肢体语言通常很有限，而且大部分的肢体语言反映出德国人的保守。

8) 德国人喜欢谈论，宗教、政治与核武器都是可以自由谈论的话题，但生活中的个人隐私问题则要避免谈及。

(三) 东欧文化

东欧是指德国、奥地利、意大利以东的欧洲东部，包括俄罗斯、白俄罗斯、乌克兰等国家，大部分地区信仰东正教。以斯拉夫民族文化为主体的东欧文化圈正经历着不断的文化调整。很多具有战略眼光的全球化企业已看到了东欧这个新的潜在市场，并开始了解该地区的文化以及文化的影响。

以俄罗斯为例，东欧文化有以下特点：

1) 在西方的观察者看来，俄罗斯人的肢体语言有点僵硬，手势动作很少，表达方式看上去很单调。他们的微笑也很少，除非两个人非常熟络。

2) 口语交际时，俄罗斯人与外国人会见常用"先生"或"小姐""夫人"称呼对方，称呼熟人时则是叫他们的名字或者父名。俄罗斯人在某人的父名后加上敬语，表示亲密。

3) 时间观念在俄罗斯很不同，俄罗斯人不喜欢快节奏的工作风格，不认同"时间就是金钱"的观点。当地人的生活节奏可以从古俄罗斯的一句谚语中窥见一斑："如果你旅行一天，就带上一个星期的面包。"

4）俄罗斯人是喝酒的能手。俄罗斯人一般用食品与烈酒慷慨招待客人。俄罗斯人吃饭的时间较长，很讲究。他们也常常向客人敬酒，以此表示彼此良好的关系与友谊。

四、亚洲文化

亚洲是七大洲中面积最大、人口最多的一个洲，全称"亚细亚洲"，意思是"太阳升起的地方"。在古代，亚洲人民就创造了灿烂的文化。亚洲素以发达的农业和手工业著称，而且有许多科学发明创造，对世界经济的发展做出了伟大的贡献。其中，尤以中国和印度最具代表性，中国文化对整个东南亚产生了重要的影响，而印度则是南亚的文化代表。

1. 中国文化的特点

1）在传统文化方面，儒家思想对中国影响最大。

2）在语言行为方面，中国自古讲究礼仪，言语中大多体现自谦和敬人。交谈中必须使用称谓，以示尊敬；在听到赞扬时，一般要用谦辞表示谦虚。

3）在风俗习惯方面，中国人在日常生活和工作中注重个人尊严，非常在意自己在别人心目中的形象，怕被人笑话、议论和误解。中国人倾向于用委婉的方式表达意思，甚至提倡"沉默是金"。

4）在思维方式方面，中国文化侧重整体思维，就是按照整体的观点观察和思考世间万物。

5）在价值观方面，中国人的核心价值观是集体主义，非常重视集体的利益或价值。中国人还认为和谐的人际关系是社会的基础，强调以和为贵。

2. 日本文化的特点

1）日本人的语言和非语言行为偏向封闭、内向。含蓄和模糊比直截了当和明确无疑更容易被日本人接受。

2）在社交活动中，日本人爱用自谦的语言，如"请多关照""粗茶淡饭，照顾不周"等；谈话时也常使用敬语，表达礼貌和尊敬，女性的语言尤其如此。

3）日本人相对缺乏幽默，他们的面部表情总是给人一种有所保留的感觉。日本人相互问候时，鞠躬是最基本的礼节。

4）在日本，管理人员着装应整洁而含蓄，普通工人和学生则常穿特征明显的统一制服。日本人在重大庆典中还保留着穿着和服的习俗。在正式社交场合，男女须穿西装、礼服，忌衣冠不整、举止失措和大声喧哗。

5）日本人有持容忍态度的现实主义的思维方式，默默地承受现实给予的一切。

6）在日本人的价值取向中，占据了最重要位置的是工作场所。在日本，公司就像一个大家庭，员工对公司有强烈的归属意识和命运共同体意识。

7）日本人依旧尊崇传统的等级观念。下级绝对服从上级，男性地位比女性高，男主外，女主内。

【资料1-3】

与日本人做生意的技巧⊖

1）日本人希望既做成生意以获取利润，又不损伤颜面及人际关系的和谐，避免自己在

⊖ （美）菲利普·R. 哈里斯、罗伯特·T. 莫兰，《跨文化管理教程》，关世杰主译，新华出版社，2002年版，第298-299页。有改动。

商业圈中处于尴尬地位。

2）第三方或非直接的引见很重要，通过共同的朋友、中间人或仲裁者引见会面，可以给日本人带来信任感。

3）如果你要接触组织中的某一个人，务必找该组织最高层管理者。你所联系的第一个人也会参与整个商谈活动中。

4）避免直接谈钱，把这事交给中间人或下属。

5）绝对不要让一个日本人陷于这样一种境地，即他不得不承认自己的失败或无能。

6）不要夸赞自己的产品或服务，让你的文献资料或中间人说话。

7）使用印有你头衔的名片，最好用日、英两种文字印刷。

8）仅用逻辑的、认知的或理性的方式远远不够，也要重视情感层面的交流（例如，与一个认识的商业伙伴打交道和与一个陌生人打交道是不一样的）。

9）高层职员开会时要正式，配有口译人员。会议越重要，与会的高层管理人员就越多。

10）会议正式开始之前，有可能要先喝茶并进行一番不着边际的交谈，要耐心等候。

3. 印度文化的特点

1）在印度，宗教在文化和人际关系中占极重要的地位。它甚至是实际生活中的生活规范。它还影响着女性在社会中的角色，尽管这些年来印度女性的法律地位大有提高，但是她们仍受着古老的行为传统的束缚。印度人的习俗和礼数均受到宗教的强烈影响。

2）在印度，家庭和朋友的重要性超乎外国人的想象。一般家庭都是几代同堂。

3）占星学在印度占有重要地位，因为印度人相信没有什么是偶然的，宇宙万物皆有一种根本的秩序。

4）印度人普遍热情好客，他们对外国人的失礼言行比较宽容。款待宾客是宗教规定的最重要的义务之一，有礼貌的印度人决不会不招呼客人而独自进食。

5）印度有很多社会习俗。例如，男人不应对自己不认识、对其家人也不熟悉的女性说话；打招呼的方式因身份、地位而异，儿子问候父亲时，通常弯下身去，触摸父亲的脚；印度女性对纱丽情有独钟；在家里，吃饭不用刀叉和勺子很常见，用手吃饭比较普遍；等等。

五、大洋洲文化

大洋洲位于亚洲和南极洲之间，是世界上最小的一个洲。绝大部分居民使用英语且信奉基督教。大洋洲各国经济发展水平差异显著，澳大利亚和新西兰两国经济发达，其他岛国多为农业国，经济比较落后。大洋洲的工业主要集中在澳大利亚。

以澳大利亚为例，有以下特点：

1）澳大利亚有许多来自不同地方但拥有澳大利亚国籍的人，无论其背景如何，均在澳大利亚拥有完整、平等的社会成员资格，承担所有的法律和政治责任，以及享受与之相应的权利。

2）澳大利亚人热情、友好、随和、懂得享受生活。他们"为了生活而工作"，而非"为了工作而生活"。

3）在一个典型的澳大利亚人的日常生活中，宗教不占主导地位。

4）英语是澳大利亚的官方语言，澳大利亚人所说的英语接近但不同于英国英语。澳大利亚语言中词汇非常丰富，因此其语言丰富多样。

5）土著文化被认为是澳大利亚历史的重要组成部分，人们努力尝试保存和发展这种文化。

6）澳大利亚人说话坦率直接，讨厌任何形式的伪装，不惧怕表示不同意见。他们通常不喜欢等级结构和差别。

7）澳大利亚是个整洁的国家，公民尊重公共卫生规范。如果有人随地扔东西被抓到，罚金数目相当大。

六、非洲文化

非洲各族人民很早就创造并发展了光辉灿烂的古代文明，尼罗河流域是世界古代文明的摇篮之一。非洲并非如一些西方学者所描绘的那样只是"狮子出没的地方"，而是在远古时代就有了人类文明的大陆。

以尼日利亚为例，有以下特点：

1）时间对绝大多数尼日利亚人而言不是最重要的。事实上，时间被他们看作是无限的。因此，准时并不常见，他们觉得工作很重要，但休息也很重要。

2）尼日利亚人有着很强的自豪感和自信心。这大部分来自于尼日利亚在很多方面是非洲领先者这一认识。

3）尼日利亚人外向、友好、能说会道，以热情好客而著称。他们将陌生人领进家，供给食宿，客人愿意住多久就可以住多久。因此，与尼日利亚人可以建立更多、更长久、更深入的人际关系。

4）大多数尼日利亚家庭是家族制的。在一些地区，尤其是在农村，一夫多妻现象仍然很普通。

5）在尼日利亚，部族之间仍然有很强的敌对心态，每个部族都试图保持自己的纯洁性。

6）尼日利亚的妇女在耕种和筑路工作中一直都承担着主要的劳动任务。现在，随着教育水平的提高和就业机会的增多，她们也开始进入商业、工业和政府领域。

七、中东文化

中东阿拉伯国家的宗教色彩极为浓厚，伊斯兰教已经影响到政治、经济、法律、教育、艺术和风俗等各个领域，影响着穆斯林的价值观、思维模式、工作态度、婚姻家庭、穿着饮食等各方面。中东阿拉伯国家的建筑、服饰、工艺品等与其他国家风格迥异。中东阿拉伯人尊崇友谊、忠诚和公正，当事情和行为与其正义感相悖的时候，他们会愤愤不平。

【资料1-4】

在中东地区从商的技巧⊖

在中东地区，从事商业贸易活动受人尊重，商人应该是坚强、精明、博识的。在中东地

⊖ （美）菲利普·R. 哈里斯、罗伯特·T. 莫兰，《跨文化管理教程》，关世杰主译，新华出版社，2002年版，第387页，有改动。

区的商业活动中，要注意以下事项：

1）商业关系通过人际交往建立，相互尊重和信任很重要。要记住，是人与人在做生意，而不是公司与公司在做生意。

2）关系网十分重要，它能够帮助你接近决策者，还能够帮助你与有影响力的重要人物保持联系。

3）谈判和议价是正常的程序。在这片古老的土地上，这也是一种"艺术"，因此不要对讨价还价感到意外。

4）决策通常由个人做出，因此应该要求对方派出相当级别的代表。在政府机关或公司中，最后通常是由最高人物说了算，而不是通过会谈、传真、电话就能够解决问题的。

5）时间在中东人看来是弹性的，虽然他们对现代西方的商业模式比较熟悉，也会守约，但还是应该避免将西方的时间概念和日程安排强加于中东人。

6）销售应该集中于一个特定的消费群。在很多阿拉伯国家，政府握有经济实权，因此首先要探知公共部门对商品和服务的需求计划，然后与相应高层官员发展关系，利于签订合同。

7）社交在商业活动中是一种传统方式，但是生意通常不是在社交场合谈成的。传统上，阿拉伯女性并不在社交场合出现。但是，男女混合的私人聚会也很常见。作为配偶或因公务来到中东地区的女性不仅可以充分开发中东地区的家庭资源，而且可以利用当地的援助网络和女性俱乐部（尤其是一些海外社区）。

第三节 企业文化

企业作为某个特定国家的组织，其企业文化受到该国文化广泛而深刻的影响。这一点在经济全球化时代表现得更加明显，需要引起那些实施国际化经营的企业的高度重视。

一、管理是一种文化

美国著名管理学家彼得·德鲁克（Peter F. Drucker）把管理与文化明确地联系起来。他认为，管理不只是一门学科，还应是一种文化，有它自己的价值观、信仰、工具和语言；管理是一种社会职能，隐藏在传统的价值、习俗、信念里，以及政府的政治制度中；管理是受文化制约的；管理也是文化。

特定民族、社会、文化圈的特定文化对管理过程的渗透和反映，形成了所谓的"管理文化"。管理文化主要是指管理的指导思想、管理哲学和管理风貌，它包括价值标准、经营哲学、管理制度、行为准则、道德规范、风俗习惯等。世界上许多成功的企业都有自己独具特色的管理文化。如 IBM（国际商业机器）公司，其创始人沃森（T. J. Watson）十分重视经营哲学和文化管理，早在 20 世纪 20 年代就为公司确定了"以人为核心，向所有客户提供最优质的服务"的宗旨，明确提出了"为员工利益""为顾客利益""为股东利益"的三原则，后来发展为"尊重个人""服务""完全主义"的三信条。这就是 IBM 公司今天的管理哲学。

案例 1-1

微软（Microsoft）公司的人性化管理

微软公司无疑是全球聪明人云集的地方，创始人比尔·盖茨（Bill Gates）靠什么对这些员工进行有效的管理？答案是：微软公司的人性化管理。特别是其中无等级的安排，让许多其他公司的员工欣赏。

微软公司在内部人员关系的处理上正是这样做的：只要是微软公司的员工，就有自己的办公室或房间；每个办公室的面积大小都差不多，即使是比尔·盖茨的办公室，也比别人的大不了多少；每个人对自己的办公室享有绝对的自主权，可以自己装饰和布置，任何人都无权干涉；为充分尊重每个人的隐私权，每个办公室都安装了可随手关闭的门。微软公司的这种做法与其他公司不同，它使员工们感到很有意思，而且工作起来心情舒畅。

在微软公司，各办公楼前都有停车场，这些停车场是没什么等级划分的。不管是比尔·盖茨还是一般员工，谁先来谁就能先选择停车的地方，没有职位高低之分。没有时钟的办公大楼也是微软公司与众不同的一个特点。微软西雅图总部的整座办公大楼内看不到一个钟表，大家凭良心上下班，加班多少也是自愿的。微软公司除为员工免费提供各种饮料之外，在公司内部，到处可见可用于办公的高脚凳，其目的在于方便员工不拘形式地在任何地点办公。当然，这种考虑也离不开软件产品开发行业的生产特点。

微软公司就是靠别出心裁的人性化管理，吸引了一大批富有创造力的人才到这里工作，并通过营造独特的企业文化氛围，让这些人才心甘情愿地留下来。

二、文化是一种管理手段

文化对企业管理和发展具有十分重要的作用：第一，它是用共同的价值标准培养员工企业意识的一种手段，可以统一员工的思想，增强企业的内聚力，加强员工的自我控制力。第二，它能激励员工奋发进取，提高士气，使员工重视职业道德，形成创业动力。第三，它是一个企业进行改革创新和实现战略发展的思想基础，有助于提高企业对环境的适应性。第四，它有利于改善人际关系，使群体产生更大的协同力。第五，它有利于树立企业形象，提高企业声誉，扩大企业影响力。

日本企业的成功很好地印证了文化是一种有效的管理手段。日本企业创造了经济奇迹后，美国人不得不放下架子去研究日本。美国人发现日本的一些具体管理办法不同于美国，如终身雇佣制、年功序列制、禀议决策制、企业工会等，还发现美国管理过分强调诸如技术、设备、方法、规章、组织结构、财务分析等"硬因素"，而日本则比较注重诸如目标、宗旨、信念、人和价值准则等"软因素"，而这些"软因素"与整个社会文化密切相关。㊀美国人在发现了这些差别后，最终得出结论：文化中的"软因素"是管理的核心因素，是管理成败的根本与关键因素。

三、文化对管理的影响

将文化与管理相互依存的关系理清楚之后，下面就文化对管理的每一个层面的影响展开探讨。㊁

1. 文化对企业经营战略的影响

企业经营战略与文化的关系表现在多个方面。如果将企业经营战略按照其所占领的市场

㊀ 胡军，《跨文化管理》，暨南大学出版社，1995年版，第56页。
㊁ 陈晓萍，《跨文化管理》，清华大学出版社，2005年版，第19页。

划分，那么一个企业可以有以下几种经营战略：地区内经营、跨地区经营、全球经营。企业在采用不同经营战略时，对文化因素的考虑大不相同。

文化差异对采用地区内经营战略的公司来说总的影响不大，因为公司关注的是本地区的客户，只要对当地文化透彻了解，就能够顺利经营。即使这些公司偶尔出口产品，一般也就是原样出口，不会对产品做改进以适应使用者的文化口味。因此，地区内公司的管理哲学基本上是坚持自主。

当公司发展为跨地区的时候，就会开始产生去国外生产或开拓市场的需求。这时，公司就会调整管理方式和风格以适应国外市场，并尝试不同的管理理念。同时，从产品和服务的角度看，跨地区公司不会一味强求国外用户适应它们的产品，而是愿意对产品进行修正以满足国外用户的品位。此时，了解国外用户的文化价值观和审美观就变得非常必要，文化对企业经营的作用渐渐凸显出来。

全球经营战略需要公司关注文化因素，在企业经营的各个方面考虑当地文化的特色，并融合这种特色，设计产品、推销产品，管理员工，进行客户服务。例如，尼桑（Nissan）汽车公司结合美国人的品位设计 SUV 型汽车；诺基亚（Nokia）专门研发在中国市场应用的手机技术和款式；可口可乐（Coca Cola）为了打开日本市场，完全改变了自己原来在美国的营销手段；吉列（Gillette）公司接受新加坡人对幸运日的看法，更改了开张庆典日期。

全球公司主张"以客户为中心"的经营理念。比如，星巴克（Starbucks）实施全球经营以后，不把在西雅图的公司总部称作"总部"，而是叫作"客户服务中心"与另外两个客户服务中心（一个在阿姆斯特丹，另一个在我国香港）处于同样的地位。既然是为客户服务，就得充分了解客户的需求；而要了解客户的需求，就必须了解客户所生活的文化环境。因此，尊重当地文化、融合当地文化成为企业全球经营战略的一个重要组成部分。

2. 文化对企业结构设置的影响

一方面，比较美国的企业和中国或者韩国的企业，可以看出美国的企业结构比中国或韩国的企业结构要扁平一些，层级更少。从"组织扁平化"的概念最早在西方而不是东方提出，可以看出文化的影响。相对来说，西方文化比东方文化更强调平等的理念。

另一方面，企业的决策程序，是自上而下为主，还是自下而上为主，与企业的层级架构相对应。亚洲国家的企业通常是自上而下决策，一般都是上层做好决策之后往下传达、贯彻，很少有听取下属意见的习惯；而西方国家的企业更多是自下而上决策，有时即使不是完全从下开始，一般也会给下属员工反馈的机会，以便修正原先的决策。西方国家的管理趋势是越来越趋向于组织的扁平化、决策的民主化。组织扁平化管理之所以能形成潮流，与其文化价值系统紧密相关，符合其文化追求的发展方向。

3. 文化对企业制度建立和执行的影响

西方文化强调理性的思维习惯和公平的意识，表现在社会制度上是以法治国，表现在企业运作上则是企业制度的建立和完善。首先，制度是理性思维的产物，是对企业内部流程、员工工作动机、企业所处经济大环境全面、充分分析的结果。其次，因为有了制度，才有了客观、可依赖的标准，才可能对每位员工一视同仁，才可能实现真正的公平。但是，制度不只是建立即可，更重要的是监督执行的过程，任何流于表面的制度都等于不存在。

有的企业做得比较到位，即使是对很难监督的工作，都会设计出完善的监督系统以实现考核的目的。比如，在迪士尼（Disney）乐园工作的员工，都在户外与游客打交道，很难监督。但是，为了保证不同卡通形象确实是在扮演自己的角色，如米老鼠做的每一个动作都是米老鼠应该做而不是唐老鸭应该做的动作，就需要有考核。然而，管理人员又不能整天跟在这些卡通形象后面，这就要求设计特殊的监控系统。于是，迪士尼乐园里设有许多摄像头，在闭路电视中可以观察员工的行为。

中国人的传统管理思维是以人治为主。过去，如果公司的首席执行官或工厂的厂长能力强，办事公道，那么这个企业很可能就经营得好；如果这个首席执行官或厂长离任了，而继任者根据自己的喜好开展经营，企业情况就很难说了。这样的管理思路与中国文化中的两个重要特征——强调等级和人际关系有关。不过，在全球化的今天，这种情况也有所改变，许多员工和管理者都在学习和接受西方管理思想，越来越重视制度和程序的建设。

4. 文化对企业管理者和员工行为的影响

从管理者的角度而言，什么样的管理风格更占主导地位，管理者角色和责任的定义和内涵，如何看待管理者与被管理者的关系等，都会因文化的不同而不同。从员工的角度而言，如何看待自己的企业，喜欢管理者采用什么样的风格，对管理者角色和责任的理解，认为自己与管理者之间应保持什么样的关系等，也都受到员工所处文化环境的影响。表 1-1 比较了中国和西方企业员工心目中的好管理者的比较。

表 1-1 对中西方企业员工心目中好管理者的比较

中　　国	西　　方
员工期待明确的指导	员工期待能够独立有权、有责地行事
员工期待管理者在所有方面均做表率，管理者应该尽可能地不犯错误	员工期待管理者同样会犯错误并承认错误
员工期待管理者对他的私人及家庭事务同样给予关照	员工期待管理者不干涉他的私人事务
员工期待得到与人相关的评价	员工期待得到与业绩相关的评价
交往的口吻应该是客气和尊重人的	交往的口吻应该是友好和同事式的
好的管理者始终关注着工作的状态和进程，并尽可能多地同员工在一起	好的管理者能够充分委派任务和承担责任，而不是总想着控制一切
应该尽可能避免冲突	管理者应该勇于和善于面对冲突
当出现利益冲突时，管理者必须从中斡旋，搞好平衡	当出现利益冲突时，管理者必须查清情况，断明谁是谁非
具有更好的教育背景，更高的收入，更大的影响力，得到尊重	管理者应该尽可能不显露自己教育方面的优势、高额收入、影响力和地位

注：资料源自李琪，《欧洲管理学者看中西企业文化差异》，载于《改革》，1999 年第 2 期，第 86-90 页。

综上所述，文化与管理有着不可分割的联系。要经营好国内的企业，必须对国内的文化有深刻透彻的理解；要经营好全球性企业，就必须对不同国家的文化都有较正确的理解，以避免经营过程中可能出现的误解，否则事倍功半不说，还可能破坏彼此间的信任。表 1-2 列举了一些美国文化、其他国家文化及这些文化对管理功能的影响。

表 1-2　美国的文化、其他国家文化及对管理功能的影响

美国文化①	其他国家文化	文化对管理功能的影响
个人可以影响自己的将来（有志者事竟成）	生活是命中注定的，人的行为由上帝的意志所决定	制订计划和安排日程
个人可以改变或改善环境	人们要有意地适应环境，而不是去改变它	组织的环境、道德和生产率
个人对自己的抱负要持现实的态度	应追求理想，不管理想的合理性如何	目标的设定和事业的发展
个人必须努力工作以实现目标	勤奋工作不是成功的唯一条件，智慧、机会和时间也是成功的先决条件	动机和激励机制
诺言应受到尊重（人应该履行诺言）	诺言可以由于一个冲突的要求而终止；一个协议可能只是表达一种意向，与执行能力关系不大或没有关系	谈判和讨价还价
人们应有效地使用自己的时间（时间就是金钱，可以节省，也可以浪费）	时间表是重要的，而它只是比其他要考虑的问题相对重要而已	长期和短期的计划
员工的基本义务是对组织的义务	员工作为人的基本义务是对家庭和朋友的义务	忠诚、承诺和动机
员工或组织可以终止雇佣关系	雇佣关系是终生的	对组织的动机和承诺
一个人在一段时间里只能为一个组织工作（一仆不能侍二主）	一个人为一家大企业的多个代理出力是可以接受的	伦理问题和利益的冲突
对能力强的人应给予相应的职位	家庭、友谊和其他因素决定人事任用	用人、提拔、招工、选人和报酬
如果一个人表现不佳，可以把其从职位上撤下来	把一个人从其职位上撤下来，有损其威望，一般很少这样做	提拔的问题
所有管理职位向符合任职要求的人开放（一个普通员工可以直接被提升为公司的总裁）	所受教育或家庭联系是提升的主要条件	用人和提升干部的实际办法
直觉的决策应减少，应致力于搜集更多的相关信息	决策是管理者智慧的体现，对该决策的任何疑义都意味着对管理者的判断缺乏信心	决策的过程
数据应很准确	对数据的准确性要求不高	记录的保存
公司的信息应对公司内需要这些信息的任何人公开	控制信息以获得或保持权力，是可以接受的	组织、交流和管理风格
期望人人都有自己的观点，并自由地表达出来，尽管其观点与同事的观点不一致	应顺从管理者或权威人士，提出不支持管理者观点的意见是不可思议的	交流、组织中的关系
人们期待管理者能咨询那些能对相应领域提供有用信息的人	决策应由管理者做出，不需要请教其他人	决策、领导
员工应努力工作以改变自己在公司中的地位	对个人的雄心壮志嗤之以鼻	人员的遴选和提升
竞争会刺激更好的表现	竞争会导致不平衡和不和谐	事业的发展
为了把工作任务完成，期望一个人可以去做任何工作（一个人必须手上总是有活干）	工作有高低贵贱之分，一些工作会有碍个人在组织中的尊严和地位	分配工作、工作的表现和组织的效率

(续)

美国文化[①]	其他国家文化	文化对管理功能的影响
变化被认为是一种改进和动态的现实	传统应受到尊重,管理者的权力建立在稳固结构的连续性之上	计划、伦理道德和发展
工作做得如何(结果)是重要的	过程比最终结果更重要	交流、计划和质量控制
对个人要进行评估	对个人进行评估,但是要用一种不使此人难堪或者少使之丢脸的方式进行	报酬和提升基于对个人表现的评估和可说明性

注:资料来自(美)菲利普·R.哈里斯、罗伯特·T.莫兰,《跨文化管理教程》,关世杰主译,新华出版社,2002年版,第66-67页。

[①] 美国文化在此包括信仰、价值观、态度或基本假设。这些也是文化的一部分,为文化中的大多数人所共有。

四、企业文化概述

尽管文化是一种相对抽象和无形的东西,但只要有人类存在的地方,它就是一种客观存在,而不管你是否意识到。企业也是一样,自诞生的那天起就有了自己的文化。只是在刚开始时,企业的文化正处于萌发和成长阶段。此时,企业主也属于"新官上任",对如何经营这家企业还没有十足的把握,却又希望把自己的想法渗透到企业经营的各个方面。新雇用的员工希望尽快适应环境,了解和适应企业主的管理方法和领导风格,同时他们也有自己相对独立的文化背景和工作方式。于是,各种想法、行为与制度等开始摩擦和碰撞。随着时间的推移,企业主和员工对彼此都有了进一步的了解,每个人对自己的角色也有了更清晰的认识,对在这家企业里如何与人打交道、如何做事情有了一个基本的把握,企业文化也就相对固定下来。此时,尽管一些人可能意识不到企业文化的存在,但它的的确已"隐藏"在这家企业之中。

1. 企业文化的概念

企业文化通常被看作一个企业或企业管理的灵魂。所谓企业文化,是指一个企业在运行过程中形成的,并为全体成员普遍接受和共同奉行的理想、价值观念和行为规范的总和。这一定义中的企业文化是狭义文化的概念,是精神文化。但是,企业文化常常要通过企业制度和物质形态表现出来。不同的企业文化有不同的企业管理制度,表现出不同的物质形态,并相应地创造出不同的物质财富。这就是企业文化的三层次结构:精神文化、制度文化、物质文化。精神文化是基础,是核心,是企业文化的内容实质;制度文化和物质文化是精神文化表现出来的形式或形成和结果。

从20世纪80年代起,企业文化的概念出现在管理学领域并迅速风靡全球。这一理论在美国更是长盛不衰,成为管理学最有影响力的理论之一。最早提出企业文化概念的人是日裔美籍学者威廉·大内(William Ouchi)。他于1981年出版了自己对日本企业的研究成果,书名为《Z理论——美国企业如何迎接日本的挑战》。在这本书里,他认为日本企业成功的关键因素是它们独特的企业文化。这一观点引起了管理学界的广泛重视,吸引了更多的人从事企业文化的研究。

在随后的两年时间里,美国又连续出版了三本企业文化方面的专著:特雷斯·迪尔(Terrence E. Deal)和阿伦·肯尼迪(Allan Kennedy)的《企业文化——现代企业精神支柱》、汤姆·彼得斯(Tom Peters)和罗伯特·沃特曼(Robert H. Waterman)的《追求卓越——美国成功公司的经验》、理查德·帕斯卡尔（Richard T. Pascale）和安东尼·阿索斯（Anthony G. Athos）的《日本企业管理艺术》。它们连同威廉·大内的著作，一并构成了所谓的"企业文化新潮四重奏"。日本企业和管理学界在美国企业文化理论研究的基础上，对日本企业管理的实践进行了系统的研究，认为企业文化是"静悄悄的企业革命"和"现代管理的成功之道"。由此可见，企业文化理论最早出现于美国，而其作为一种主流的管理思想则最早出现于日本。作为一种管理艺术，其基点是以人为本，以团队精神为核心。今天，这一管理概念对于企业生存和发展的影响已经在理论界与企业界达成了共识。

2. 企业文化的模型

埃德加·沙因（Edgar H. Schein）在分析企业文化时提出了睡莲模型（Waterlily Model），如图1-3所示。

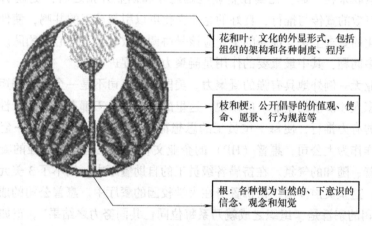

图1-3　沙因的睡莲模型

沙因认为，企业文化由以下三个相互作用的层次组成：①文化的外显形式（artifacts），包括可以观察到的组织结构和组织过程等。这些就像睡莲露出水面的花叶部分，是容易被直接观察到且容易改变的文化表层。②公开倡导的价值观（espoused values），包括战略、目标、质量意识、指导哲学等。这些就像睡莲的茎干部分，既不能明显被观察到，也不容易改变。③基本的潜意识假定（basic underlying assumptions），包括潜意识的一些信仰、知觉、思想、感觉等。这些就如同睡莲埋在泥中的根部，是不易被发现和较为稳定的。这一层次属于企业内所有人共同拥有的价值取向，是真正对行为起作用的共享价值观。[○]睡莲模型否定了笼统地将精神文化作为文化核心的观点，认为深层次的共享价值观（而不是公开倡导的价值观）对行为起决定作用。

3. 企业文化的功能

企业文化与经营业绩息息相关，良好的企业文化有助于提高企业的经营业绩，对企业的发展具有重要的作用。哈佛商学院的约翰·科特（John P. Kotter）教授及其合作者詹姆斯·赫斯克特（James L. Heskett）教授经过长达14年、对207家典型公司的研究，证明了企业文化与经营业绩之间的强相关性。其结论之一就是："企业文化尽管不易改变，但它们完全

○ （美）埃德加·沙因，《组织文化和领导力》，马红宇、王斌译，中国人民大学出版社，2011年版。

可以转化为有利于企业经营业绩增长的企业文化。"[1]

美国管理学家斯蒂芬·罗宾斯（Stephen P. Robbins）在《组织行为学》一书中说："文化在组织中具有多种功能：第一，它起着分界线的作用，使不同的组织相互区别开来。第二，它表达了组织成员对组织的一种认同感。第三，它使组织成员不仅注重自我利益，还考虑组织利益。第四，它有助于增强社会系统的稳定性。文化是一种社会黏合剂，它通过为组织成员提供言行举止的标准，把整个组织聚合起来。第五，文化作为一种意义形成和控制机制，能够引导和塑造员工的态度和行为。"他从组织行为学的角度对企业文化的功能做了一个较为全面的总结，足以帮助人们认识企业文化的功能。该总结包括以下几点：

（1）凝聚功能　企业文化是一种"软"文化，它就像一条无形的纽带，把企业和企业员工的追求紧紧联系在一起，尤其在企业危难之际和创业开拓之时，更显示出其巨大的力量。经过长期有效的宣传与推行，良好的企业文化可以引起员工的共鸣，使他们的思想逐渐统一到企业文化的要求上来。优秀的企业应该是协调一致、上下同心的团队。企业文化能够解决企业的许多问题，其中最重要的作用是凝聚力量，促进发展。

成功的企业无一例外地具有强的凝聚力。美国微软公司不是一个循规蹈矩、等级森严的组织，而是一家人才济济的企业。应该说，这里的每一位员工都有自己的个性和想法。而企业精神和文化的有力推行，使每一位员工的思想都能统一到"微软"这一金字招牌背后的文化上来。同样作为大公司，惠普（HP）的企业文化对员工也有着很强的凝聚力，公司注意保持一种友善、随和的气氛。在挤满各级员工的自助餐厅中，用不了3美元，你就可以享受丰盛的午餐；这里笑声洋溢，仿佛置身在大学校园的餐厅中。惠普公司的成功，靠的正是"重视人"，公司的宗旨是"组织之成就乃系每位同仁共同努力之结果"。正如公司目标的引言部分所说："惠普不应采用严密之军事组织方式，而应赋予全体员工以充分的自由，使每个人按其本人认为最有利于完成本职工作的方式，使之为公司的目标做出各自的贡献。"

（2）教化功能　具有优秀文化的企业是一所"学校"，为人们创造良好的学习、实践环境和条件，具有提高人员素质的教化能力。它可以使人树立崇高理想，培养人的高尚道德，锻炼人的意志，净化人的心灵，使人学到为人处世的艺术，也学到进行生产经营及管理的知识、经验，提高人的能力，有助于人的全面发展。松下幸之助曾经说过："松下（Panasonic）电器公司是制造人才的地方，兼而制造电器。"他的话很深刻，揭示了人是企业文化理论和实践的中心和主旋律。又如，具有三百多年历史的北京同仁堂，它的文化理念是"同修仁德济世养生"。这一理念不仅影响了员工的行为，更重要的是教化了员工的心灵，培养了员工的优秀品质。

（3）导向功能　在良好的企业文化的影响下，员工会逐渐形成共同的价值观、共同的奋斗目标和共同的事业，并最终会使员工的行为体现为共同的文化。因此，企业文化最终将作为企业的灵魂而存在，具有导向功能。这种导向功能实际是指企业文化能把员工个人目标引导到企业目标上来。另外，企业文化是一个企业的价值取向，规定着企业所追求的目标。卓越的企业文化规定着企业崇高的理想和追求，总是引导企业去主动适应健康的、先进的、

---

[1]（美）约翰·科特、詹姆斯·赫斯克特，《企业文化与经营绩效》，曾中、李晓涛译，华夏出版社，1997年版，第16页。

有发展前途的社会需求，从而把企业引向胜利。例如，华为公司用文化"洗脑"，来自各个名校的高才生到公司的第一件事，就是接受华为企业文化的"洗脑"，以华为文化为导向。相反，如果企业文化缺乏应有的、鲜明的价值观和明确的指导方向，那么对于企业的影响将是负面的，不能发挥其正确的导向功能。

（4）协调功能　虽然企业之间存在着极其激烈的竞争关系，但是客观上还是有或多或少的依赖关系，存在着物质和信息的交换。尤其是随着社会分工的进一步精细化，企业之间的关系不断加强，企业与企业既是竞争者，又是合作者。企业文化的发展，给竞争加上了必须文明的限制。这样，通过企业文化的协调，可以避免发生不合理的竞争关系。

另外，企业文化在协调企业与社会的关系、企业内部的关系方面也起到了很关键的作用。具体来说，通过文化建设，企业尽可能调整自己，以便适应社会整体文明，迎合国家方针政策、法律法规，使企业与社会之间不发生脱节现象；同时，保证了企业内的群体活动也在互相联系、互相信赖、互相协作的氛围中进行，使员工具有共同的价值观，互相间建立起良好的人际关系，进而形成团结和谐的气氛。

（5）约束功能　企业文化的约束功能主要表现在对企业员工行为的无形约束力上。它通过潜移默化的作用方式，在企业员工中树立起一系列与企业发展方向一致的信念和态度，对每位员工的思想和行为都具有规范作用。企业文化的约束作用，与传统的管理理论中单纯强调制度的刚性约束不同，它虽然也有成文的刚性制度约束，但更强调的是不成文的柔性心理约束。

"不以规矩，不能成方圆"，一个具备轻松的工作氛围的企业也要有它的工作约束。沃尔玛（Walmart）公司有着十分规范的企业文化制度，如"日落原则""十步服务原则""三米微笑原则""顾客满意原则"等。沃尔玛内有句话："零售就是细节！"这种工作态度是零售人必不可少的。零售业是一个非常细节化的行业，要求员工在琐碎和细微的工作中，有持久的热情、强烈的顾客服务意识，有想法，要创新，足够敬业、勤奋和有耐心。这种持久的职业素养来源于沃尔玛严明的规章制度，得益于沃尔玛企业文化潜移默化的约束功能。

当然，企业文化的约束功能不仅体现在对员工的约束上，也体现在对企业本身的约束上。如果一家企业形成了优秀的企业文化体系，就应该维护和坚持。但是，如果出现病态的、畸形的企业文化，就会起到负面作用。

案例 1-2

奥克斯的会议管理

在奥克斯集团，"一切按有理服从原则办事"。在企业内部，形成了一种严密与开放有机结合、动态与固化完美统一的管理特色。奥克斯打造了众多具有自己特色的管理工具，对每个人的工作效率进行监督、考核，而出发点只有一个，即用管理工具确保效率的最大化。例如，奥克斯有一条不成文的规定：在开大型会议时，如果安排了多人演讲，就要在讲台附近摆设预备席，以供演讲者上台前在此预备、等待。会议主持人不能占据讲台位置，而是通过一个无线话筒对议程进行协调。这样，当前面一位演讲者发言完毕后，预备席上的下一位演讲者就可以在 3 秒钟之内直接走到讲台开始演讲，从而缩短听众的等待时间。

对这笔账奥克斯是这样算的：以一年一度的营销工作总结表彰大会为例，偌大的会场，如果主持人占据着讲台，演讲者也不是等候在预备席，而是分坐在会场的各处，那么轮到他演讲时,往往需要等主持人下台后,再绕过大半个会场才能抵达讲台,这个过程平均要占用1.5 分钟,20 个人演讲就是 30 分钟。如果会场上有 1000 名听众,就意味着将有 30000 分钟在等待中被浪费掉。30000 分钟可不是一个小数目,它等于 500 小时,按一个工作日 7 小时计算,竟是一名员工 70 多天的工作时间!

五、不同国家的企业文化

企业文化与国家是分不开的。企业文化是一个国家的微观组织文化,它也是这个国家文化的组成部分。因此,企业文化的特点在很大程度上反映了所在国家文化的特点。霍夫斯泰德(Hofstede, 1982)将国家文化定义为"总体的心理程序",它使得一个国家的成员区别于其他国家的成员。一个国家的成员面临着一系列共同经历、共同语言和共同制度环境,从而对其价值观产生一定的共同影响,并与外国的文化特征明显区别开来。㊀美国的企业文化、日本的企业文化和中国的企业文化存在的差异见表 1-3。

表 1-3　美、日、中的企业文化差异

		美国企业文化	日本企业文化	中国企业文化
价值观	哲学思想:物质与精神	重视物质,金钱就是一切	物质与精神并重	重视精神,义大于利
	宗教信仰对价值观的影响	很强	较弱	较弱
	个人创造性的发挥	被物质利益限制的创造性	被集体至上限制的创造性	被传统道德限制的创造性
分析问题	起点	利害	利害和个人印象	个人印象
	思路	系统性,理性	整体性,理性	全面整体性,非理性
	方式	定量,程序性	定量	不定量,非程序性
	目的	以物质满足为主,开始注重精神	物质满足和精神满足	以精神满足为主,以时间为指向
思维方式	形式	以时间为指向	以时间、空间为指向	以空间为指向
	方式	直觉+感性+理性,实际体验分析,逻辑	理性+感性,实际体验、分析	直觉+感性回忆,实际体验
	意识	强烈的自我意识	集体意识极强	集体+自我,以集体意识为主
	时间	强	强	弱
人际关系	原则	创新原则	最佳原则+创新原则	最佳原则
	最密切的人际圈	战友、同学、同事	亲友、同乡、同事、同学	亲友、同乡、同学、邻居、同事
	关系的性质	不带强制性,可任意选择	强制性,难以选择	强制性,选择性小
	宗旨	互相竞争,能者胜	集体人身依附	个人人身依附

㊀ 王关义等,《现代企业管理》(第二版),清华大学出版社,2004 年版,第 139-143 页。

(续)

		美国企业文化	日本企业文化	中国企业文化
工作方式	结构	平等，独立，自由	亲情、尊老，实际	亲情、尊老
	人才选拔	自由竞争	自然更替	领导任命
	工作设置	选人做事	因人设事	因人设事
	决策系统	平行决策+垂直决策	平行决策+垂直决策	垂直决策，上行下效
	竞争机制	自由竞争	集体内部和谐，集体之间竞争	中庸之道，避免竞争
	法律意识	极强	强	弱

注：资料来自张仁德、霍洪喜，《企业文化概论》，南开大学出版社，2001年版，第263页。

1. 美国的企业文化模式与管理特点

美国民族文化的个人主义特点决定了美国的企业文化以个人主义为核心，这种个人主义强调的是个人的独立性、能动性、个性和个人成就，而非一般意义上的自私。企业对员工的评价也是基于能力主义原则，加薪和提职也只看能力和工作业绩，而不考虑年龄、资历和学历等因素。以个人主义为特点的企业文化缺乏共同的价值观，企业的价值目标和个人的价值目标是不一致的，企业以严密的组织结构、严格的规章制度管理员工，以追求企业目标的实现；而员工仅把企业看作是实现个人目标和自我价值的场所和手段。

（1）追求卓越与变革的创新文化 美国企业不满足于现状，强调不断进取和发展，强调学习和自我改进，强调高效率，强调"新""快""变"，重视科技创新，以开拓和革新寻求更好的行为方式和开辟新的经营领域。这种追求卓越的精神已经成为美国企业文化的核心特征之一。

（2）追求利润最大化是企业的终极目标 企业活动的终极价值目标就是利润最大化。获利多少不仅决定着企业的前途和命运，而且决定着企业和企业家在社会中的地位和形象。美国企业还存在着一种重视短期利润的急功近利的企业文化倾向。

（3）强调个人价值的自我实现 美国企业家和普通员工普遍认为独立自主比依赖他人更可靠，个人利益是至高无上的，一切价值、权利和义务都来自于独一无二的个人，因此时时处处强调自信、自尊、自我实现和自我奋斗。企业通常也会给员工提供充分发展其潜力的机会，鼓励个人奋斗和冒险创新，强调在个人自由、机会均等的基础上进行充分竞争。

（4）推崇英雄主义 美国企业往往把创业者以及对公司做出巨大贡献的人物推崇为英雄。经营成功的企业大多具有这样一些英雄，他们作为最佳行为的体现者，是企业文化的支柱和希望。美国企业对英雄的推崇，可能会造成崇拜权威，企业领导人可能运用权力影响让员工对其产生崇敬和顺从的心理。

（5）重视法律与契约，推崇"硬管理" 美国企业家具有很强的法治意识。他们认为，如果没有正当的法律过程，就不可能有正义。因此，他们不仅用合同契约形式确定与员工的利益关系，而且特别重视"硬管理"，即生产经营目标、组织结构和规章制度。

案例1-3

花旗（CitiBank）银行的企业文化

成立于1812年的美国花旗银行，历经两个世纪的潜心开拓，已成为当今世界影响巨大的全能金融集团。花旗银行之所以能取得长盛不衰的业绩，除了它始终奉行开拓创新的发展战略外，还和它卓越的企业文化所产生的"文化生产力"分不开。

1. 核心——以人为本

花旗银行自创立初始就确立了"以人为本"的战略，十分注重对人才的培养与使用。它的人力资源政策旨在不断创造出"事业留人、待遇留人、感情留人"的亲情化企业氛围，让员工与企业同步成长，让员工在花旗有"成就感""家园感"。

2. 灵魂——客户至上

花旗银行企业文化的最优之处，就是把提高服务质量和以客户为中心作为银行的长期策略，并充分认识到实施这一策略的关键是要有吸引客户的品牌。目前，花旗银行的业务市场覆盖全球一百多个国家的一亿多客户。在众多客户眼里，"花旗"两个字代表了一种世界级的金融服务标准。

3. 升华——寻求创新

在花旗银行，大到发展战略，小到服务形式，都在不断创新。它相信，转变性与大胆性的决策是企业突破性发展的关键。如果能预见未来，就能拥有未来。这就是说，企业必须永无止境、永不间断地进行创新。

2. 日本的企业文化模式与管理特点

日本社会结构长期稳定统一，思想观念具有很强的共同性。它虽然是岛国，但是并不封闭守旧，其革新精神强，大量吸收西方文化中重视科学技术和理性管理的思想，并与自己的传统文化结合起来，形成了巨大的生产力。

日本企业界认为，日本企业文化的精髓就是"和""同""忠"。

（1）"和" "和"指的是人和 日本企业在内部倡导员工和睦相处，合作共事，反对彼此倾轧、内耗。"和"被日本企业作为运用到管理中的哲学观念，是企业行动的指南。受中国儒家思想的影响，日本企业高度重视人际关系的处理，因此日本企业文化以亲和一致的团队精神为特点，即企业上下一致地维护和谐，互相谦让，强调合作，反对个人主义和内部竞争。

（2）"同" "同"指的是同心 在日本，企业被看作一个大家庭，其中最高经营者被视为家长，员工被视为家庭成员，全体员工在家庭似的企业中互敬互爱，共同经营事业和生活。企业是一个利益共同体，共同的价值观使企业目标和个人目标具有一致性。企业里，上级关心下属，权利和责任划分得并不那么明确。集体决策，取得一致意见后才做出决定；一旦出了问题，不归咎于个人，而是各自多做自我批评。

（3）"忠" "忠"指的是忠诚 日本企业对员工实行终身雇佣制和年功序列工资制。员工富有集体主义精神，尽忠职守，拼命工作，具备为企业、社会和国家效力的使命感、荣誉感和自豪感，与企业结成命运共同体。

3. 中国的企业文化模式与管理特点

"企业文化"这一概念是在20世纪80年代从日本、美国引入中国的。发展到今天，中国已经形成了不同于西方、亚洲其他国家的独特的企业文化。中国企业文化的特点大致包括：

（1）注重伦理，表现出浓厚的道德色彩 尽管中国企业文化的表现形态是多种多样的，但伦理道德问题始终是企业文化的内容之一。企业日常活动常常将道德是非和伦理标准作为衡量标准之一，有浓厚的道德色彩，讲究人情和亲情。其局限性体现在，由于着眼于人际的微妙关系，可能人为地把事情复杂化，降低办事效率。

（2）强调集体利益和归属感，追求和谐　在当今中国社会，集体主义已远远超出了传统的意义，人们对集体仍有很强的归属感。比如，中国人习惯于避免锋芒毕露，因为"枪打出头鸟"。从积极的方面看，中国人谦虚、谨慎、相互合作，讲究集体主义、爱国主义；从消极的方面看，人们可能会缺乏个人进取精神和个人竞争意识，因为在同一集体内，别人取得的成绩和荣誉同样也属于自己，所以没有必要与自己人竞争。

（3）"人治""情治"与制度相结合　在中国企业中，决策过程往往是"自上而下，民主集中"的，这样有利于对外部变化迅速做出反应，但是也可能导致决策有失偏颇，难以得到广大员工的认同。同时，企业追求人情化，容易造成"面子效应"，产生小团体，形成非理性特征。企业在处理内部管理问题时，如果把个人感情、关系置于规章制度和规范之上，就会影响个性的发挥和创造精神的形成。从总体上说，中国的企业文化建设活动处在起步阶段，"人治"的成分仍然存在，在一定程度上制约了企业规范化和制度化的发展。

随着越来越多的中国企业开始国际化经营，西方发达国家的企业文化逐渐被借鉴过来，同时中国传统文化里不利于现代企业管理的内容得以改造。一些著名企业，如联想、华为、海尔等，在企业文化建设方面取得了突出的成绩，也给其他企业带来了积极的影响。

案例1-4

海尔集团以仁为本与以人为本

海尔集团首席执行官张瑞敏把海尔集团的管理模式总结为12个字："兼收并蓄，创新发展，自成一家"。海尔集团通过对国内外文化中的优秀成分进行借鉴、吸收、改造，不断进行理念创新，建立了具有独特的中国式管理模式。

1. 以仁为本

海尔集团"以仁为本"的价值观深受传统儒家思想的影响。作为中国的民族企业，海尔集团的文化精神中一直流淌着中国传统文化的血液。张瑞敏喜欢引用的一句古语是："上下同欲者胜"。这说明了海尔集团的企业文化注重群体价值，强调统一意识，以和为贵。海尔集团高层管理者一直讲究"三心换一心"："解决疾苦要热心，批评错误要诚心，做思想工作要知心"，目的就是要换来员工对企业的"铁心"。在海尔集团，人际关系是透明的，考核制度是公开的，奖励与惩罚都是在员工的表决下进行的。它还建立了多种制度，用以了解员工心里想什么以及希望企业做什么。

2. 以人为本

可贵的是，海尔集团不仅继承了优秀的民族价值观，还不断与时俱进，以适应时代的发展；同时，高层管理者密切关注社会变迁，积极创新、发展企业核心理念。海尔集团除了关注企业自身的利益以外，还重视每一个员工的工作理想，重视员工的个人价值。海尔集团以人为本，将个人与企业紧密相连。因此，在海尔集团，你甚至不用与员工交谈，便可感受到他们充满活力的精神世界。平凡而机械的工作与远大的目标联系在一起，愉快的创造就是顺理成章的事情。

【资料1-5】

韩国的企业文化模式与管理特点[①]

（一）韩国企业文化的背景

1. 家长的权威

韩国十分推崇传统的儒家思想，在以家庭为中心方面表现得特别明显。在韩国，父亲作为家庭的长辈，一定要成为夫人和子女尊敬和效仿的典范，并以其权威治家。这种家长式的权威行为，直接在企业主和管理者的领导方式中表现出来，他们在管理下属的时候充分发挥其权限和权威，下属也在期待其温情和慈爱的同时顺从他们的权威意识。

2. 主从关系和服从意识

在韩国企业里，下属服从上级是天经地义的事情。比起水平关系，员工更重视上下级间的垂直关系。这种对垂直关系的重视不仅受权限关系的影响，也受年龄、地位、身份和相互所属关系的影响。对上级的服从意识是韩国企业的决策结构集中在上层管理系统的重要原因之一。

3. 从属关系和排他意识

韩国传统文化的另一个特征是，以血缘、地缘及学缘为中心的从属关系和排他意识在人际关系、集团间的相互关系以及权利结构的形成方面起着决定性作用。两班和庶民、高学历者和低学历者在传统的社会阶级、地位和身份等方面差异明显。

（二）韩国企业的文化特性

1. "能做"文化

韩国企业最具代表性的便是"能做"文化，它强调并代表很多企业及其员工的富有积极性和挑战性的共有价值。韩国企业之所以能在短短的二三十年里取得高速发展，是因为很多产业部门具有大胆投资、冒险向国际进军和在短期内取得成绩的强烈愿望。特别是在目标的确定方面，几乎没有哪个国家的企业能和韩国企业的高标准相比，而且可能没有一个国家的企业能像韩国企业一样为了达到目标而不惜一切代价。

2. 勤勉的劳动意识

认真的工作态度、勤勉的劳动意识是韩国企业文化的一个重要特征。韩国企业的劳动时间较长，长时间劳动不仅存在于劳动者阶层，而且在高层经营者和一般管理者阶层中也一样存在。早晨七点开始召开干部会议、晚上八点以后管理者才下班的企业比比皆是。

3. 高度集权的组织结构和权威性管理

管理层高度集权的组织结构、权力体制及权威性管理是韩国企业文化的又一个特征，具体表现包括年功序列制、仁和主义等。韩国的许多企业十分重视企业伦理的塑造，注重伦理道德的教育和培养，从而形成了守纪律、讲服从和步调一致的强力型的组织文化。同事之间维系圆满的人际关系，是韩国企业内共同的行为倾向。近年来，虽然也强调能力、经营业绩、进取心及创造性，但是传统的论资排辈的奖励制度仍然主导着韩国企业的文化。

[①] 石庆华，《韩国企业文化及其管理模式浅析》，载于《延边大学学报》（社会科学版），2000年第4期。

本章小结

文化是在人类文明进程中,不断习得和积累的,是为人所默认且潜在主导人的思想、行为及习惯等的一系列知识、经验、感受的总和。文化在某一群体内共性且相对持久地存在;从其能动性看,表现为向文而化的动态过程。我们可以利用"同心圆模型""文化陀螺结构模型"对文化的内涵进行分层。文化的特点包括:文化是共性和个性的集合体,文化是一个系统,文化是历史继承性和主体创造性的统一,文化是可以交流的。

世界文化有几种较为典型的文化类型,如北美洲文化、中南美洲文化、欧洲文化、亚洲文化、大洋洲文化、非洲文化和中东文化。管理是一种文化,文化也是一种管理手段。文化对管理的影响主要体现在企业经营战略、企业结构设置、企业制度建立和执行、对管理者和员工行为的影响四个方面。企业文化深受国家文化的影响,由于文化差异的存在,不同国家的企业文化也有一定的区别。

思考题

1. 文化的特点有哪些?
2. 典型的文化类型有哪几种?各自有什么特点?
3. 文化对管理的影响主要表现在哪些方面?
4. 美、中、日三国的企业文化各有什么特点?

章后案例

宜家的国际化经营

宜家(IKEA)于1943年创建于瑞典,是以公司创始人英格瓦·坎普拉德(Ingvar Kamprad)的名字及他的农场(Elmtaryd)和家乡(Agunnaryd)的首字母组合命名的。中文的"宜家"除取自"IKEA"的谐音外,也引用了"宜室宜家"的典故,以此表示带给家庭和谐美满的生活。

一、背景和历史

第二次世界大战结束以后,很多被压抑已久的需求开始大量地释放出来。此时,瑞典传统样式的家具已得不到年轻人的青睐,他们喜欢新潮且便宜的家具。但是,瑞典的生产商和零售商之间的供应协议使得家具价格高昂,并且阻碍了新的企业进入家具市场。坎普拉德觉得这既是一个社会问题,又是一个商业机会。他认为,如果提供一个范围很广的家具目录,目录中的产品包含好的设计和功能,而且价格低到绝大部分人都能负担得起,这样的企业一定会受到热烈的欢迎。

坎普拉德的创意很快就得到了市场的认可,这令竞争者们如临大敌。当他的新公司开始参加斯德哥尔摩每年的家具行业交易会时,其产品遭到了传统零售商的抵制。此后,事情愈演愈烈。1951年,宜家被明确禁止在交易会上直接向顾客销售产品,因此宜家只好选择获取订单的方式,同时开始出版第一本宜家目录。1952年,宜家连在交易会上获取订单也被禁止。于是,坎普拉德就让雇员记下潜在顾客的名字,以后再和他们联系。后来,宜家甚至被禁止在它的家具上标明价格。此外，零售商还向制造商施加压力，要它们不给宜家供货。这样，坎普拉德只能从一些独立的瑞典家具制造者那里采购，并且从波兰开辟新的供货渠道。没想到因祸得福，宜家因此可以以更低的价格进货，其家具的成本反而降低了。

在20世纪50年代初期，宜家产品集中在家居系列上。当宜家发现自己卷入了与主要竞争对手的一场价格战，双方都降低了价格，质量却没有保证。于是宜家在1953年开放了家具展销厅。家具展销厅的开放是宜家理念形成过程中的重要时刻。通过此举，宜家能够以立体的方式展示其产品的功能、质量和低价格。正如宜家希望的那样，人们明智地选择了物有所值的产品。

由于来自竞争对手的压力，供应商停止向宜家供货。1955年，宜家不得不开始自己设计家具，这实际上为其以后的发展奠定了基础。宜家自己设计的家具很有创意，功能得到改善，而且价格较低。后来，宜家的一位员工突发灵感，决定把桌腿卸掉，这样可以把它装到汽车内，而且还可以避免运输过程中的损坏。从那时起，宜家在设计时便开始考虑平板包装的问题。平板包装进一步降低了产品的价格。这样，宜家便开始形成一种工作模式，即把问题转化为机遇。

坎普拉德紧跟时代，坚持创新。为了省钱，1953年，他将一个废弃的工厂改造成仓库陈列室。针对人们逐渐形成使用汽车购物的习惯，他一反传统地不考虑在市中心地段选址，而是优先考虑宽阔的停车空间。1965年，他在斯德哥尔摩郊区开设的新商店成为当时欧洲最大的家具店。这一阶段，宜家的几项基本做法也被确定下来：大范围分发信息丰富的目录和在家具展览会上使用的附有说明的入场券；方便顾客自己动手；家具可以拆卸，使得所有产品的零部件能够被保存在商店仓库扁平的货箱里；拥有大型停车场的郊区商店的发展，给家具零售带来了"现购自运"的概念。这些做法奠定了宜家作为行业中价格领导者的地位。

二、进入欧洲

1965年到1973年间，宜家在斯堪的那维亚（位于欧洲西北角）开了7家新门店，占领了瑞典市场份额的15%。然而，这时瑞典家具市场的增长变得缓慢。坎普拉德感到这是宜家进行国际扩张的时候了。1963年，宜家在奥斯陆（挪威首都）郊外开办了挪威第一家宜家商场，这也是宜家在瑞典以外开办的第一家商场。1969年，宜家又在丹麦开办了丹麦第一家宜家商场。当时业内流行一种观点，认为家具零售业是一种严格的本地业务，然而坎普拉德对此并不认同。即使1973年发生了石油危机，造成世界范围内的经济滑坡，他也毫不惧怕，觉得这反而对宜家有利。原因是宜家的营业费用很低，并且顾客确实欣赏宜家的货真价实。

由于瑞士是讲德语的国家，所以它成了宜家优先考虑的对象。同其他欧洲国家一样，当时瑞士的家具零售业也高度分散，67%的公司雇员在3个或3个以下，其中大多数公司位于市中心地段。当时瑞士的家具保持着传统的设计、保守的式样，并且大多是用深色的木料制成的。宜家反其道而行之，1973年它在苏黎世的郊区开了一家门店，没有采用当地周到的服务销售模式，只是提供一些由买主自己装配的、设计简单和时髦的家具，并且引进"顾客自助"和"现购自运"的概念。新颖的销售模式再加上分发的50万份商品目录，这个新店在开业的第一年里就吸引了近65万名顾客，很快就占到瑞士全国家具市场份额的大约20%。

接下来是联邦德国。那里传统的零售商建立起精致的家具陈列室，但往往被动地接受制造商的供货，很少拥有自己的商品目录，而制造商又经常由于时尚变化或经济低迷面临剧烈波动。结果，顾客往往不得不花几个星期等待送货。宜家的到来使这一切大为改观，它承诺低廉的价格、迅速的交货，并且由瑞典家具协会保证其高质量形象。这使得宜家的产品大受欢迎。1974年，宜家慕尼黑的一家门店在开业前3天里就吸引了3.7万人，立即成为联邦德国最大的家具商。

联邦德国的零售商对此深感不安。它们的行业协会抱怨，对于联邦德国和邻近国家高质量的家具来说，瑞典家具协会为宜家提供的保证已经在最低标准之下了。紧接着，有零售商针对宜家的广告采取法律行动。法院也支持联邦德国零售商，并限制宜家的所作所为。尽管如此，宜家的生意还是很火爆，3年里在联邦德国又开了10家新店。到20世纪70年代末期，宜家已经在联邦德国的现购自运市场占有50%的份额。那些早期曾经反对宜家进入的零售商也开始承认这种新的零售方式的潜能，模仿者如同雨后春笋般冒了出来。因此，20世纪80年代以后，宜家除了继续在欧洲开店外，还授权其他人在欧洲以外的地方开店。

宜家在欧洲成功的基础是向客户提供物有所值的产品，其经营之道是：首先，建立一个广泛的供应商网络，该网络由分布在若干国家的众多企业组成。供应商能够从宜家获得长期订货和技术咨询，甚至从宜家租赁到设备。宜家的设计员与供应商密切协作，力求把节约成本的理念体现在产品中，使产品能够在设计阶段就保证能在后期的生产过程中实现低成本。作为回报，供应商给宜家提供低廉价格。其次，宜家把自己多达一万个品种的产品放在非繁华地段的低成本商店中展示。大部分家具以配套元件的形式卖给消费者，然后由消费者拿回家自己组装。由于每家商店的规模都很大，也由于在国际市场上销售相同的产品，宜家能够实现大批量生产，也因此获得了巨大的规模经济效益。这种战略一方面使公司在产品质量上不逊于对手，另一方面又使产品的价格比对手低而仍然有利可图。

三、不断扩张的组织

1976年，坎普拉德感到有必要大力推广宜家几十年来形成的价值观。他向外界发布了自己的宣言——《一个家具商的圣经》(*The Testament of a Furniture Dealer*)，其中总结了宜家的成功经验：宜家精神建立在热情似火、持续创新、成本意识、勇挑重担、永不知足、行为简单的基础上。宜家的基本宗旨是为大众服务。从长远看，宜家的产品应该始终符合消费者的利益，具体表现为简单和容易安装，耐久和使用方便，表达设计、色彩和乐趣等理念。它们在斯堪的那维亚应该被认为是典型的宜家产品，在斯堪的那维亚以外则应该代表瑞典风格。

由于宜家深信自己对市场能产生重大影响，认为自己可以为其国内外的装饰业务做出有价值的贡献，因此它把扩张作为自己的使命。在宜家快速进行国际化的时期，《一个家具商的圣经》成为传播宜家理念的指南针。坎普拉德据此要求在不同的国家努力保持宜家独特的文化。到1989年，大约有300名受过特别训练的"宜家大使"在一个特殊的长期研究班被训练出来。他们不仅了解公司的历史和文化，而且仔细学习了如何推广公司的哲学和价值观。他们被派到所有部门的关键岗位上，通过教育下属和担任示范角色，将宜家文化传播到世界各地。

随着经验的积累，宜家的国际化之路逐渐形成了一套行之有效的模式：在瑞典以外的地区，坎普拉德将公司的业务分成扩张和经营两个部分。前者负责制订进入新市场的计划。首先，一个"施工队"被派去筹建新的商店。然后，在商店开张前的两个月，一个"接力队"负责训练员工，并且准备开张事宜。大约一年以后，他们再把责任转移给经营团队。在组织结构方面，20世纪80年代早期，作为一个国际组织，宜家的零售业务被重组并划分成四个区域，分别由当地的管理者负责，而采购、分销和设计还是由总部控制。

宜家的高级管理者主要是斯堪的那维亚人，他们遵循简单、人本、非等级制的管理哲学。宜家文化根源于瑞典，并且被深深地打上了公司创始人坎普拉德的烙印。公司的一些非瑞典人感到说瑞典语和理解瑞典人的心理对于成为管理者非常重要。宜家一位总裁讲的话曾被作为格言到处使用："我建议公司里那些真正想进步的外国雇员学习瑞典语，这样他们对我们的文化、经营管理模式和价值观将会有完全不同的认识。"

宜家的高速扩张也开始引起不少人的担忧，因为保持公司的文化价值观将变得越来越困难。想象一下，公司成千上万名雇员分布在世界各地，而且每年招聘一千多个新人，他们对于宜家的行事方式可能只有模糊的感觉。要把宜家的文化灌输给这样大规模的人群，对公司来说是一个巨大的挑战。于是，疑问产生了：宜家在世界范围内迅速扩张，那么它应该将自己的理念推广到什么程度？例如，谦卑在欧洲可能是一种美德，但是总部应该把它强加于美国的分店吗？

四、美国市场的启示

在向全球市场扩张的最初阶段，宜家的标准化策略实施起来得心应手，因此后来进军美国市场时，公司还是坚持自己的观点。这种观点用公司创始人坎普拉德的话说，就是不论在世界上的什么地方，公司都应该销售具有"典型瑞典风格"的基本产品系列。宜家还坚持采用生产导向型战略，即由瑞典的管理者和设计人员决定应该销售什么，然后把产品展示给公众，而很少研究公众的实际需要。不仅如此，宜家还在国际广告中强调自己的瑞典出身，甚至坚持要求分店采用"瑞典式"的蓝黄色调。

结果，宜家的产品虽然在欧洲销售良好，但是并不符合美国消费者的习惯。例如，瑞典的床对美国人来说不够宽，宜家也不提供美国人喜欢的配套的床上用品。消费者经常把他们的衬衫放在抽屉里，但宜家生产的床头柜抽屉太浅。宜家生产的橱柜也太窄，放不下大的盘子。美国市场需要用来装电视机的架子，而宜家的架子往往被设计成仅仅是用来放书的。

1990年，宜家的高级管理者认识到，公司忽视了成功国际化所需的零售业法则，即必须坚持市场导向，给分店留出自由和创造的足够空间，使产品符合各地的偏好，走一条本土化和定制化结合的道路。宜家要想在美国取得成功，就必须对其产品进行调整，使之符合美国人的口味。于是，宜家重新设计了它的产品。例如，床头柜的抽屉比原来加深了0.3m，结果销售量随即增加了30%~40%；开始销售大号和特大号的美式床，并且提供与这些床配套的床上用品；对厨房家具进行改动，使它们更加符合美国人的需求。此外，宜家还把用美国本地原料制作的产品的比例从1990年的15%提高到1994年的45%。宜家突破传统的这些做法产生了很好的效益，从1990年到1994年，其在北美的销售额增长了2倍，达4.8亿美元。

上述实例表明，时代在前进，环境在变化，宜家适应市场的策略必须不断调整，否则随时可能遭遇被淘汰的命运。在大多数发达国家，中年人的人数和收入水平开始增加，而宜家的目标市场——年轻人、中低收入以下的家庭的数目逐渐减少。这样，宜家不得不扩张到其他市场中去，例如提供办公室家具，为年纪较大而富有的人提供更加传统的设计。此外，在广告中，宜家应该展示一个更高品质的形象，并且防止目标过于散乱，以免模糊了自己的定位。

结语

"一招鲜，吃遍天。"经过几十年的国际化进程，宜家已经成为全球最大的家具、家居用品商之一。每年印刷量高达1亿本的IKEA商品目录中，收录了大约1.2万件商品。"为大多数人创造更加美好的日常生活"是宜家自创立以来一直努力的方向。尽管经历了不少沧桑和坎坷，宜家依然坚持自己的理念，即"提供种类繁多、美观实用、老百姓买得起的家居用品"。

思考题：

1. 宜家的产品及其经营手段有哪些特点？
2. 宜家在全球不断扩张的原因有哪些？
3. 宜家在国际化经营中是如何处理标准化和差异化问题的？

第二章

文化差异理论

教学目的和要求：

1. 掌握文化维度理论的概念和特征。
2. 掌握文化架构理论的概念和特征。
3. 掌握六大价值取向理论的概念和特征。
4. 掌握个体主义—集体主义理论的概念和特征。

由于文化差异的客观存在，许多专家致力于研究不同国家的文化特征，以帮助人们理解和预测特定群体的行为和动机。本章介绍四种文化差异理论，为企业的跨文化管理提供指导。这四种理论分别是：吉尔特·霍夫斯泰德（Geert Hofstede）的文化维度理论（1980，1991）、弗恩斯·强皮纳斯（Fons Trompenaars）的文化架构理论（1993，1998）、佛萝伦丝·克拉克洪（Florence Kluckhohn）与弗雷德·斯乔贝克（Fred Strodtbeck）的六大价值取向理论（1961），以及哈里·蔡安迪斯（Harry C. Triandis）的个体主义—集体主义理论（1995）。

第一节 文化维度理论

文化差异理论中最具价值及影响力的理论之一是荷兰管理学家吉尔特·霍夫斯泰德提出的文化维度理论。霍夫斯泰德从20世纪60年代后期开始研究文化差异对管理的影响，并且在之后的30年中一直没有间断。最初的研究是通过对IBM公司在40个国家的11.6万名员工进行调查完成的。通过调查员工对管理方式和工作环境的偏好，霍夫斯泰德归纳了4个随国家不同而不同的识别民族文化的维度：①个人主义与集体主义；②权力距离；③不确定性规避；④刚性与柔性。20世纪80年代后期，霍夫斯泰德又重复了之前的研究，这次包括了更多的国家和地区，总数超过60个。这次研究不仅证实了前4个维度，而且还发现了一个新的维度——长期取向与短期取向。

一、个人主义与集体主义

1. 个人主义与集体主义的含义和特征

个人主义是指一种松散结合的社会结构。在这一结构中，人们只关心自己和直系亲属的利益。与个人主义相对的是集体主义，它以一种紧密结合的结构为特征。在这一结构中，人们希望在自己有困难时得到群体中其他人的帮助和保护，他们则以对群体的忠诚作为回报。霍夫斯泰德经研究发现，美国个人主义的得分最高（91/100），而新加坡及我国香港、台湾地区在个人主义得分上很低（分别为 20/100、25/100、17/100）。53 个国家和地区在这个维度上的得分和排序见表 2-1。

表 2-1 个人主义得分及排序

排序	国家或地区	得分	排序	国家或地区	得分
1	美国	91	28	土耳其	37
2	澳大利亚	90	29	乌拉圭	36
3	英国	89	30	希腊	35
4/5	加拿大	80	31	菲律宾	32
4/5	荷兰	80	32	墨西哥	30
6	新西兰	79	33/35	东非	27
7	意大利	76	33/35	葡萄牙	27
8	比利时	75	33/35	南斯拉夫	27
9	丹麦	74	36	马来西亚	26
10/11	法国	71	37	中国香港	25
10/11	瑞典	71	38	智利	23
12	爱尔兰	70	39/41	西非	20
13	挪威	69	39/41	新加坡	20
14	瑞士	68	39/41	泰国	20
15	联邦德国	67	42	萨尔瓦多	19
16	南非	65	43	韩国	18
17	芬兰	63	44	中国台湾	17
18	奥地利	55	45	秘鲁	16
19	以色列	54	46	哥斯达黎加	15
20	西班牙	51	47/48	印度尼西亚	14
21	印度	48	47/48	巴基斯坦	14
22/23	阿根廷	46	49	哥伦比亚	13
22/23	日本	46	50	委内瑞拉	12
24	伊朗	41	51	巴拿马	11
25	牙买加	39	52	赤道几内亚	8
26/27	阿拉伯国家	38	53	危地马拉	6
26/27	巴西	38			

注：1. 序号中 1—最高，53—最低。
2. 资料来自 G. Hofstede, Cultures and Organizations: Software of the Mind, London: McGraw-Hill, 1991。

在个人主义为主流的社会里，人们通常更关心自己，而与集体保持着精神上的独立。在集体主义为主流的社会里，人们更加关心集体而不是个人。个人通过与其他人的关系、在集体中的资格和地位定义自己的身份，从而得到一种归属感。不同文化的国家中个人主义程度的比较见表 2-2。

表 2-2　不同文化的国家中个人主义程度比较

集体主义文化的国家	个人主义文化的国家
人生长于一个不断对其进行保护的家庭，并忠于自己的家庭	人长大以后，期望只照顾自己及其家庭
人的个性以社会网络为基础	人的个性以个人为基础
人从小就被教育要以"我们"为中心想问题	人从小就被教育要以"我"为中心想问题
应该保持谦和的态度，避免直接冲突	表达自己的思想是诚实正直的表现
教育的目的就是学习如何做事	教育的目的就是学习如何去学习
接受教育是为了将来能有更高的地位	教育增加了个人的经济价值，使人更加尊重自我
雇主与雇员的关系被视为家庭关系	雇主与雇员的关系是以互利为基础的合同关系
关系胜于工作	工作胜于关系

注：资料来自 G. Hofstede, Cultures and Organizations: Software of the Mind, London: McGraw Hill, 1991。

2. 个人主义与集体主义在东西方企业文化中的表现

东方传统的儒家文化注重"礼""和"，强调以集体利益为重，个人利益要服从集体利益。当代东方的企业文化也十分注重和谐，强调员工的归属感，提倡以企业的利益、荣誉为重。企业十分注重培养员工的集体主义精神和团体协作精神，鼓励员工为实现企业目标同心同德、开拓进取；注重培养员工良好的主人翁意识。

西方传统文化则强调个人作用，以自我为中心的个人主义非常明显。他们尊重个人隐私，强调自由，力求在实践中使自己表现出色。㊀两者的差异在企业管理上主要体现在绩效评估和人才流动管理上。

（1）绩效评估　东方文化背景下，企业管理者的管理目标倾向于提高员工整体的工作绩效，往往以某个团队在一定时期内所取得的工作绩效、合作程度为依据制定团队的奖惩制度，激励团队的工作绩效。

西方文化背景下，企业管理者更倾向以职务、责任和工作能力作为评定员工工作绩效的主要标准，鼓励员工发挥个人的自我性、自主性、能动性，将个人能力、工作绩效与福利待遇直接挂钩，力求使个人的个性和才能得到充分发挥。

（2）人才流动管理　在强调集体主义的东方企业中，人与人之间相互依存，团结合作。员工对组织怀有忠诚感，工作中倾向于群体的努力和集体的回报；在个人利益和集体利益相矛盾时，集体利益占首位。管理者对员工全面关心、呵护，从物质方面到精神方面，从员工本人到他的家庭。员工对企业有较强的归属感。管理者鼓励在组织内形成一种家庭氛围。员工之间沟通密切，十分看重感情和人际关系，很少流动，使得企业能够拥有相对稳定的员工队伍。

在强调个人主义的西方企业中，员工比较重视个性的发展，重视才智否得到最大限度的发挥。当企业对个人发展具有促进作用时，员工会努力工作，争取机会，奋发向上，为实现个人价值而奋斗。但是，一旦员工意识到企业阻碍了其个性和才能的发挥，他就会毫不犹豫地离开这个企业。西方文化尤其是美国文化中，企业就是一种由不同个体结合起来的组织，参加这一组织的个体都是为了达到某种既定经济目的或获得报酬而加入的。因此，个人

㊀ 吴敏华，《个体主义与集体主义：中美日管理的文化研究》，载于《国际贸易问题》，2006 年第 9 期。

与组织之间的关系只是雇佣关系。管理者对下属频繁换工作的行为也非常坦然。

【资料 2-1】

怎样才是一个体贴的管理者?[①]

有一个对 4 个地方的电子制造工厂领导行为的调查(Smith and Bond, 1993)。这些工厂分别在美国、日本、英国和我国香港地区。在所有被调查的工厂中,那些对工作团队成员体贴的管理者都得到了正面评价。调查的焦点在于,管理者做什么才会被认为是体贴的。调查要求这些工厂里的员工指出他们的管理者体贴行为的频率,以及体贴行为的具体表现。调查发现,在不同的地区,被认为是体贴的主管他们所做的事是截然不同的。例如,调查中有一个问题是"如果工作团队中的成员遇到个人困难,主管应该做什么?"日本和我国香港的员工认为,在当事人不在场的情形下,与团队中的其他成员讨论这个成员面临的困难是一种体贴的行为;而美国和英国的员工则认为这样的行为是不体贴的。因此,调查得出结论:一个特定的行为在不同的文化背景中有不同的含义。在日本和我国香港,非直接沟通是智慧和得体的行为;而在英国和美国,更认同直接沟通。

二、权力距离

权力距离被用来衡量社会对机构和组织内权力分配不平等的接受程度。在组织中,个体间同样存在着工作能力、人际关系、工龄等差异。这些差异都会造成权力在组织中的不平等分配。不同民族对待这种权力不平等分配的状况表现出显著不同的态度。

表 2-3 中的虚拟案例是一段美国管理者与希腊下属之间的对话及他们内心的实际想法。希腊的权力距离比美国大,因而下属期待管理者具有权威、善于下指令,过于尊重下属意见的管理者反而会被认为没有能力。这个例子说明了不同文化对领导角色有着不同的理解,表现了这种文化差异所带来的冲突。

表 2-3 美国管理者与希腊下属的对话

对　话	真 实 想 法
美国人:你什么时候能完成这份报告	我在要求他的参与
希腊人:……	他为什么问这种问题? 他是老板,他应该告诉我,希望我多长时间完成
希腊人:我不清楚应该用多长时间	我在问他的要求
美国人:……	他拒绝承担责任
美国人:这问题应该由你来回答	我敦促他承担自己的责任
希腊人:……	真是没道理! 但我最好给他个答案
希腊人:10 天	
美国人:……	他真没有时间预测能力,10 天根本不够
美国人:15 天。你认为你 15 天内能完成吗	我给他一个协商的机会吧
希腊人:……	这是他给我的命令:15 天

[①] HOECKLIN L. Managing Cultural Difference [M]. New Jersey: Prentice Hall, 1994: 3.

(续)

对　话	真 实 想 法
实际上，按照日常工作量，完成这份报告需要30天。尽管希腊人夜以继日地工作，到第15天的时候，他还需要15天才能完成报告	
美国人：报告在哪	我确认下他是否信守承诺
希腊人：……	他在跟我要报告
希腊人：明天就完成了	
知道报告没完成，双方都沉默了	
美国人：但是你答应今天会完成的	我必须让他懂得说到就要做到
希腊人：……	这个老板真是又愚蠢又无能，不仅给我错的命令，而且我已经夜以继日地工作了，他竟然不理解
希腊人递交了辞呈，美国人很惊讶	
希腊人：……	我受不了这样的管理者

1. 权力距离的特征

权力距离大的社会能接受群体内权力的巨大差距，对权威显示出极大的尊重，称号、头衔及地位是极其重要的；而权力距离小的社会难以容忍不平等，管理者仍拥有权威，但员工并不畏惧他。不同社会权力距离的比较见表2-4。

表2-4　不同社会权力距离的比较

权力距离小的社会	权力距离大的社会
对人与人之间的不平等的接受度低	对人与人之间的不平等的接受度高
拥有不同社会影响或权威的人之间应相互依赖	权威不够高的人应依靠社会影响大或权威高的人
家长平等对待子女	家长教育子女要服从
学生平等对待教师	学生尊重教师
分权现象十分普遍	集权现象十分普遍
受教育程度较高的人比受教育程度较低的人拥有更正确的权力主义价值观	受教育程度不同的人拥有几乎同样的权力主义价值观
组织内的等级制度意味着角色的不平等，多数等级制度的建立是为了便利	组织内的等级制度反映了组织内较高层次的人与较低层次的人之间的不平等
组织内高层管理者与普通员工的工资差别较小	组织内高层管理者与普通员工的工资差别较大
理想的雇主是足智多谋的、民主的人	理想的雇主是乐善好施的决策者
人们对特权和地位的象征表示不满	特权和地位的象征十分普遍

注：资料来自张静河，《跨文化管理：一门全新的管理科学》，安徽科学技术出版社，2002年版，第30页。

权力距离的大小在组织结构上表现得较为明显。一般说来，在权力距离大的社会中，组织更多采用的是高耸型结构，等级层次分明，如日本、韩国等许多亚洲地区；而在权力距离小的社会中，组织更多采用的是扁平型结构，上下级之间关系较平等，没有严格的等级观念，如北美、北欧等地区。53个国家和地区在这个维度上的得分和排序见表2-5。

表 2-5 权力距离得分及排序

排序	国家或地区	得分	排序	国家或地区	得分
1	马来西亚	104	27/28	希腊	60
2/3	危地马拉	95	27/28	韩国	60
2/3	巴拿马	95	29/30	中国台湾	58
4	菲律宾	94	31	西班牙	57
5/6	墨西哥	81	32	巴基斯坦	55
5/6	委内瑞拉	81	33	日本	54
7	阿拉伯国家	80	34	意大利	50
8/9	赤道几内亚	78	35/36	阿根廷	49
8/9	印度尼西亚	78	36/37	南非	49
10/11	印度	77	37	牙买加	45
10/11	西非	77	38	美国	40
12	南斯拉夫	76	39	加拿大	39
13	新加坡	74	40	荷兰	38
14	巴西	69	41	澳大利亚	36
15/16	法国	68	42/44	哥斯达黎加	35
15/16	中国香港	68	42/44	联邦德国	35
17	哥伦比亚	67	42/44	英国	35
18/19	萨尔瓦多	66	45	瑞士	34
18/19	土耳其	66	46	芬兰	33
19/20	伊朗	58	47/48	挪威	31
20	比利时	65	47/48	瑞典	31
21/23	秘鲁	64	49	爱尔兰	28
21/23	泰国	64	50	新西兰	22
21/23	东非	64	51	丹麦	18
24/25	智利	63	52	以色列	13
24/25	葡萄牙	63	53	奥地利	11
26	乌拉圭	61			

注：1. 序号中 1—最高、53—最低。
2. 资料来自 G. Hofstede, Cultures and Organizations: Software of the Mind, London: McGraw Hill, 1991。

2. 权力距离在东西方企业文化中的表现

一般来说，那些受到典型传统儒家文化影响的东方企业，有着较大的权力距离；而那些受到重视人与人之间的平行关系文化影响的西方企业，权力距离较小。这种差异在企业管理方面体现为：

（1）等级制度　在权力距离较大的东方企业中，人们的等级观念非常强烈，地位象征非常重要，上级拥有特权被认为是理所应当的，下级的行为受上级的意愿、自己的"本分"的限制。在东方传统文化中，人与人之间讲究"君君、臣臣、父父、子子""君为臣纲、父为子纲、夫为妻纲"。时至今日，还有个别企业，等级观念不仅体现在工作中，而且延伸至生活中。个别管理者在任何场合都很注重保持自己的领导者形象，要求员工遵从权力、在任何有领导的场合扮演服从者的角色。特权虽有助于上级对下级实施权力控制，但显然不利于员工与管理者之间创造出和谐的关系，也不利于员工在企业中的学习和进步。等级制度的具体缺陷表现在：打破了管理者和员工在沟通方面的平等性，易出现虚假的信息；带来了工作中对人不对事的倾向，增加了员工对管理者盲从的可能性；在客观上支持了多层级、长链条、少授权的管理体系。

权力距离较小的西方企业中，上下级都认为彼此之间是平等的，等级的不同只是所任职务不同而已，工作中的等级制度只是为了工作的方便；同时，人们倾向于用相对较少的权力作为达到管理目的的工具。人们的等级观念相对弱一些，除特殊场合外，一般不按等级排序。这种企业文化中的员工倾向于不接受管理特权的观念，因此员工与管理者之间更平等，关系也更融洽；员工更善于学习、进步和超越自我，实现个人价值。一则关于沃尔玛办公室座位布置的新闻报道很好地说明了权力距离较小的企业中的等级观念。

沃尔玛是全世界零售业的500强企业，它在世界各地建立了众多连锁店。有位记者来到沃尔玛中国深圳公司进行采访时，很惊奇地发现总经理、部门经理、秘书及助理们是在一个大厅里办公的，整个办公大厅看上去很拥挤。在有些人看来，这种座位安排与沃尔玛全球零售业巨头之盛名不符。但是，这却反映了该企业的权力距离小，更加崇尚平等，排斥权力等级。

(2) 授权　受东方传统文化的影响，人们对权力有着一种特殊的推崇，并且把它作为评价一个人能力的标准之一，因此授权管理是很多管理者无法接受的理念。很多掌权者担心，授权后自己就会被架空甚至被取代，权力所带来的一切也会随之而去。这使得授权在东方企业中成为十分艰难的事情。权力距离比较大的企业有"集权式"管理倾向，上级对下级授权较少。

西方企业普遍注重授权。授权者重视的是被授权者执行的结果，而不是过程、方法和细节。在美国，管理即授权。美国企业上下级之间的权力距离较小，下级通常认为上级是"和我一样的人"。他们信奉最接近过程的人最了解这个过程，对问题最有发言权。美国的高层管理者通常会给下属制定一个目标，然后就由下属完成这个目标。高层管理者只以成果考核员工，至于中间用什么样的方式去做，他基本上是不会干预的。任何一位部门经理都可以在部门范围之内做决策，只要不违反商业道德即可。

(3) 决策方式　在权力距离大的东方社会里，上级以家长式作风进行决策，通常下级即使害怕也不愿意反对上级的意见。因此，在东方企业中，下级习惯于听从上级的指示，很少向上级谈自己的见解。上级做出决定之后，就以命令的形式传达给下级，下级则随时等候上级的命令而行事。权力距离大的东方企业倾向于集体决策，但是主要集中在少数管理者，基层员工参与决策的机会很少。一旦决策做出以后，下级就必须严格执行。上下级之间的信息沟通一般以自上而下的命令式沟通为主，双向沟通较少。

在权力距离小的西方企业里，决策权分散在整个机构内，每个人都有决策的权力。西方社会的企业管理者比东方社会的企业管理者更重视个人自主决策和个人责任。因此，在西方社会里，上级倾向于通过制定总的原则给下级以指导，让下级能将这些原则运用到工作中去。上级拥有明确定位、做最后决策的权力，重大决策一经做出就具有效力。

三、不确定性规避

不确定性规避是衡量人们承受风险和非传统行为的程度的文化尺度。人们都生活在一个不确定的世界中，未来在很大程度上是未知的。不同的社会以不同的方式对这种不确定性做出反应。在一些社会中，社会成员能沉着地接受这种不确定性，相对来说他们更能容忍不同于自己的意见和行为，通常对风险能泰然处之，因为他们并未感受到威胁。霍夫斯泰德将这种社会描述成低不确定性规避的社会。

1. 不确定性规避的特征

高不确定性规避的社会特征是人们高度焦虑，具体表现为神经紧张、高度压力和进取性。

在这种社会中，人们觉得自己受到了不确定性和模糊性的威胁。因此，组织内一般都有大量正式条文，即书面规定或规范，要求成员遵从，而且要求更高的专门化程度；同时，人们也很难容忍不同的思想和行为。53 个国家和地区在不确定性规避维度上的得分和排序见表 2-6。

表 2-6 不确定性规避得分及排序

排 序	国家或地区	得 分	排 序	国家或地区	得 分
1	希腊	112	28	赤道几内亚	67
2	葡萄牙	104	29	联邦德国	65
3	危地马拉	101	30	泰国	64
4	乌拉圭	100	31/32	芬兰	59
5/6	比利时	94	31/32	伊朗	59
5/6	萨尔瓦多	94	33	瑞士	58
7	日本	92	34	西非	54
8	南斯拉夫	88	35	荷兰	53
9	秘鲁	87	36	东非	52
10/15	阿根廷	86	37	澳大利亚	51
10/15	智利	86	38	挪威	50
10/15	哥斯达黎加	86	39/40	新西兰	49
10/15	法国	86	39/40	南非	49
10/15	巴拿马	86	41/42	加拿大	48
10/15	西班牙	86	41/42	印度尼西亚	48
16/17	韩国	85	43	美国	46
16/17	土耳其	85	44	菲律宾	44
18	墨西哥	82	45	印度	40
19	以色列	81	46	马来西亚	36
20	哥伦比亚	80	47/48	英国	35
21/22	巴西	76	47/48	爱尔兰	35
21/22	委内瑞拉	76	49/50	中国香港	29
23	意大利	75	49/50	瑞典	29
24/25	奥地利	70	51	丹麦	23
24/25	巴基斯坦	70	52	牙买加	13
26	中国台湾	69	53	新加坡	8
27	阿拉伯国家	68			

注：1. 序号中 1—最高、53—最低。
2. 资料来自 G. Hofstede, Cultures and Organizations: Software of the Mind, London: McGraw-Hill, 1991。

把权力距离与不确定性规避这两个维度结合起来，可以发现：

权力距离大且具有强不确定性规避的社会，一般更为"机械化"，通常也被称为"官僚化"。这种情况常见于一些拉丁语系的国家。

那些权力距离小且具有弱不确定性规避的社会，一般是更为"有机"的——层次更少，权力更加分散，正式条文和规范更少。这种情况常见于一些北欧和北美国家。

在权力距离小但具有强不确定性规避的社会里，组织更具有"有机性"——不重视等级，决策是分散化的，但有非常正式的条文和规范，而且角色分工和责任界定也很清楚。比如，一些日耳曼语系国家常有这种特征。

在权力距离大但具有弱不确定性规避的社会里，组织类似于家族或氏族。在这里，家长式作风很明显，没有明确的角色分工和责任（正规化）界定，而是界定了社会角色。比如，一些亚洲国家就具有这样的特征，这些国家中的企业通常具有权力集中化的特征。

低不确定性规避和高不确定性规避的不同态度见表 2-7。

表 2-7 低不确定性规避和高不确定性规避的不同态度

低不确定性规避	高不确定性规避
法律法规很少，通常是原则性的	法律法规较多，而且非常具体
人们相信，如果法律法规得不到尊重，就应加以改变	如果法律法规得不到尊重，人们会认为自己是罪人，应该悔改
居民的异议是可以被接受的	居民的异议不能被接受，应抑制
对社会制度的看法是积极的	对社会制度的看法是消极的
对年轻人的看法是积极的	对年轻人的看法是消极的
容忍和温和是社会的特征	极端主义和法律秩序的利害关系是社会的特征
相信具有多方面才能的人和一般的常识	相信专家和内行
认为一个集体的信仰不应强加给另一集体	相信只有一个真理，而且自己拥有它
对宗教、政治和思想意识可以容忍	对宗教、政治和思想意识不能容忍
在哲学和科学方面，存在相对主义和经验主义倾向	在哲学和科学方面，存在完美理论的倾向

注：资料来自张静河，《跨文化管理：一门全新的管理科学》，安徽科学技术出版社，2002 年版，第 30 页。

2. 不确定性规避在东西方企业文化中的表现

东方的传统文化中以儒家文化的影响最为深刻，东方社会重伦理，偏重于人的作用，更多地采用道德管理，即"人治"。因此，一些东方企业表现出浓厚的伦理色彩。例如，某些企业管理者在衡量与判断经营业绩，或选择评价企业决策及行为的标准时，常常以道德规范和伦理要求为基本标准。之所以有这种特征，根源在于东方的传统文化倡导一种强烈的伦理道德，强调以人为本，道德先行。"以德为先"强调道德伦理在管理中的作用。对于管理者而言，高水平的道德修养是必备条件之一。在组织管理中，管理者经常要运用权威指挥和影响组织成员，其中有些权威是制度所赋予的，另一些权威则有赖于管理者的个人魅力和其他优秀品质。东方管理学更推崇后者。管理者要通过"修己"树立道德之威，在无形中影响被管理者；被管理者也要通过"修己"实施自我管理，遵守职业道德，以求更好地胜任本职工作。相应地，在企业管理上就表现为，重视以"情"治理，而容易忽略制度效应和条例管理，使员工对制度的执行比较松懈，以致规章制度难以发挥有效的作用。以中华传统文化为代表的东方文化是一种弱不确定性规避的文化，受此影响的企业往往不注重事先通过制度规避风险，而是强调在风险出现后灵活应变。

西方社会偏向于认为人是经济人，认为人是会因受到诱惑而犯错的，因此采用制度管理，即"法治"，用外在的、非人际关系的硬件力量——完善的法规、制度进行约束。这在企业管理上表现为规范管理、制度管理和条例管理，追求管理的有序化和有效化，希望从制度上解决企业面临的问题。

实质上，西方管理的基础是唯理哲学。这种哲学思想可以一直追溯到以亚里士多德（Aristotle）、柏拉图（Plato）、欧几里得（Euclid）为代表人物的古希腊时代，他们强调通过实验、观察、数据验证假设，发现规律，追求建立严密的、合理的演绎体系。这种哲学思想贯穿在自然科学和社会科学的理论研究中，也使西方的管理思想深受影响。注重理性思维的美国人就推崇严格的制度化管理。威廉·大内（William Ouchi）的Z理论将生产经营目标、组织结构和规章制度称为硬性管理的"三要素"。[⊖] 其中，严格的规章制度是美国企业文化的精髓。不论做什么事，一定要先建立制度及标准化的作业流程；一旦有问题，先考虑是不是制度有弊端，然后再考虑人为因素。

西方管理以契约关系为基础，人与人之间的关系是一种理性的契约关系。契约型社会中的西方文化是一种强不确定性规避文化，生产和生活中的行为关系都借助合同予以保障，从而事先规避了风险的发生或为可能发生的风险建立了预案，将风险造成的损失降到最低。

四、刚性与柔性

刚性与柔性指的是社会上居于统治地位的价值标准。对于刚性社会而言，居于统治地位的是男性的阳刚气概，如自信武断、进取好胜、追求金钱和物质财富。柔性社会的特征是阴柔，与刚性社会正好相反。在具有刚性倾向的社会，竞争意识强烈，成功的尺度就是功名财富，社会鼓励和赞赏工作狂，其文化强调公平、竞争，注重工作绩效；而在柔性倾向的社会中，人们一般乐于采取和解的、谈判的方式解决组织中的冲突问题，社会文化强调平等、团结，认为人生中最重要的不是物质方面的占有，而是心灵方面的沟通。

1. 刚性与柔性的特征

霍夫斯泰德关于民族文化的第四个维度——刚性与柔性，可以从生活的数量和质量，以及男性主义与女性主义等角度加以理解。

（1）生活的数量和质量　现实中，有的民族文化强调生活的数量，其特征表现为追求金钱和物质财富；而有的民族文化则强调生活的质量，重视人与人之间的关系。研究显示，日本在生活数量方面得分较高，而挪威、芬兰等国家在生活质量方面得分较高。53个国家和地区在生活数量这个维度上的得分及排序见表2-8。

表2-8　生活的数量得分及排序

排　序	国家或地区	得　分	排　序	国家或地区	得　分
1	日本	95	16	澳大利亚	61
2	奥地利	79	17	新西兰	58
3	委内瑞拉	73	18/19	希腊	57
4/5	意大利	70	18/19	中国香港	57
4/5	瑞士	70	20/21	阿根廷	56
6	墨西哥	69	20/21	印度	56
7/8	爱尔兰	68	22	比利时	54
7/8	牙买加	68	23	阿拉伯国家	53
9/10	联邦德国	66	24	加拿大	52
9/10	英国	66	25/26	马来西亚	50
11/12	哥伦比亚	64	25/26	巴基斯坦	50
11/12	菲律宾	64	27	巴西	49
13/14	赤道几内亚	63	28	新加坡	48
13/14	南非	63	29	以色列	47
15	美国	62	30/31	印度尼西亚	46

⊖ 贲恩正、祝慧烨，《东西方企业价值观管理比较》，载于《中外企业文化》，2007年第6期。

(续)

排序	国家或地区	得分	排序	国家或地区	得分
30/31	西非	46	43	危地马拉	37
31/33	土耳其	45	44	泰国	34
32/33	中国台湾	45	45	葡萄牙	31
34	巴拿马	44	46	智利	28
35/36	法国	43	47	芬兰	26
35/36	伊朗	43	48/49	哥斯达黎加	21
37/38	秘鲁	42	48/49	南斯拉夫	21
37/38	西班牙	42	50	丹麦	16
39	东非	41	51	荷兰	14
40	萨尔瓦多	40	52	挪威	8
41	韩国	39	53	瑞典	5
42	乌拉圭	38			

注：1. 序号中 1—最高、53—最低。
   2. 资料来自 G. Hofstede, Cultures and Organizations: Software of the Mind, London: McGraw-Hill, 1991。

在强调生活数量的社会中，管理方式更注重任务的完成，而非培养社会关系；激励以赚得金钱和物质财富的多少为基础，而非以生活质量为基础。在这种文化中，管理者的作用是保证利润数额让股东满意，并制定需要的目标。在相对注重生活质量的文化中，管理者的作用是保证员工的福利，并对应负的社会责任表示出关注。

瑞典和丹麦这样的北欧国家，对人与人之间的关系、工作质量、营养和社会福利的关心已经转化为一种实际的创新，如"工作生活质量"理念和其延伸出的社会福利计划。这些国家的高福利和高税收同样出名。如果一个关于解决贫困的世界级会议在丹麦召开，人们应该不会感到惊讶。但是，在日本、美国、德国这样的国家，人们特别重视判断力、竞争力、收入、进步、提升和丰厚的奖金。

(2) 男性主义与女性主义　霍夫斯泰德认为，男性主义的文化特征表现为自信，而女性主义的文化特征则对他人幸福表现出敏感和关心。具体来说，在男性导向的国家，如日本、澳大利亚、墨西哥和阿根廷，男性通常负责着最重要的工作，女性一般留在家中照顾孩子。男性控制的企业组织具有独断性等特点，由此可以营造出竞争性较强的工作环境。此外，男性通过接受高水平的教育，进而占据重要的工作岗位，而女性多做一些辅助性工作。女性导向的国家包括葡萄牙和西班牙等，在这些国家，女性负责管理和专业领域，其工作环境氛围相对平和一些。与男性导向型企业相比较，这些国家的企业竞争性没有那么明显，但可能对个人成就不是很重视。男性主义和女性主义导向的社会的特征见表2-9。

表2-9　男性主义和女性主义导向的社会的特征

男性主义导向的社会	女性主义导向的社会
以实绩和增长为重	以生活质量和环境为重
活着是为了工作	工作是为了生活
成就、独立是理想	服务、相互依存是理想
遇事果断	遇事凭直觉
仰慕功成名就者	对遭遇不幸者寄予同情

（续）

男性主义导向的社会	女性主义导向的社会
好胜逞能，务求最佳	中庸之道，不求超过别人
男子汉应该行为果敢，而女人应该关心体贴	男人不一定非要刚毅果断，也可以承担爱护关怀性质的角色
社会中的性别角色区分明确	社会中的性别角色不是固定不变的
母亲在家中地位较低	母亲在家中地位较高
父亲是儿子的榜样，母亲是女儿的榜样	家中男孩、女孩把父母亲都视为楷模

注：资料来自晏雄等，《跨文化管理》，北京大学出版社，2011 年版，第 67 页。

2. 刚性与柔性在东西方企业文化中的表现

贵和持中，注重和谐，是浸透于东方文化肌体每一个毛孔的思想。孟子主张"天时不如地利，地利不如人和。"因此，东方企业强调柔性管理；西方企业强调刚性管理，重视物的因素，将人视为与物同样的生产要素进行科学的配置和使用。强烈的进取精神促使西方企业在市场开拓、产品改进、技术创新等方面有一种无限的扩张欲。

东方式管理强调柔性管理，"企业即人"，认为企业中人、财、物的管理应是一个有机系统，其中人处于管理的中心和主导地位。企业文化更强调企业精神、全体员工共同的价值取向，以及在此基础上形成的凝聚力和向心力。柔性管理的核心是以人为中心的"人性化管理"，它在研究人的心理和行为规律的基础上，采用非强制性方式，在员工心目中产生一种潜在的说服力，从而把组织意志变为个人的自觉行动。柔性管理强调的是对人进行艺术化的管理。

西方企业强调刚性管理，较少从人本的角度考虑问题。西方企业把管理的核心放在对物的管理上，同时把人也视为物化的管理对象，在管理的方式、方法和手段上注重采用刚性的机械管理方式。在对人的管理方面，西方企业侧重于在"动作研究"的基础上制订和实施标准化的操作方法和工作定额，目的在于提高员工的工作效率。例如，古希腊的"音乐节奏化的标准动作"；查尔斯·巴贝奇（Charles Babbage）的"管理的机械原则"，采用其设计的计数机器计算员工的工作、原材料的利用程度；弗雷德里克·泰罗（Frederick Taylor）的三大实验等。㊀ 由此可以看出，西方社会偏重于管理手段的硬性方面。

西方式管理的重点集中在生产作业、技术方法、组织过程等方面的研究与管理上；同时，将人物化为生产过程的一部分，以物之观点观人，以管物之手段管人，片面强调管理手段的技术化、硬性化。如果企业管理者认为员工只是提高工作绩效的工具，可能就不会去理解员工的感受。就像在美国，一些管理者过分强调诸如技术、设备、方法、规章、组织机构、财务分析等"硬"的东西。美国学者道格拉斯·麦格雷戈（Douglas M. McGregor）认为："在我们的文化中，成功经理的楷模是阳性的，出色的经理要上进心强，有竞争心，不依赖，更没有那种妇道人家的直觉。"这些管理者往往仅仅关心生产，强调工时、效率等因素，较少关心人际关系和激励因素。

五、长期取向与短期取向

长期取向与短期取向也被称为传统儒家伦理的"新维度"，后被霍夫斯泰德接纳并作为

㊀ 华昕、沈洪明，《制度管理与人本管理》，载于《商场现代化》，2008 年第 1 期。

第五个文化维度。它反映了一个民族持有的关于长期或近期利益的价值观。在长期取向的社会中，人们普遍面向未来并注重节俭和持久性；而在短期取向的社会中，人们注重过去和现在，尊重传统和承担社会义务。

1. 长期取向与短期取向的特征

霍夫斯泰德试图在中国按照原有设计重复进行调查研究时发现，存在着另外的文化尺度——"孔儒传统文化"。这种文化中的中国人埋头苦干、勤俭节约、坚忍不拔、深谋远虑。这一新发现的维度可以被用来作为对亚洲不俗竞争力的一种解释。20世纪后期，亚洲经济发展很快。将经济腾飞与文化现象联系起来，霍夫斯泰德发现，中国、日本、韩国这几个国家都有凡事想到未来的倾向，而非只想到现在；这种长期取向与国家经济发展速度之间具有很高的相关性。虽然不同企业之间的商业实务（企业行为）看起来很相似，但是深层次的价值观还是很不相同，国家文化之间的差异更多地存在于价值观而不是实务中。

长期取向文化和短期取向文化中，人们行动的切入点是不同的，如图2-1所示。中间的星点表示要谈的生意。图2-1a表示长期取向的人的行为习惯，他们喜欢从边缘切入，了解清楚全部情况之后，再进入中间的星点谈"正事"；图2-1b表示短期取向的人的行为习惯，他们喜欢从中间的星点即"正事"开始谈起，成功后再拓展关系，了解其他方面的情况。

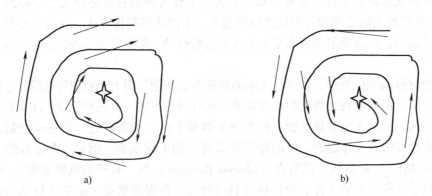

图2-1　长期导向和短期导向的人的行动轨迹
a) 长期取向的人的行为习惯　b) 短期取向的人的行为习惯

注：资料来自陈晓萍，《跨文化管理》，清华大学出版社，2016年版，第40页。

2. 长期取向与短期取向在东西方企业文化中的表现

东方企业管理强调企业的社会责任，包括企业与社会的关系以及对国家的责任。企业更多地承担社会责任，雇用长期失业者，控制污染，以及处理其他社会问题。企业具有它的长期社会功能，不能仅仅是营利机器。受到东方文化思想影响的日韩企业就十分强调企业服务社会。例如，松下公司把"认清我们身为企业人的责任，追求进步，促进社会大众的福利，致力于社会文化的长远发展"作为公司的基本纲领。⊖20世纪90年代初，韩国三星公司就在内部开展了"一社一山"活动，即一个子公司承包一座山的环保活动。后来，三星公司又开展了"一社一川""一社一村"活动，体现了奉献爱心的企业文化理念。⊜企业的角色

⊖ 彭贺、苏宗伟，《东方管理学的创建与发展：渊源、精髓与框架》，载于《管理学报》，2006年第1期。
⊜ 章迪诚，《传统中国式治理的几个特点》，载于《管理学报》，2006年第3期。

不再只是商品和服务的供应商，还是社会的"公民"，必须承担相应的社会责任。

西方企业的经营目标是追求短期收益的最大化。由于受短期取向文化的影响，西方企业的管理者和员工并不被认为是一个为共同目标工作和长期分享共同利益的整体。员工可能随时更换工作，管理者也可能会想尽快获得更多的利益作为工作补偿，然后到其他更加有利可图的地方去。同时，西方企业决策在很大程度上要受股东的严格监督和控制，因此在制订计划时，首先要考虑到股东的利益，把投资利润率作为决策的最高目标之一。西方衡量企业经济效益最常用的手段就是看企业股票每股收益情况，而股票收益往往取决于企业半年或一年的短期决算情况。如果短期收益下降，出现股价下跌，不仅股东和经营者的收益会减少，还可能有被其他公司兼并的风险。⊖因此，很多西方企业经营者在制订计划时重视短期利益的增长，而不是企业本身的长远发展。

第二节 文化架构理论

荷兰经济学家和管理学家强皮纳斯（1993，1998）提出了文化架构理论。他对来自28个国家和地区的15000名经理进行了问卷调查，在他的报告中包括了其中的23个国家和地区，并根据研究结果提出了7个文化维度。这7个体现国家与民族文化差异的维度是：

1) 普遍主义—特殊主义：社会的或个人的责任。
2) 个体主义—集体主义：个人的或集体的目标。
3) 中性化关系—情绪化关系：相互关系中的情绪化倾向。
4) 关系特定—关系散漫：相互关系中投入的程度。
5) 注重个人成就—注重社会等级：权力和地位的合法性。
6) 长期取向—短期取向：对待传统的态度。
7) 人与自然的关系：如何看待自然对人的影响。

在这7个文化维度中，前5个维度对商务领域的影响更大，下面将对这5个维度进行讨论。23个国家和地区在这5个维度上的排序见表2-10。

表2-10 23个国家和地区在5个维度上的排序

国家和地区	普遍主义	个体主义	中性化关系	关系特定	注重个人成就
阿根廷	16	3/5	10/12	12/14	8
奥地利	2	7/8	4	1	1
比利时	10	13	8/9	7	10
巴西	11	11	19	8	12/13
中国内地	20	18	20	22	21
苏联	22	3/5	18	16/17	20
捷克	8	2	13/14	9	18
法国	12	19	13/14	5	11

⊖ 王宏伟，《在企业管理上"东""西"有别》，载于《饲料博览》（企业管理版），2008年第2期。

(续)

国家和地区	普遍主义	个体主义	中性化关系	关系特定	注重个人成就
联邦德国	3/4	17	8/9	10/11	7
中国香港	19	15	6	18/20	14/15
印度尼西亚	21	20	5	15	22
意大利	9	16	16/17	10/11	12/13
日本	14/15	21	1	12/14	17
墨西哥	17	3/5	23	12/14	5/6
荷兰	7	9/10	22	6	14/15
新加坡	13	23	3	18/20	19
西班牙	14/15	9/10	15	21	16
瑞典	5	7/8	10/12	18/20	5/6
瑞士	3/4	12	21	3/4	3/4
泰国	18	22	7	16/17	9
英国	6	6	8	2	3/4
美国	1	1	10/12	3/4	2
委内瑞拉	23	14	16/17	23	23

注：1. 序号中1—最高、23—最低。
2. 资料来自 F. Trompenaars, Riding the Waves of Culture, London: The Economist Books, 1993。

一、普遍主义—特殊主义

在普遍主义文化中，人们认为判断对和错有一定的客观标准，可以应用在任何人、任何时间、任何场合。特殊主义文化则认为，在判断对和错的时候，特殊情况和关系起到更重要的作用，而不是由抽象、刻板的标准决定。

这个维度体现在商务活动中就是在不同文化中合同重要性的差异。在普遍主义文化中，合同的重要性体现在它已成为人们的一种生活方式；而在特殊主义文化中，人们更多地依赖与他人的关系达成和执行交易。商务活动中，普遍主义者和特殊主义者碰到一起时，双方都会对对方的信用产生怀疑。普遍主义者会想："你怎么可以信任他们（特殊主义者），他们总是帮助他们的朋友！"而特殊主义者则会想："你不能信任他们，他们连朋友都不愿帮！"

23个国家和地区在这个维度上的得分分布体现了东西方以及南北方的差异。美国、奥地利、德国、瑞士、英国等更趋向普遍主义，而委内瑞拉、苏联、印度尼西亚、中国等更趋向特殊主义。

对于英语文化来说，客观的"事实"——关于真正发生的客观情况，比人际关系更为重要，人们相信规律和制度应该适用于每个人。在拉丁文化中，事实必须在不同关系和环境下被考虑，家人和朋友先于其他人被考虑。在一个关于是否会为了一个发生事故被起诉的朋友而撒谎的调查中，拉丁语系国家和英语国家的管理者所提供的答案有很大区别。大约9/10的英语国家的管理者拒绝为救朋友而撒谎，而2/3的拉丁语系的欧洲国家的管理者会拒绝撒谎。在商务管理领域，普遍主义者和特殊主义者的特点见表2-11。

表 2-11　商务管理领域中普遍主义者和特殊主义者的特点

普 遍 主 义	特 殊 主 义
注重规则而非关系	注重关系而非规则
法律合同一旦签订，不能随意改变	法律合同是可以随时修改的
可以信任的人是遵守诺言或合同的人	可以信任的人是能随情境而改变的人
只有一个事实或真相	对于每一个人来说，事实有不同的角度
交易就是交易	能在交易中发展关系

注：资料来自 F. Trompenaars, Riding the Waves of Culture, London: The Economist Books, 1993。

二、个体主义—集体主义

与霍夫斯泰德的研究结果相似，个体主义与集体主义这个维度关注人们如何解决问题：个体更看重个人，还是把自己看作群体中的一员。也就是说，社会应该更重视个体对社会的贡献，还是应该首先考虑集体？在强调集体主义的社会中，人们愿意归属的群体各不相同：工会、家庭、民族、企业、宗教、职业或政党组织。例如，日本人认同他们的国家和所属企业，法国人认同他们的国家、家庭和职位。

跨文化管理深深地受到不同国家中个体主义或集体主义倾向的影响。谈判、决策和激励是受影响最大的领域。在群体中，对成就的认可以及薪酬的发放必须根据个人的贡献区分开来，并且每个人对共同承担的任务的贡献是可以区分的，贡献多的应该受到表扬或奖励。这是个体主义文化中的情形。例如，在美国，在工作中将薪酬和工作表现联系起来是十分合理的。只要不断努力，每个人都可能成功。在苹果公司，薪酬是没有上限的，只要员工的表现足够优秀。

而在集体主义文化中，集体观念非常盛行。例如，一家企业在推行为了提高生产率而为工人提供营养午餐的措施时遇到阻力，因为当地员工要求把午餐费用直接支付给他们，从而使他们可以养活家人。这种态度就是"我们在家人挨饿的时候怎么能够吃得下呢？"又如，印度尼西亚人认为，每个人在群体中应该是平等并紧密联系在一起的，以不同的标准发薪酬是不妥当的，按表现分配也是不适合的。在日本也是如此，人们担心按业绩分配会破坏内部和谐，并可能引发追求短期效益的想法和做法。

另外，在一些集体观念更强的国家，当一个雇主选择一个雇员的时候，一种道德上的承诺就会被确立：雇主不只将要照顾雇员，甚至要照顾雇员的家庭。家庭纽带在这里提供了一种社会控制，这种关系通常会比组织的等级制度更有力。

个体主义者和集体主义者在商务领域的不同表现见表 2-12。

表 2-12　个体主义者和集体主义者在商务领域的不同表现

个体主义者	集体主义者
人们更多地说"我"	人们更多地说"我们"
在谈判中，决策通常由代表当场做出	在谈判中，代表做决策前通常要请示组织
人们独立完成任务，个人承担责任	群体一起完成任务，共同承担责任
通常两三个人甚至单独一个人度假	有组织的群体或大家庭一起度假

注：资料来自 F. Trompenaars, Riding the Waves of Culture, London: The Economist Books, 1993。

三、中性化关系—情绪化关系

人都有情绪,这个文化维度关注的是不同文化中表达情绪内容和方式的不同。在情绪化文化中,人们很自然地公开表达情绪;而在中性化文化中,人们认为应该控制和掩饰情绪。

在中性化文化中,人们倾向于认为在工作场合表现出诸如愤怒、高兴或紧张等情绪是"非职业化"的;而在情绪化文化中,人们会认为他们的中性化同事是没有情绪的,或是他们把真实感情藏在"面具"后。在中性文化中,人与人之间很少有身体接触,沟通和交流也比较隐晦、微妙;而在情绪文化中,人与人之间的身体接触比较自然、公开,沟通和交流时表情丰富,肢体语言很多。商务活动中,这个维度涉及两个基本问题:

1) 在商务关系中是否应该表露情绪?
2) 情绪是一种破坏客观性和理智的因素吗?

美国人通常会直接表达情绪,但是会把它和客观、理性区分开;意大利人、欧洲南部国家的人们通常会直接表露情绪,而且不区分情绪和客观理性;荷兰、瑞典人通常不直接表露情绪,并把情绪和客观理性分开。这些差异没有好和坏之分,你可能会说,不管你多努力做到客观理性,最终情绪还是会扭曲判断;或者你会说,情绪使得任何人都难以直截了当地思考。但是,理性思考和其他形式的思考或情绪的区分只是特定文化之间的区别,客观理性的程度不能脱离特定文化情境。

中性化社会中的人和情绪化社会中的人在商务领域的表现差异见表 2-13。

表 2-13 中性化社会中的人和情绪化社会中的人在商务领域的表现差异

情 绪 化	中 性 化
通过言语或非言语形式立即做出反应	通常不显露情绪
通过脸部或身体姿态表达情绪	不会把心中所想或感受表现出来
独立完成任务,个人承担责任	当众表现情绪会感到尴尬
对身体接触感到自在	对"私人"圈子外的身体接触感到不舒服
容易提高声音	言语和非言语表达很微妙

注:资料来自 F. Trompenaars, Riding the Waves of Culture, London: The Economist Books, 1993。

四、关系特定—关系散漫

关系特定—关系散漫这个维度表示个人在和他人交往中的投入程度。在不同文化中,人们公共空间和私人空间的相对大小是有差异的,而且人们愿意共享这些空间的程度也是各不相同的。在关系特定文化中,人们有更大的公共空间和更小的私人空间,他们守卫自己的私人空间,把私人空间封闭起来。但是,在关系散漫文化中,公共空间通常难以进入;而一旦进入公共空间,私人空间就比关系特定文化容易进入了。换句话说,在关系散漫文化中,人们倾向于对进入公共空间的所有人开放私人空间。

图 2-2 比较了关系特定的美国和关系散漫的德国。美国的特征是公共空间大,私人空间小,而且彼此隔绝。德国则相反,以相对小的公共空间和大私人空间为特征。因此,德国企业中同事相处几年还是以全名相称就不足为奇了,而在美国企业中刚开始就以名字称呼彼此。对美国人来说,德国人保守且难以熟识。德国人则认为美国人唐突和不够尊重他人。

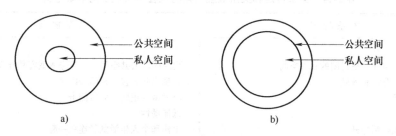

图 2-2　私密空间
a) 美国的小私人空间　b) 德国的大私人空间

注：资料来自 F. Trompenaars, Riding the Waves of Culture, London: The Economist Books, 1993。

来自这两种不同文化的人在各自文化中生活时，与人相处时熟知对方的人际交往方式，因此交往起来得心应手，较少发生冲突或碰撞，如图 2-3 所示。

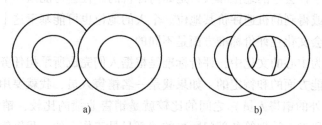

图 2-3　人际交往的程度
a) 熟人　b) 亲密朋友

注：资料来自 F. Trompenaars, Riding the Waves of Culture, London: The Economist Books, 1993。

当两个人中的一个来自关系特定文化，另一个来自关系散漫文化时，就可能发生矛盾和冲突，因为他们彼此间存在着误解，也就容易产生挫折感并导致交往失败，如图 2-4 所示。

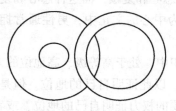

图 2-4　人际交往的危险区

注：资料来自 F. Trompenaars, Riding the Waves of Culture, London: The Economist Books, 1993。

来自关系特定文化的人在与来自关系散漫文化的人进行商务活动时会感到很费时间。在关系特定文化中，商务活动独立于个人生活的其他方面，专门有一部分时间。在关系散漫文化中，一切都是连在一起的，你的商务伙伴可能想要知道你上的是哪个学校，你的朋友是谁，你对生活、政治、艺术、文学和音乐有什么想法等。他们认为这一切并不是浪费时间，因为这些想法、偏好会显露出个性，并可因此结成友谊。为建立关系而花费时间、精力是值得的，它们与交易一样重要，甚至更加重要。来自关系特定文化和关系散漫文化的人在商务领域的表现差异见表 2-14。

表 2-14 关系特定和关系散漫文化的人在商务领域的表现差异

关 系 特 定	关 系 散 漫
更开放的公共空间,更封闭的私人空间 表现出直接、开放和外倾 直接说到正题 高流动性 将工作和个人生活分开 在不同场合用不同称呼	更封闭的公共空间,一旦进入就容易开放私人空间 表现出非直接、封闭和内倾 经常避开正题,旁敲侧击 低流动性 工作和个人生活紧紧连在一起 在不同场合用同样的称呼或头衔

注:资料来自 F. Trompenaars, Riding the Waves of Culture, London: The Economist Books, 1993。

五、注重个人成就—注重社会等级

这个维度是关于社会中的地位和权力是如何评价的。社会可能以一个人的出身、取得的成就、付出的努力或得到的机遇评价其地位。个人的地位也可能基于这个人做了什么或这个人是谁。不同的社会文化在评价标准方面是不同的。

在以个人成就为中心的文化中,评价标准是根据人们完成所承担任务的情况。人和人之间的关系是工作职能方面的和特定的。如果我是一名销售人员,我就要用销售业绩证明我自己,我和同事(另外的销售人员)之间的比较就是销售业绩的比较,销售业绩高就意味着成功。我和制造、研发、计划等各部门同事的关系只是工作上的。我销售他们所制造、开发和计划的产品,我只担当工作上的角色。

在以社会等级为中心的文化中,那些赢得别人尊重的人,如年长者、男性或者在某一领域有资格的人,才有高的地位,拥有权力和尊重,但他们也被要求能实现社会赋予他们的期望。地位通常独立于任务或工作职能,每个人都是独特的,不能轻易与他人比较。他/她的业绩部分取决于下属对他/她的忠心和爱戴,而这种忠心和爱戴来自他/她的个人魅力。在某种意义上,他(在以社会等级为中心的文化中,男性通常拥有地位)就是组织中的高影响力者,并且能行使权力。

在以个人成就为中心的组织中,处于高等级、高地位的人要为组织取得更多、更大的业绩,或者有更高的技能和知识,以此证明自己的地位。但是,在以社会等级为中心的组织中,人们以拥有完成工作所需要的权力证明自己的地位,或者拥有比他人更多的权力,或者能对他人实施强制措施。在以社会等级为中心的文化中,拥有权力的形式是各不相同的。但是,不管采取何种形式,人们的地位、等级都可以使他们行使权力,并且人们期望权力能够提升组织的有效性。

研究结果表明,美国、英国、瑞士等国家更趋向于以个人成就为中心,而印度尼西亚等国家更趋向于以社会等级为中心。例如,一个美国的石油公司准备在一个太平洋的小岛上钻井,因此雇用当地劳动力。但是,不到一个星期,所有的年轻工头都被发现躺在地上,他们遭到了身体上的伤害。公司管理层不明就里,也不知如何是好。直到很长一段时间以后才明白,在当地,年龄代表着地位,因此用年轻人当工头去管理年长者是不被接受的。这家美国公司用自己的文化标准雇用工人,最终只能接受糟糕的后果。

案例 2-1

管理文化差异[一]

ICI（英国帝国化学工业集团，2015 年被荷兰阿克苏诺贝尔公司收购）是世界顶尖的化工公司，其国际化进程发展迅速。从 20 世纪 80 年代早期开始，英国的许多公司把总部搬到了国外。ICI 为了拓展全球化的视角，改变了董事会的构成，原来 16 名英国人组成的董事会，吸纳了一些非英国人（其中有一名德国人、一名加拿大人和两名美国人）。除了在高层整合各种文化，ICI 还寻求在组织中深入发挥文化的竞争力优势。

ICI 意大利医药公司中的管理者来自意大利和英国，他们与 ICI 总部的管理者一起努力，在公司的全球化进程中起到了重要的作用。然而，在一同工作时，英国管理者和意大利管理者经常感觉有沟通上的困难或沟通失败，虽然他们都说英语。他们都意识到非常有必要更好地理解对方的办事方式，因此开展了一项名为"在多文化环境中的项目管理"的活动。经过咨询专家的帮助，双方明确了他们在一起工作时真正遇到困难的领域，并且公开说出对对方文化的感知。英国管理者和意大利管理者在工作态度上的差异见表 2-15。

表 2-15 英国管理者和意大利管理者在工作态度上的差异

英国管理者	意大利管理者
以正确的方式做事	做正确的事
按条例或标准做事	鼓励灵活性
建立程序以完成工作	建立关系以完成工作
提供基本信息	提供情境
讲究礼仪、辞令	直接沟通

英国管理者总结的意大利商务文化如下：组织是不固定、相对非结构化的。从正面角度来看，意大利管理者能够根据变化或具体情形做出调整，能适应或创立新的规则。然而，从负面角度来看，意大利管理者过于灵活，经常改变，时间观念不强。人们在和地中海沿岸国家的人一起工作时，如果要保证约定目标的完成，必须和他们一再确认时间。

意大利管理者总结的英国商务文化如下：喜欢传统，对责任的定义狭窄，高度重视礼节和秩序。英国管理者是有组织的、喜欢分析的思考者，有时过分关注条例和程序。从一方面看，它可能是正面的，它表明英国人遵循管理方式；而从另一方面看，这代表着不愿改变或创造。英国管理者注重礼节和程序，被认为是"非弹性的"，但过于注重过程，有时候反应过慢、比较乏味。英国管理者和意大利管理者各自对对方文化的认知见表 2-16。

表 2-16 英国管理者和意大利管理者对对方文化的认知

英国人眼中的意大利人	意大利人眼中的英国人
过于灵活	不灵活
具有企业家精神	过分关注条例和程序
有创造力	正式的

[一] CKLIN L. Managing Cultural Difference [M]. New Jersey: Prentice Hall, 1994: 18-20.

(续)

英国人眼中的意大利人	意大利人眼中的英国人
依赖人，而非依赖结构	避免对抗
情绪化	隐藏情绪
无纪律	纪律性强
从不遵守最后期限	好的计划者
不太有时间观念	疑心重
讨厌计划	反应慢、乏味

在明确自己对对方文化的认识的过程中，他们都意识到这两种文化行为在各自的环境中都是合理的、专业的。事实上，这些文化特征正是他们在各自文化背景中取得成功的重要特征。意大利管理者在商务活动中的灵活性对英国管理者来说是一种阻碍，但是对意大利管理者来说却是取得成功的重要特征。正规化和结构化使意大利管理者感到困惑，在意大利的商务环境中不适合，但是在英国很有利。一名意大利管理者解释道："我们来自ICI意大利医药公司，在一个迅速变化的环境中经营和计划。这就要求我们不断根据新的、变化的情形做出调整。显然，这会对中期和长期计划的贯彻执行产生影响。意大利的商业环境要求我们每天应对不稳定，因此我们需要一种灵活的态度。根据英国的方式和惯例来做，会使我们失去许多机会。更糟的是，我们可能会在几个月后就无法生存下去。"

双方管理者都意识到没有一种文化是对的或错的，他们只需要从对方的角度去看问题。他们不再把彼此的文化差异看作截然不同、不可调和的，而是努力整合双方文化在不同管理情境中的优势。最重要的是，要确定每一种文化中有利于企业发展的特征。同时，他们要确定在企业中每一个更适合合作的行为方式。

一年以后，活动的参与者一起庆祝这个重要活动取得了关键阶段的成功。他们都相信，通过有效地利用双方的优势，他们已经获得了良好的效果，而且随着时间的推移，还可以把这些优势发展为企业的竞争优势。

第三节 六大价值取向理论

较早提出跨文化理论的还有两位美国人类学家——克拉克洪与斯乔贝克。他们认为，不同文化中的人群对人类共同面对的六大基本问题有不同的观念、价值取向和解决方法。这六大基本问题包括：①对人性的看法；②对自身与外部自然环境的看法；③对自身与他人关系的看法；④人的活动导向；⑤人的空间观念；⑥人的时间观念。克拉克洪与斯乔贝克指出，不同文化中的人群对这些问题的观念、价值取向和解决方法能够体现其文化特征，可以描绘出各自的文化轮廓，从而将不同的文化区分开来。

一、对人性的看法

这一问题关注文化把人视为善的、恶的还是两者的混合物，探讨人在本质上是善的还是恶的，人性是可以改变还是不可以改变的。

不同文化对人性的看法有很大差异。美国文化对人性的看法比较复杂，认为人并非生来善良或生性邪恶，而是可善可恶，或者说是善恶混合体，而且人性的善恶有可能在出生以后发生变化。基督教的原罪说反映的是人性本恶的理念，人原本就是"罪人"，只有通过一定的宗教信仰和行为，人的罪行才能被饶恕；而认为人是会犯罪的，需要坦白罪行、请求被饶恕，但通过忏悔和行善，可以洗脱罪孽、升上天堂，反映的就是人性可变的观念。中国有"人之初，性本善"的说法，表现的是对人性的乐观态度，人们工作、生活并由此充实或最大化人性的潜质；而人们通常所说的"三岁看老"则假设人性是难以改变的。

这种对人性本质认识的差异会影响到管理者的管理风格。如果关注的是人邪恶的一面，则管理者会采用更为专制的风格规范人的行为；而在强调信任的价值观的文化中，参与甚至自由放任的管理风格占主流；在混合型文化中，管理风格可能会重视参与，同时拥有严格的控制手段以迅速识别违规行为。

二、对自身与外部自然环境的看法

这一问题关注人们是屈从于环境还是与环境保持和谐的关系，抑或能够控制环境。虽然在一些文化中自然是可以被控制的，但是在另一些文化中它被当作恩赐而只能接受，命运早有定数；人们不是试图改变命运或者主动使事情发生，而是被动地顺其自然、任其发生。在葡萄牙有一句话——"如主所愿"，它反映了人们要接受自身的命运或者宿命。相反，美国人和加拿大人则相信他们能控制自然。介于两者之间的是一种中立的看法，即希望寻求与自然的和谐关系。例如，很多远东国家的人们对待环境的做法就是以它为中心活动。

这些对待环境的不同看法会影响到组织的实践活动。在屈从环境的社会中，组织目标的设置并不普遍。在一个与环境保持和谐的社会中，可能会使用目标，而且人们预期到它会发生偏差，因此对未能达到目标的惩罚也是极轻的；而在一个控制环境的社会中，会广泛地使用目标，人们希望实现这些目标，对未能达到目标的惩罚也是很重的，如美国人重视"目标管理"。

三、对自身与他人之关系的看法

文化必须以可预期的方式架构人与人之间的关系，这包括三个方面：个人、群体和等级关系。前两个方面强调的是个人还是群体主导社会关系；第三个方面强调对等级关系的考虑，或强调人们之间或群体之间的地位差别。中国人通常把个人看作群体的一员，个人不可以离开群体而存在。我们注重群体，看重群体的和谐、统一和忠诚。一个人如果个性太突出，就可能变得格格不入。在个人利益与群体利益发生冲突时，个人会牺牲自己的利益，保全群体的利益。

亚洲、拉美和中东地区的管理者更喜欢与他们认识的人做生意，在交易之前必须建立一种关系。如果没有这个关系为基础，他们无法相信对方能执行合同或者完成工作。这些国家企业的雇主更喜欢雇用家里人或亲戚，因为可以相信他们的品行，他们的可信任程度已经被认可。这些地区的管理者更加依赖非正式的社会化控制以保证被管理者的表现。

美国文化可能是个人主义色彩最浓厚的文化之一。美国人是高度个人主义的，他们认为人应该是独立的个体，每个人都应与众不同。他们使用个人特点和个人成就定义自己。他们相信一个人的责任是照顾好自己，每个人都应该对自己负责，而不是对别人负责；至少先对自己负责，再对别人负责。他们避免与朋友或家人做生意，因为他们认为这些关系会影响正确的判断。在企业中，人们是因为他们所拥有的优点如能力和过去的成就而被雇用的，而不是因为关系。企业更不会把通过发展关系得到工作或生意的观念作为经营策略。

英国人和法国人则依赖于等级关系，这些国家中的群体分成不同的层次、等级，每个群体的地位保持稳定，不随时间的改变而改变。文化的这些差异对于组织中的工作设计、决策方法、沟通类型、奖励系统和选拔活动均有着重要影响。

四、人的活动导向

这一问题描述的是一个文化中的个体是否倾向于不断行动。活动导向的差异可以显示人们是怎样对待工作和娱乐的，以及人们的偏好是怎样的。在人们的做事方式上，文化可分为"实干型"和"存在型"。

实干型文化中，人们强调行动和通过努力工作把事情做完。他们重视做事或活动，强调成就。例如，北美人认为人必须不断地做事，不断地处在行动之中，才有意义，才能创造价值；不仅要动，而且要快。他们工作勤奋，并希望因为自己的成就而获得晋升、加薪以及其他方式的认可。美国和北欧的管理者更喜欢做些什么，并且很快地做出决定。"别只是站在那儿，去做些事情"，成为许多美国管理者经常性的命令。美国的这种行动文化已越来越成为商业社会的重要特点。

另一些文化重视存在或及时享乐，人们对当前的情况做出自然的、富有感情的反应。这是"存在型"文化的特征。例如，在许多亚洲社会里，静态取向、安然、耐心被视为美德，而非无所事事的表现。有时候，甚至提倡"以静制动""以不变应万变"，强调"无为而治"。他们强调体验生活并寻求对欲望的满足。还有一些文化强调远离物质、约束欲望。

五、人的空间观念

这一问题关注特定文化环境中对空间的拥有程度。一些文化非常开放，倾向于把空间看成公共的，没有太多隐私可言，并公开从事商业活动。另一些文化则倾向于把空间看成个人的私密之处，极为重视让事情在私下进行。大多数社会文化是介于两种文化之间的某处，即在具有混合取向的社会中，隐私和公开交融在一起。

例如，日本的组织表现出公开的特性。那里几乎没有私人办公室，经理和员工在同一间屋子里，在中间不分隔的同一张桌子上办公。对于欧洲人来说，这种办公室看起来或者感觉起来有些像银行里的一个交易室：开放、吵闹、狭窄、过于密集而相互影响，每一个人都知道别人在干什么。在德国是另一番情形，人们会发现一些单独的办公室，紧闭的门上写着这个办公室主人的名字。德国人很难在一个敞开的大办公室里办公，因为能够听见他人谈话是一种不尊重他人隐私权的表现。

北美人的组织也反映出他们的文化价值观。他们通过一个人使用的办公室和拥有的秘密反映这个人的地位，重要会议都要在关着门的房间里进行，一个人的空间常常是其他人无权使用的。虽然开放式的办公室在美国也较流行，但是空间大部分是被隔板隔开的。这些单独的小隔间内有着各种个性化的装饰——卡通图片、照片、格言或者植物等。大家看不到彼此，从而保持了一种隐私的感觉。

特定文化下，在空间概念方面的差异势必对国际企业的管理产生影响，进而影响组织的效率。

这些不同导致 IBM、东芝（Toshiba）和西门子（Siemens）等跨国企业中出现一些问题。日本人感到很不愉快，他们希望敲开那些阻止非正规交流的隔板。德国人则抱怨说，没有朝外的窗子让他们看到外面，而且他们对于办公室中那些朝内的窗子感到不舒服，因为别人能看见他们。他们把自己的大衣挂在朝内的窗子上，希望由此得到隐私权。

再以日本花王公司的总部设计布局为例，在第十层楼，也就是高级管理人员所在的楼层，办公的有董事会主席、总裁以及四位执行副总裁，还有一些秘书。这一层的大部分空间都是开放式的，有一张大的、两张小的会议桌，还有椅子、黑板，以及零星安放于各处的投影仪、幻灯机。这是做决策的地点，也是所有讨论，包括员工与高层管理者、高层管理者之间，进行讨论的地方。任何从这里经过的人，包括总裁，都可以坐下并参加关于任何话题的讨论，而且在讨论中人人平等。任何一个管理者都有可能发现自己与总裁相邻坐在同一张桌子旁边。

六、人的时间观念

文化对于时间有过去、现在和未来三种取向。过去取向的文化中，人们强调传统，炫耀过去；现在取向的文化中，人们倾向于只争朝夕的生活，几乎不做明天的打算；未来取向的文化中，人们相信今天发生的一切将来会有回报。关于时间的导向，中国文化关注过去和现在，较少注重未来；而美国文化则很少关注过去，基本着眼于现在和未来。美国人喜欢一句谚语："不要为泼出去的牛奶而哭泣。"这句话的意思是不要为已经发生的事情后悔，即使是现在相对于未来也是不重要的。这些从中美两国创造的文学、电影作品中可见端倪：中国有很多唐代、宋代、清代的古装电视剧、电影等；美国则是科幻小说、科幻电影大国，外星人入侵和星球大战爆发等内容的作品都是美国文化的产物。

另外，时间观念还涉及对时间的利用，即时间是"单向性"的还是"多向性"的。单向性观念认为时间构建在一个有序和线性的形式上，应在一段时间里做一件事；多向性观念则认为，在同一段时间里可以做多件事。

美国人、德国人倾向于把时间看成单向性的，一段时间内只做一件事，做完一件后再做另一件。他们总是希望以小时或者半小时为时间单位安排计划。"单向性"的管理者很重视会议按时召开，并且有效率地花费时间。

而意大利人、中东人等则把时间看成无限的、多向性的。这些国家或地区的管理者更相信时间可以延伸到适合的行为，并且几个行为可以同时进行。因为时间是可以延伸的，某些欧洲国家的管理者可能会因为在走廊上遇到同事或者朋友停下来聊聊天，而在一个商务会议上迟到。朋友不可以被忽略，因此商务会议可能会被电话或拜访者打断而分成很多部分，而且几个讨论题目可能同时进行。管理者不必按部就班地依计划表行动，可以根据当时的情况随机应变，及时调整时间安排。

时间的取向也影响了人们对待改变的态度。美国人认为变化总是好的，因此总是不断地探索做事的新方法或者更好的方法，并且乐观地把未来看作是过去的发展。

这种导向还反映在做事的计划性上。在商业运作和管理中，美国人更讲究计划性。一位美国经理可能对未来几个月甚至一年的活动都已计划好了，包括商务活动、出差计划、谈判、休假等。

另外，做决策的速度也反映了人们对待时间的态度。例如，北欧和美国的管理者经常抱怨日本公司在做决策的速度太慢。另一方面，日本的管理者则经常抱怨美国和欧洲的管理者用来贯彻执行决策的时间过长。在日本，尽管会用更长的时间做出决策，但是一旦决策开始被执行，就会被迅速贯彻。日本的管理者认为，一个迅速做出的决策意味着这个决策本身是不重要的；否则，就应该花更多的时间考虑、深思并讨论。因此，快速做出决策并不一定被认为是一种有决断力和极强领导力的特征，反而可能会被认为是一种不成熟、不负责任的表现。

克拉克洪与斯乔贝克的理论见表2-17。

表2-17 克拉克洪与斯乔贝克的价值取向理论

六大价值取向	美国文化	他国文化
对人性的看法	性本善和性本恶的混合体，有可能变化	善或恶，改变很难
对自身与外部自然环境的看法	人是自然的主人	和谐并受制于自然
对自身与他人关系的看法（等级观念）	个体主义	集体主义（重视等级）
人的活动导向	重视做事或行动	重视存在
人的空间观念	个人、隐私	公共
人的时间观念	未来和现在 一个时间做一件事	过去和现在 同时做多件事

注：资料来自陈晓萍，《跨文化管理》，清华大学出版社，2016年版，第32-33页。

第四节 个体主义—集体主义理论

个体主义—集体主义理论是蔡安迪斯经过近三十年对文化差异的研究后提出的。他在《个体主义与集体主义》一书中，总结了自己几十年来在跨文化领域的研究成果。

在霍夫斯泰德的文化维度理论中，有一个维度就是个体主义—集体主义。根据他的观点，个体主义和集体主义是一个维度上的两极，一种文化如果在集体主义上得分高，那么在个体主义上得分就低，反之亦然。蔡安迪斯不同意这种观点。他认为，个体主义和集体主义既不是一个维度的两极，也不是两个维度的概念，而是一个文化综合体，包括许多方面。同时，他将这个概念降到个体层面，用它来描述个体的文化导向，而非民族或国家的文化导向。

蔡安迪斯提出定义个体主义—集体主义的5个重要方面：
1）个体对自我的定义。
2）个人目标和群体目标的相对重要性。
3）个体对内群体和外群体的区分程度。
4）个人态度和社会规范决定个体行为时的相对重要性。
5）完成任务和人际关系对个体的相对重要性。

一、个体对自我的定义

个体主义者和集体主义者在自我定义上的倾向大不相同。个体主义者通常将自我看成独立的个体，可以脱离他人而存在；而集体主义者则把自我看成群体中的一员，与他人有互相依赖的关系，不能脱离他人而存在。个体主义者认为，作为独特的个体，个人应该与众不同；而集体主义者则认为，个人应该属于某一个群体，否则会有很强的失落感。个体主义者通常用别人对自己的看法来验证自己对自我的定义，不直接影响或进入自我概念的范畴；而集体主义者则把别人对自己的看法当作至关重要的事，而且会影响到自己对自我的评价。

个体主义文化中个人与集体主义文化中个人之间的差异可以见表 2-18：

表 2-18　个体主义文化与集体主义文化中个人的差异

个体主义文化中的个人	集体主义文化中的个人
对自我的了解比对别人的了解要多	对别人的了解比对自我的了解要多
认为朋友与自己的相似程度比自己与朋友的相似程度要高	认为自己与朋友的相似程度比朋友与自己的相似程度要高
有许多与自我有关的回忆并能写出较好的自传	只有很少与自我相关的记忆，不能写出准确的自传
让环境适应自己，而非改变自己去适应环境	倾向于改变自己去适应环境，而非让环境适应自己

注：资料来自 Harry C. Triandis, Cultures and Social Behavior, New York: McGraw-Hill, 1994。

不同文化中的人在行为表现和对事物的反应方面有所不同：

第一，体现在对自己行为的负责态度上。许多研究结果表明，西方国家中个体主义者居多，如美国、加拿大和澳大利亚等；而东方国家中集体主义者居多，如中国、日本、印度等。自我负责、自我依靠是西方社会最基本的价值观之一，强调个人对自己的行为负责，对自己的行为结果负责，而不是找借口或归咎于外部原因。在东方国家，个人认为自己的行为与不受自己控制的外部因素有关，强调自己的行为受到他人或其他事件的影响。同时，对他们来说，遇到困难时向家人或朋友求助是很自然的事。

第二，体现在对自己是否应该与众不同所持的态度上。个体主义者具有独立的自我意识，他们希望与众不同，认为有个性特点是值得骄傲的。在美国，家长会告诉孩子，每个人都是独立、特殊的，不要为自己与他人不同而感到羞耻；而且应该利用这种特殊性做出与众不同的事，取得成功。集体主义者则希望融入集体之中，如果不被大家接受，就会感到尴尬、不知所措。如果得到大家的认可，就会变得非常积极；反之，如果别人对他们持否定态度，就会变得很消极。

二、个人目标和群体目标的相对重要性

在个体主义社会中，个人利益当然高于集体利益。在法律允许的范围内追求个人利益不仅合法，而且为他人所看重。在集体主义社会中，追求个人利益而不顾集体利益则被看成自私的表现，当个人利益与集体利益发生冲突的时候，应该毫不犹豫地牺牲个人利益，顾全集体利益，如倡导大家要"大公无私"等。一般来说，在美国等西方国家，个人利益至高无上；而在中国等东方国家，集体的利益高于一切。美国人习惯于说"我想"，中国人表达自己的愿望时更常用"我们想"。

出生在加拿大、后来长期在中国香港生活的心理学家迈克尔·邦德（Michael Bond），在 1983 年发表的一篇论文中讲述了自己的研究成果。他发现，香港的学生在面临个人利益与群体利益冲突时，只要群体认可，就愿意自己吃亏而保全集体利益。因为在中国文化中，

强调"先有大家，后有小家，再有个人"和"大河有水小河满"。这一点从人们信件往来时信封的书写中也可见一斑。中国人信封上的地址通常是由大到小，即先是省名，再是城市名，然后是街道名、门牌号等，最后才是收件人的姓名；而美国人信封上的地址是由小到大，即先是收件人的姓名，然后是门牌号、街道名、城市名到州名等。

这些文化差异也为严谨的研究所证实。例如，美国管理学者克里斯托弗·厄雷（Christopher Earley，1989，1993，1994）曾在1989年给来自中国南部的48名受训者进行管理方面的培训，参加培训的还有48名来自美国的受训者。厄雷让他们完成"一揽子"任务，这项任务由40个独立项目组成，每个项目需要2~5分钟完成。这些任务包括：写备忘录、评估计划以及给求职者的申请表打分等。这两个国家受训者的一半（24人）每人需要完成其中的20个项目，并为此承担个人责任；而另一半（24人）则共同承担责任，在一小时内共同完成20个项目。一系列实验结果都表明：当让集体主义者共同对某一工作负责时，他们的表现比让个体负责要好；而个体主义者在由个体负责时工作表现最好。

三、个体对内群体和外群体的区分程度

内群体是指与个体有密切关系的群体，如家人、亲朋好友、工作群体、团队，甚至同乡。外群体则是指与自己毫无关系的人的总和，如陌生人、其他组织的成员等。但是，区分内外群体的界限并不固定，而是有弹性的，会随时间、地点等情境因素而改变。与前两个方面的区别一样，个体主义文化与集体主义文化在对内外群体的区分上也有着显著的差别。

一般来说，个体主义社会不注重内外群体之分，常常对所有人一视同仁，在待人接物上采取的是"对事不对人"的态度，能办的事情不管是谁都能办，不能办的事情即使是熟人、朋友也是不能办的，因此很少有亲疏之分。但是，在集体主义文化中，人们对内外群体有严格的区分，采取的是"内则亲，外则疏"的态度。当他们与内群体成员共事时，愿意为了他人的利益而吃亏，或者在处理事情时采取的是"对人不对事"的态度，同样的事情内群体的人能办，而外群体的人则不一定能办成。例如，有日本学者（Ohbuchi & Takahashi, 1994）通过研究发现，日本人更倾向于用回避或其他间接的方式处理工作中的冲突，而美国人更愿意采取直接面对的方式。

类似的差异还体现在人们的从众行为上。例如，在面对陌生人群体时，日本学生比美国学生的从众比例要低（Freger, 1970）。在与内群体交往时，一个群体的内聚力越高，从众趋势就越强（Matsuda, 1985）。此外，集体主义者在对待个人隐私上也表现出内外有别。他们认为，内群体成员之间不应该有隐私存在，如夫妻之间、父母子女之间不应该保留各自的隐私，父母拆看子女的信件是很平常的事，父母还会干涉子女交友。在关系比较亲密的情况下，如果对任何事情都说"谢谢"，可能会被看成是疏离于群体之外。在这点上，个体主义者正好相反，他们通常不需要通过为别人考虑、帮助别人来证明自己在群体中的地位或树立好的形象，他们帮助别人是因为他们认为这样做是正确的，或是帮助别人能使自己得到快乐、获得满足。

在对待陌生人的态度上，个体主义者与集体主义者也存在显著的差异。集体主义文化中，人们对待陌生人通常是冷淡、冷漠甚至无情的。例如，在有些地方，乘坐公共汽车时，陌生人之间你拥我挤，争抢座位，遇到需要照顾的乘客也少有人让座；而对待熟人的态度就

大大不同，大家会互相谦让。

四、个人态度和社会规范决定个体行为时的相对重要性

个体行为在很大程度上取决于个体的态度和兴趣。同时，影响个体行为的还有另一个重要的因素，即个体所感知到的别人对该行为的看法。这两种因素对个体行为影响的重要性程度是不同的。当个体的态度和兴趣与他人的看法一致时，个体行为比较容易预测；而当两者不一致或存在冲突时，个体行为的预测就变得比较困难。因此，要看这两个因素哪一个占主导地位。这就体现出个体主义文化和集体主义文化的差异。

许多关于跨文化的研究结果表明，在以个体主义为主要导向的社会中，个体行为更多地取决于自己对该行为的态度和兴趣；而在以集体主义为主要导向的社会中，个体行为的主要动因来自个体对他人所持看法的认知。在个体主义社会中，态度决定行为，个人遵循的是"走自己的路，让别人去说吧！"每个人都是自己对自己的行为负责，个体行为的出发点是满足自己的利益，而非他人或群体的利益。

在集体主义社会中，人们更多地考虑他人的看法；如果自己的态度与别人的看法或社会规范不同，个体行为可能会更多地迎合大众的态度和看法。个人为了与群体中的大部分成员有良好关系，避免被排斥于群体之外，会在行动上与大部分人保持一致。

五、完成任务和人际关系对个体的相对重要性

从完成任务和建立或维持良好的人际关系对个体的相对重要性来看，个体主义文化和集体主义文化也有着显著差异。

个体主义者把完成任务看成自己能力和特点的体现，是个人自我定义中的一个重要组成部分。因此，个人任务的完成显得尤为重要。同时，个人是通过自己的行为举止、取得的成就证明自己，而不是通过人际关系证明自己。因此，在个体主义社会中，完成任务比搞好人际关系更加重要。

在集体主义社会中，情况正好相反。集体主义者对自我的定义，与那些与其有密切关系的人对他的评价息息相关，完成任务并非终极目标，而是用来帮助其与他人建立关系的工具。于是，与他人建立并保持良好关系就显得尤为重要。

六、个体主义—集体主义理论新进展：水平—垂直个体主义、水平—垂直集体主义

以上五个方面的讨论展示了个体主义文化和集体主义文化之间的差异。但是，这些差异并不能解释这样一些现象：同为个体主义文化的美国和澳大利亚在有些方面并不相同，美国人更强调竞争，澳大利亚人却更享受悠闲；等等。针对这一点，蔡安迪斯又在以后的论著中提出了"水平—垂直个体主义"和"水平—垂直集体主义"的概念。水平个体主义是指该文化中的个体追求个人利益最大化，但并不追求一定要比别人得到更多；而垂直个体主义文化中的个体不仅追求个人利益最大化，而且要比他人更好。水平集体主义文化中的个体追求内群体利益最大化，但并不太关心自己的群体是否好过其他的群体；而垂直集体主义文化中的个体不仅追求内群体利益最大化，而且追求自己的群体要好于其他的群体。

蔡安迪斯的个体主义—集体主义理论受到了广泛的重视，并且加深了人们对个体主义和集体主义的理解。

本章小结

管理者必须具备和不同文化背景的员工打交道的能力。文化差异理论为管理者提供了对来自不同文化的员工行为进行理解、解释和预测的依据。

荷兰管理学家霍夫斯泰德提出的文化维度理论认为，管理者和员工在有关民族文化的五个维度上存在差异：个体主义与集体主义、权力距离、不确定性规避、刚性与柔性、长期取向与短期取向。

荷兰经济学家和管理咨询家强皮纳斯提出了文化架构理论，包括七个体现国家与民族文化差异的维度：普遍主义—特殊主义、个体主义—集体主义、中性化关系—情绪化关系、关系特定—关系散漫、注重个人成就—注重社会等级、长期取向—短期取向、人与自然的关系。在这七个文化维度中，前五个维度对商务领域的影响更大。

美国人类学家克拉克洪与斯乔贝克认为，不同文化中的人群对人类共同面对的六大基本问题有不同的观念、价值取向和解决方法。这六大基本问题包括：对人性的看法、对自身与外部自然环境的看法、对自身与他人关系的看法、人的活动导向、人的空间观念、人的时间观念。

蔡安迪斯提出了五个定义个体主义和集体主义的重要方面，包括：个体对自我的定义、个人目标和群体目标的相对重要性、个体对内群体和外群体的区分程度、个人态度和社会规范决定个体行为时的相对重要性、完成任务和人际关系对个体的相对重要性。

思考题

1. 霍夫斯泰德的五大民族文化维度是什么？
2. 文化架构理论中对商务领域影响较大的文化维度有哪几个？
3. 六大价值取向理论提出了人群所面对的哪些基本问题？
4. 蔡安迪斯关于个体主义—集体主义的观点与霍夫斯泰德有何不同？

章后案例

迪士尼乐园的跨文化管理

迪士尼乐园（Disneyland Park）是世界上最具知名度的主题公园之一。它由华特·迪士尼（Walt Disney）创办，最早的一家于1955年在美国加利福尼亚州开幕。此后，又陆续建了五家，分别位于美国佛罗里达州、法国巴黎、日本东京、中国香港和上海。

所谓"主题公园"，就是园中的一切，从环境布置到娱乐设施，都集中体现一个或几个主题。当时的美国迪士尼主题公园试图满足美国人的品位和感觉，其建筑反映了19世纪末20世纪初美国中西部地区乡村小镇的风格，如维多利亚式建筑、马拉车、清洁小道等。主题公园的主要街道都是按美国西部电影的风格建立起来的，能将人们带到遥远的过去，这对美国人来说很有吸引力。由于迪士尼主题公园在美国取得了巨大成功，公司管理层不断将其扩展到海外，并以此作为向世界传播美国文化的一种方式。

一、日本市场的成功

迪士尼决定进入日本市场时，一开始并不是很有把握。比如，日本寒冷的冬天可能使迪士尼主题公园不能保证一年四季都吸引到足够的游客；反映和介绍美国家庭风格的迪士尼节目是否能获得日本人的认同和接受？因为美国和日本毕竟是具有不同文化的国家，美国人喜欢的东西可能并不是日本人喜欢的。

人类学家阿维德·拉兹（Aviad Raz）说，东京迪士尼乐园的成功在一定程度上是因为它巧妙地进行了日本化改造，从而使日本人接受了迪士尼的卡通人物和独特风格。为适应环境的变化，迪士尼为日本主题公园准备了特殊的动画电影和电视片；在设计东京主题时加上了等候区域，以便使日本游客在寒冷的冬天可以在这里等候游程。同时，主题公园也销售日本风味食品，每份指南和街牌都用英文和日文两种文字显示。迪士尼对建筑布局也进行了一些改动，如将主街命名为"世界市场"，将"拓荒天地"更名为"西方乐土"，还按照日本流行的一些历史传说对爱丽斯仙境加以改造。日本游客可以在这里购买他们喜欢的纪念品，包括几十个为一套的礼品罐子、手机饰件和日本折扇等。由于这些变化，东京迪士尼主题公园成为被日本人接受的最有吸引力的游乐场之一，获得了巨大的成功。

被誉为"亚洲第一游乐园"的东京迪士尼乐园自1983年4月15日开放以来，已成为男女老少各享其乐的旅游胜地。1987年，该主题公园接待了超过100万的儿童，日本投资方对其利润收入非常满意。从迪士尼管理层的角度看，东京迪士尼乐园的成功预示着迪士尼可以将美国的价值观、特征、行为方式、音乐、歌舞演出以复制的形式"出口"到国外，向外国人销售美国文化。尽管迪士尼根据日本的文化做了某些改变，大多数专家相信迪士尼在日本成功的主要原因是迪士尼乐园的原始概念得到了真正的实现。在东京迪士尼乐园，灰姑娘等"门面人物"都由白人演员扮演，而且只说英语。这正是迪士尼公司全球战略的一部分，目的是使这些人物最大限度地展现他们在动画片中的原有风格。因此，迪士尼也标榜东京迪士尼乐园是美国迪士尼乐园的翻版。

二、进入法国的坎坷

东京迪士尼乐园的成功为迪士尼向世界其他国家和地区扩展业务提供了经验和动力。公司管理层认为，欧洲的气候和日本的气候相似，迪士尼能在日本成功，那么也可以在欧洲获得成功。罗伯特·菲茨帕特里克（Robert Fitzpatrick）被任命为欧洲迪士尼乐园的首席执行官，他有一位法国妻子，本人也能说流利的法语。1992年4月，投资总额达37亿美元的欧洲迪士尼乐园建成并投入运营。

欧洲迪士尼乐园正式开放就面对接踵而来的问题：第一，游客人数要比项目可行性报告中预测的人数少10%，每名游客的人均花费要比在日本少一半；第二，与美国迪士尼旅店92%的客房出租率相比，法国迪士尼旅店的客房出租率只有37%；第三，人工成本远远高于美国迪士尼乐园；第四，法国当地媒体对迪士尼的负面报道使公司的公众形象不佳；第五，持续不断地出现法国农民的抗议活动，因为为建设迪士尼主题公园侵占了大片农民的土地；第六，一些工作人员抵制迪士尼的管理风格和服饰规范；第七，建设成本超出预算成本近20亿美元，经营亏损达10亿美元，使得迪士尼背上了沉重的财政负担。

在东京成功的迪士尼到法国为何如此失利？一部分原因是生不逢时，该乐园开放时正赶上欧洲经济走向衰退。欧洲迪士尼乐园还犯了一个错误，就是认为所有欧洲人都是一样的，而没有认识到不同国家之间的差别。以下这些因素可能给我们提供了答案：

第一，东京的常住人口是巴黎的3倍，人均收入比巴黎高50%；东京迪士尼乐园离东京市中心仅有6公里，而欧洲迪士尼乐园在巴黎城外20公里。欧洲人可以在几个小时内乘飞机到达佛罗里达（迪士尼本部所在地），这样美国迪士尼和欧洲迪士尼就有了直接竞争，而类似的情况在东京迪士尼却不会发生。东京的冬天虽然寒冷，但还能忍受；而法国的冬天大雪飘扬，严寒令人无法忍受。实际上，中欧地区阴郁的寒冬在一年中1/3的时间里使游客望而却步。欧洲迪士尼冬季的游览人数估计比东京迪士尼要少40%~60%。

第二，迪士尼的管理者假定旅店里游客的平均滞留时间会在3~4天，奥兰多的迪士尼就是这样。然而，在欧洲迪士尼，实际时间只有2天。很多游客早上到，随即到公园游玩，很晚才回来；第二天一早就付账离开旅店，在公园里度过第二天。这种较短的停留时间使住房率大大下降。迪士尼以为星期一比较空，而星期五比较忙，并据此安排职员。但是，事实恰好相反，由于未预计到的住房登记和付账工作，给旅店的工作增加了始料未及的负担。

第三，游客是高度季节性的，夏季的几个月是高峰期。欧洲人通常在夏季有一个长假期，而不是像美国人那样有许多短假期。欧洲人的假期预算通常比美国人更适度、更谨慎，以适应较长假期的要求。迪士尼公司的管理者错误地相信自己能够改变法国人的态度，使他们愿意在学期中间带孩子离开学校，在一年中享受许多次短假期，而不是只有夏天的一个长假期。

第四，美国迪士尼提供的高质量的服务也不是容易输出的。欧洲迪士尼年轻的法国雇员不理会公司对他们的要求，如剪短头发、衣着整洁、不断微笑、为游客提供世界标准的服务。另外，停车场很宽敞，但为司机服务的设施不足造成了停车拥挤。公园里的食品价格太贵，而公园里的旅店价格也太高。如果一个人能够住在房间充足且便宜的巴黎，他为什么要住在迪士尼旅店？对一个曾经去过美国本土迪士尼乐园的欧洲人来说，欧洲迪士尼只是二流的，并不值得为之付出大价钱。游客在食品和纪念品上的花费也比预计的少，他们觉得公园里的东西价格太贵了。另外，欧洲人喜欢步行，而不是乘坐昂贵的有轨电车。

第五，迪士尼不供应酒精饮料，因为它觉得一个以家庭为主题的公园不应该这样做。但是，欧洲人喜欢在吃饭时喝点酒。迪士尼没有为欧洲顾客提供充足的餐馆座位，这些顾客希望能在他们习惯的用餐时间坐下来享受悠闲的一餐。早餐起初被错误地低估了，结果导致迪士尼在一个有350个座位的餐馆为2500人供应早餐。顾客还希望享用全套早餐，而不是只有面包和咖啡。

迪士尼公司一次又一次地漠视当地游客的建议，没有充分考虑到美国与欧洲的文化差异因素。日本人喜欢美国流行文化，但是欧洲人更喜欢自己的文化，希望在他们的迪士尼乐园里有更多的本土成分。

三、满足香港消费者的需求

2005年9月12日，香港迪士尼乐园成为中国第一座迪士尼主题公园。迪斯尼乐园落地香港，首先采取了一系列有中国特色的变更，例如：

第一，目标市场的大部分游客为中国内地居民，为符合其消费水平，香港迪士尼乐园的票价与其他迪士尼不同。

第二，所有在园内工作的演艺人员都掌握中文和英文，能讲广东话和普通话。演出的节目也考虑了本地语言的因素。

第三，饮食上的体现更为明显，相当多亚洲特有的美食都能在园内寻到。当时，香港迪士尼乐园也是全球唯一有中国餐厅的迪士尼乐园。

由于对中国内地游客的玩乐习惯比较陌生，"克隆"美式迪士尼服务的香港迪士尼乐园在试营业期间游客满意度一直不高。市场导向的迪士尼做了以下调整，以满足顾客需求：

第一，中国人的就餐时间较长，就餐后还喜欢逗留在座位上，花大约20~25分钟休息。这与美国游客的快餐模式完全不同。因此，迪士尼在园内增加了600个座位，使总数增至3500个，以解决座位不足的问题。

第二，加设更多的销售点，出售热狗、菜包、肉包等食物，它们的价格都不是很昂贵。迪士尼还聘请了全职食物质量监测员，以确保食品达标。

第三，中国游客普遍喜欢群聚，比如一同去"探险"、一同去就餐、一同去看烟花和巡演等。为此，乐园尽可能将巡演的时间错开，以达到分流游客的效果。同时，乐园提前20分钟开放，延后1小时关闭。

第四，中国游客和美国游客的玩乐方式不一样。中国游客喜爱拍照，为照顾中国游客的需要，迪士尼将游戏设施置于门外作为景点，让游客尽情拍摄。

四、上海迪士尼乐园的表现

2016年6月16日，上海迪士尼乐园正式开园。它是中国第二个、中国内地第一个、亚洲第三个、世界第六个迪士尼主题公园。

据统计，上海迪士尼2017年接待游客超1100万人次，营收551.4亿美元，净利润为89.8亿美元；2018年上海迪士尼年接待游客1180万人次（全球娱乐/主题公园中排名第8），营收594.34亿美元，净利润125.98亿美元。迪士尼首席执行官罗伯特·艾格（Robert A. Iger）说："客流量远超我们最乐观的预期，乐园的表现也在我们意料之外"。艾格甚至认为上海迪士尼乐园是20世纪60年代华特·迪士尼在佛罗里达中部买下土地以来，最了不起的一次机会。上海迪士尼的快速成功，有多方面的原因。

第一，"海派文化"的巨大包容性。上海是一座繁华的移民城市。作为国际性大都市，它一直是东西方文化的交流地，国际化程度很高，在20世纪二三十年代就有"东方巴黎"的美誉。海派文化是上海文化的代名词，有着"海纳百川，兼容并蓄"的内涵，每年有近千次、超万场涉外演出在这里举行，上海国际艺术节、上海国际电影节、上海国际动漫游戏博览会等知名文化节庆吸引着越来越多的国际名家、名团。世博会的成功举办更是见证了海派文化的吸引力和兼容性。因此当迪士尼这种强势的外来文化入沪，并没有像巴黎那样遭遇"文化反弹"，而是受到热烈欢迎。

第二，中美双方合资经营运作模式的优越性。上海迪士尼是申迪集团与华特迪士尼联合投资的，共设立了三家公司，其中两家是业主公司，一家是管理公司。上海申迪持有乐园57%股权、30%的经营权，剩余43%的股权、70%的经营权由华特·迪士尼持有。

上海申迪的加入，让迪士尼的项目创下了55亿美元的高投资，成为改革开放以来，中国政府引进的最大项目之一，也让上海迪士尼成为最大的迪士尼乐园项目，拥有全球最高、最大的迪士尼城堡、最长的花车巡游路线。

第三，去美国化和中式迪士尼的策略。上海迪士尼乐园的开设曾遭遇质疑，认为这是西方文化入侵的表现，感叹中华文明将不被下一代知晓。上海迪士尼乐园为此做出了不少"去美国化"的调整。

上海迪士尼乐园有80%的设施是独一无二的，乐园放弃了传统项目"太空山""丛林巡航""小小世界"等，还将"美国小镇大街"代之以"米奇大街"，"奇幻童话城堡"顶端是一朵中国传统文化中寓意富贵的金色牡丹，"十二个朋友园"项目则是迪士尼、皮克斯动画明星重新演绎的十二生肖；《冰雪奇缘：欢唱盛会》《狮子王》都用中文表演；七成餐点为中餐餐点，比如米奇肉包、米妮红豆包；还有全球最低的乐园门票价格。艾格认为这种改变"是为了让游客在离开时，既体会了迪士尼文化，又感受到家的亲切。"

思考题：
1. 谈谈美国、法国、日本和中国的文化差异。
2. 迪士尼乐园可以采取哪些措施改善在法国的处境？
3. 迪士尼乐园在日本和中国采取了哪些本土化措施？

第三章

跨文化沟通

教学目的和要求：

1. 了解文化差异对沟通的影响。
2. 熟悉跨文化沟通的方法。
3. 掌握跨文化谈判的技巧。

跨文化沟通的过程与一般意义沟通的过程，区别仅在于，跨文化沟通的信息是在具有不同文化背景的双方之间传递，即信息的发出者与接收者是不同文化的成员，信息在编码和解码的过程中会受到文化的干扰。要找出跨文化沟通的有效方法，需要明确在跨文化沟通的过程中存在哪些文化干扰。只有界定了这些干扰因素并努力将其消除，才能实现有效的跨文化沟通。

第一节 文化差异对跨文化沟通的影响

跨文化沟通指的是具有不同文化背景的人之间进行的信息交流。一个人的文化背景影响他对事物的基本假设，而对事物的基本假设也会影响他的感知、态度、情绪的表达方式，最终影响他的行为。文化差异加剧了沟通的困难，因为在种种变量之外，又加进了"文化"这个关键变量。或者说，因为来自不同文化背景的人之间共享的价值观有限，误解就容易发生。

跨文化沟通是在这样一种情况下发生的，即信息的发送者在一种文化环境中编码，而信息的接收者在另一种文化环境中解码，编码和解码都受到文化的深刻影响和制约（见图3-1）。

在跨文化的沟通过程中，来自不同文化的沟通双方的行为方式、价值观、语言、生活背景都存在着很大差异，这些都会给沟通造成很大困难。事实上，文化在很大程度上影响和决定了人们如何进行信息编码、如何赋予信息意义，以及是否可以发出、接受、解释各种信息。我们的沟通行为几乎都取决于我们所处的文化环境，文化是沟通的基础，如果文化不

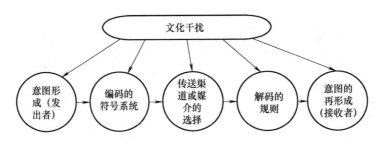

图 3-1　跨文化沟通中的文化干扰

注：资料来自胡军，《跨文化管理》，暨南大学出版社，1995 年版，第 75 页。

同，就会有不同的沟通实践。[一]

案例 3-1

在工作场所当众表扬日本人[二]

琼斯（美国经理）当众表扬苏奇木拓（日本员工）工作做得很棒，本以为苏奇木拓会高兴地接受，却不料……

琼斯：苏奇木拓先生，我发现你的工作干得很出色，我希望其他员工能知道你是怎么做到的。

苏奇木拓：（有些不安）表扬就不必了，我只是做了自己该做的而已。（他希望其他同事没有听见他们的谈话）

琼斯：你是我们公司所见到的最优秀、最杰出、最勤奋的员工。

苏奇木拓脸红了，不住地点头，仍然埋头工作。

琼斯：苏奇木拓先生，你是该说"谢谢"呢，还是只保持沉默？

苏奇木拓：对不起，琼斯先生，我可以离开五分钟吗？

琼斯：当然可以。

琼斯有点不悦地看着苏奇木拓走出去。他真不明白，这些日本人怎么这么没有礼貌——表扬他们，他们好像会很不安，也不回答，只是静静地听着。

从对话中可以看出，琼斯认为在其他员工面前表扬苏奇木拓是对他工作的肯定，也是对他个人的认可，苏奇木拓应该高兴地接受，不必遮遮掩掩、不好意思，更不应该一句话不说就走了。琼斯只是从美国人强调个人的角度出发，却不熟悉日本人是如何看待个人和集体的关系的，不知道如何向日本同事表示欣赏和赞扬，因此结果适得其反。琼斯和苏奇木拓交流失败的原因在于，他们都对对方的文化了解不深，特别是在对个人和集体的看法方面。美国是一个非常强调个体的国家，而日本注重的则是集体。日本人不愿意当众接受上司的表扬，认为这样会脱离集体，但是他们很愿意私下得到上司的肯定。

案例 3-2

空中跨文化沟通失误后果严重[三]

KAL 2300 航班在暴风雨中降落到韩国济州岛的几秒钟前，副机长 Chung Chan Kyu 试图

[一] 晏雄，《跨文化管理》，北京大学出版社，2011 年版，第 88-90 页。

[二] （美）艾里丝·瓦尔纳、琳达·比默，《跨文化沟通》，高增安等译，机械工业出版社，2006 年版。

[三] （美）迪恩·B. 麦克法林、保罗·D. 斯威尼，《国际管理》（第三版），黄磊译，中国市场出版社，2009 年版，第 185 页。

从机长巴利·伍兹手中夺过飞机的控制杆以阻止飞机降落。飞机上的黑匣子记录了飞机即将着陆、仅离地面9米处所发生的一切。机长伍兹大喊："把你的手拿开……拿开！拿开！怎么回事……"Chung先生咕哝着，警报响起。几秒钟后，传来一阵巨大的碰撞声。飞机坠毁，开始燃烧。令人惊讶的是，机上157名乘客都逃出来了。

许多评论家认为济州岛的这次飞机坠毁事件反映了一个日益严重的职业危机——语言障碍问题。快速发展的亚洲航空运输业在全世界招聘飞行员，机乘人员的文化背景和使用的语言也日益复杂。飞行员认为，这次发生在韩国的事故很严重。"在那里，我们就像置身于一团迷雾中，无法知道东西的确切位置，因为韩国人都只说韩语。"一位曾经在韩国航空公司服务过几年，后来转到一家美国公司的美国飞行员这样说道，"在韩国做飞行员，你很容易受到伤害。"

韩国法律规定，外国飞行员必须配备一名韩国副机长，以便和控制台沟通。不幸的是，在飞行学校，韩国副机长们只学习了一点点英语。更糟的是，韩国文化中的等级制度可能会妨碍沟通，因为副机长常常不敢提出问题或主动提供信息。事实上，一位曾经培训过许多韩国飞行员的外国机师说，他发给学生几百份起飞前的简报，却没有一个人提出问题。

种种原因让韩国航空业危机四伏。韩国航空业的重大事故发生率高于北美和拉美同行。调查员认为，是沟通失误导致了济州岛这次飞机坠毁事故。其实，在飞机即将着陆时，机长伍兹让副机长Chung把风挡雨刷（windshield wipers）打开。

因为Chung没有反应，伍兹重复了这一要求。几秒钟后，Chung回答说："哦，风切变"（wind shears）。显然，伍兹的命令"get off the controls"（别碰控制杆）也引起了误解。专家认为，更清楚的表达应该是"don't touch the controls"。

这是一个语言文化差异影响沟通的典型案例。韩国的儒家传统形成一种较大的权力距离，表现为韩国飞行人员不敢主动向上司提供信息；提问题也经常被认为是不尊重他人的表现；表现出经验不足或知识不够丰富，即使是在机舱里，也会让人没面子。没人在济州岛的这次事故中丧生，这实在是不幸中的万幸。

一、文化差异影响跨文化沟通的形式

文化差异使跨文化沟通表现为多种形式。对美国人来说，子女不好的行为被视为他们自己的事，父母的错误一般也不会影响到子女，子女结婚以后更不会和父母同住。在中国，人很少被看作一个单独的个体。我们与陌生人初次见面时常问"您贵姓"，而不是名字；在公司初次认识同事时，我们也常问"你毕业于哪所学校"，而不是他本人的信息。这些现象深刻反映了几千年中国文化对现代思想的影响。

在集体主义文化中，沟通多以征询、参与的形式进行；在个人主义文化中，沟通多以叙说、说服的形式进行。在独裁文化中，沟通的形式表现为单向沟通；在民主文化中，沟通的形式表现为双向沟通。在日本，公司课长的办公桌位于所有员工的后面，这样他可以观察到所有员工的状态，而员工在公司则没有丝毫的隐私，沟通完全是单向的；而在美国，员工们的办公桌都是隔开的，很多公司首席执行官的办公室大门随时向员工敞开，员工有任何意见、建议都可以提出来，沟通完全是双向的。如果忽视不同国家这种沟通形式的差异，容易导致跨文化沟通过程中的冲突。

不同的文化有不同的表达方式。对于同一表达，不同文化的人会有不同的理解。在企业内部的沟通过程中，文化差异导致的理解差异会造成许多误会以及不必要的麻烦。当人们发现其他人的不同做法时，常常会批评对方，认为他们能力不够并试图改变他们的行为方式；很少有人会想到这些工作方式的差异是由文化差异导致的，也很少有人会想到应该试着适应或了解他人的文化习惯。效率的重要性在企业中当然是最基本的，以效率的名义对某种行为加以改进无疑也是对的，但是最有效的行为方式不可能完全摆脱文化因素的影响。接触不同文化时，人们往往很难意识到这一点，他们总是不理解并倾向于批评那些与他们文化不同的人。

跨国公司的发展增加了人们与来自其他文化背景的人一起工作的机会，也增加了企业内部沟通的难度，这对企业的跨文化融合能力提出了挑战。在母子公司之间的国际合作是相互学习的绝佳机会。通过共事，人们学习、认识对方，每个人都努力朝对方迈进，这就产生了相互理解和调整的动力，促成了合作。这种自然的学习虽然总是表现出局限性，但它在企业的各个方面发挥了实际的作用。

在有些文化中，强烈肯定自己的观点很正常，因为这说明他们确信自己的观点正确；而在其他文化中，却不提倡这样做，这会被认为是缺乏自控力。人们受制于多种多样的文化背景和表达习惯，很多人理解这一点，但在实际中常常忘记。下面法国上司和美国下属的故事就表明了这一点。

案例 3-3

评估的误解

一名法国人在一家美国企业中工作了十年，他与美国下属的关系明确地显示出文化差异使人们对权威有着不同的定义，由此带来了种种合作方面的困难。

这名法国上司非常清楚，大洋两岸下属工程师是不一样的：美国工程师的关键要求是"告诉我你想要什么，告诉我工作的对象是什么。"法国工程师则倾向于说"好的，显然我应该处理好我自己的工作。"但是，当要对美国下属进行评估时，法国上司就很难考虑到这些差别了。

法国上司刚刚对一位美国工程师下属进行了评估。评估结果中，法国上司发现和肯定了这位工程师的某些进步；也指出有几项在法国上司看来非常重要的工作，美国工程师却没有去做。美国工程师回答："是的，我非常理解。您说我做得好的正是您的前任要求我做的，因此您的前任对我很满意。但是，您关于其他方面的要求，没人对我说过。"

美国工程师期望法国上司给出明确的工作目标，法国上司头脑中却有其他一些评价指标。在法国上司看来，一个工程师需要对自己的职业有全面的掌握，能自主判断其岗位上的哪些方面值得注意；如果上司事无巨细都要过问，那便是对下属工作能力的侮辱；有些事在日常交谈中顺便提及一下就够了。美国下属认为法国上司没有正确的指导，法国上司应该事先说清楚评判的标准。可见，两种文化对同一种行为方式赋予了相反的意思。

他强调这几点很重要，那么他的美国下属，同样也是工程师，就应该从技术上判断这几点是否真的很重要。在这样一个讨论中，工程师的共识构成了判断谁对谁错的参考标准。

法国上司明确地说："有些目标我常常提到，却没有引起他的注意，那么我给他的分数自然不会太高。"这样做，对法国工程师来说当然是一种尊重，但对一切按上司指示办事的美国工程师来说未免就太不公平了。

对于美国下属给出的理由，法国上司也不是全然不晓，而且他也知道，美国下属担心上述评分会影响到人们对其能力的评判。但是，这并不足以使法国上司了解到他的做法对美国下属到底有多大刺激。法国上司声称："其他几点在我看来也非常重要，他却没有去做，因此我的打分要低一些。"就他的话来看，他参考的那几点非常重要，具有不言自明的客观性；而且他认为这几点无须解释，大家应该心知肚明。

上述法国上司与美国下属的沟通方式只是不同文化的上下级沟通时的众多困难之一。相对于保守型的企业文化（如法国、日本），在开放型的企业文化（如美国）中，上下级沟通更加明确、详细、具体；而保守型企业文化中的上下级沟通更强调权威，上级只需要向下级模糊地指出方向即可。这种区别导致了跨国公司沟通过程中的种种困难。

下面的例子更形象地说明了文化差异导致的不同表达方式及理解产生的沟通困难。

案例 3-4

目标是什么？

在一个日本银行的分部，接受威廉·大内采访的日方总经理和美方副总经理们互相指责对方不了解什么是目标。

对于威廉·大内的询问，美国人的回答如下："一直以来，我们与总经理的争吵只是因为他不能给我们提供一个明确的业绩目标。我们拥有必要的报告和数据，却不能从他那里得到明确的目标——他不会告诉我们贷款中的每一美元会有多大幅度的增长，他希望我们在下个月、下个季度或是明年在业务上的开销减少多少个百分点。没有具体的目标去奋斗，我们如何知道自己的表现是好还是不好？"

美方副总经理这种对于确定性目标的渴望，以及希望看到这些目标以数字形式表现出来（美元、百分比）的要求，通过日方总经理完全相悖的言辞观之，更令人吃惊："要是我能让这些美国人了解我们的银行哲学，了解商业对我们来说意味着什么，在我们的客户和员工接触的时候感觉如何，对于我们所服务的地方团体来说我们的关系应该如何，我们应该怎样对待我们的竞争对手，总体来说我们应扮演什么样的角色就好了。如果他们将这些牢记于心，那么他们就能在任何场合下，无论这些场合有多么不寻常或多么新鲜，都能自己找出合适的目标。我没必要告诉他们或给他们一个目标。"

这种观点上的分歧，即美国人指望他们的上级制定确切的目标（用数字表示的业绩目标），而日本人却对这样的做法表示不满，必须以两种不同文化作为参照系进行解释。美国人认为，要求明确的目标意味着坚持公正地评价他们；而在日本人看来，这意味着他们没有很好地了解企业哲学。同样地，在美国人的理解中，上司拒绝制定这样的目标，说明了他拒绝公正地评判他的下属；而日本人则理解为上司希望下属自己有能力这样做。

如果把两个案例联系起来，就可以注意到其中的相同点与不同点。相同点是：都以美国人做参照系，都要求上司为下属制定明确的目标。日本人和法国人在寻求指示之外的其他东西作为确定工作方向的依据方面具有共同点。但是，这个共同点也有所区别：对于日本人来说，工作方向的依据是关于企业的"哲学"，而法国人却强调对自身职业的了解。㊀不难看

㊀ 单波、石义彬，《跨文化传播新论》，武汉大学出版社，2005年版，第316页。

出,文化背景因素影响着管理沟通的方方面面。

二、文化差异影响跨文化沟通的信息策略

文化差异无所不在,我们必须首先承认文化差异,然后再把这些差异拿出来公开讨论,这样才能达成共识。美国心理学家约瑟夫·勒夫特(Joseph Luft)和哈里·英厄姆(Harry Ingham)的"约哈里之窗"模型提供了一种从不同角度认识和讨论文化差异的方法[1],如图3-2所示。

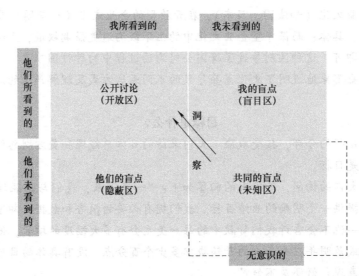

图 3-2 约哈里之窗

注:资料来自 S. Lourard. The Transparent Self, Princeton: Van Nostrand Reinhold, 1964。

"约哈里之窗"试图阐明关于"我"个人的情况,即哪些是我清楚的,哪些是我不清楚的,哪些是别人清楚的,哪些是别人不清楚的。我们如何认识自己和别人可能会影响交互行为。我们可以通过自我发现和反馈,对其中的盲点进行更深入的认识。

"约哈里之窗"提供了一种从"我"的角度和"他们"的角度看待同一种文化的四种情况,分别是开放区、盲目区、隐蔽区、未知区。

1)开放区是指那些自己和对方都知道的信息,双方可以公开讨论和交流。例如,在面对面的人际交往中,这种信息包括沟通者的人种、性别、大致的身高、体重、年龄等。

2)盲目区是指那些对方知道而自己不知道的信息,即"我"的盲点,包括神态和偏见等。

3)隐蔽区是指那些自己知道而对方不知道的信息,即"他们"的盲点,也就是那些我们不愿告诉别人的或秘密的事情。

4)未知区是指那些自己和对方都不知道的信息。

要想充分地认识一种文化,增加彼此的了解,就必须扩大开放区。扩大开放区有两种途径:

1)缩小盲目区和未知区。沟通者要对自己和对方文化有系统、统一、深入的了解,特

---

[1] 晏雄,《跨文化管理》,北京大学出版社,2011年版,第19-20页。

别是对引起冲突的因素要有充分的了解。

2）缩小隐蔽区，扩大开放区。人们在不同文化中，由于彼此相对隔绝，自己知道的常识性信息往往对方不知道，这就形成了跨文化沟通中隐蔽区"膨胀"的状况。这就需要适当地加强"自我暴露"，就是把自己知道而对方不知道的常识性信息"暴露"出来，即通过提供背景知识、通俗解说行话等手段加强"自我暴露"，以利于彼此的了解，达到有效的跨文化沟通的目的。

三、文化差异影响跨文化沟通中的听众偏好

由于文化的差异，在沟通过程中，听众的立场、传统、准则等各不相同，这些因素直接影响着听众对待沟通方式、沟通内容等的态度。因此，在跨文化沟通前，应深入研究听众的价值观和偏好，以便采取灵活的沟通机制。在快节奏文化中，可直接切入主题；而在慢节奏文化中，只可间接切入主题。在权威文化中，沟通自上而下进行；而在开放文化中，沟通自下而上进行。

案例 3-5

联想公司的会议新规矩

2004 年，联想并购 IBM PC 业务之后，在跨文化沟通方面曾经存在过很多困难。例如在公司会议上，经常是美国员工滔滔不绝，而中国员工只是礼貌性地倾听；中国员工抱怨美国员工喜欢空谈，而美国员工抱怨中国员工不愿意参与讨论，经常只说"对"而不提出更好的办法。还有，中国员工在不同意某个问题的时候，倾向于保持沉默，而美国员工却将沉默误解为同意；因此，联想规定倘若员工有不同的看法，必须公开表达出来。另外，要求所有人在会议期间都不能接打电话，不能打开电脑，而要专注地开会。

联想还对高管会议定了一些规矩，如美国高管发言时，要把语速降低至少一半，并要经常与大家确认是否跟上，同时将中国高管发言时间延长一倍（从会议平常约定的 10 分钟提高到 20 分钟），让中国高管有机会慢慢地表达观点。中美双方高管提出一个解决问题的方案时，要先阐释这件事情的出发点。另外美国人喜欢用体育比赛的例子来谈论公司的管理和策略，于是联想就明确禁止使用这样的方式，以免双方产生误解。

在集体主义文化中，明确且直接的沟通并不常见，信息的含义通常是含蓄的、推断得出的。即使是需要给出明确信息的时候（如解决某个问题），也可能是微妙的、间接的表达方式。其基本信念为：沟通不应被仅仅用于传递内容，它还应当被用来培养关系、维持和谐，并且可以用于维护个人的身份或尊严。在这种文化中，由于现实被认为是复杂的，人们极少会用直线式的或因果关系式逻辑，情况或问题都被放在某个情境中加以考虑。因此，来自集体主义文化的沟通者更倾向于使用隐喻式的话语。

语言可以折射出生活环境。假如你到德国北部一家酒吧喝点葡萄酒，你可能会点"一杯白葡萄酒"，并具体指明是要摩泽尔葡萄酒（mosel wein）还是莱茵葡萄酒（rhein wein），但仅此而已。德国北部是啤酒之乡，那里的人对葡萄酒的了解很有限。德国西南巴登地区与北方则截然不同。如果你点一杯白葡萄酒，服务生会一直盯着你，等待你具体指明酒的类型、产地和年代。这就需要你首先对葡萄酒十分了解，其次对当地文化习俗很了解，潜在的文化背景是葡萄酒在当地备受重视。

文化差异也使跨文化沟通过程中听众对不同的沟通者表现出各不相同的信任度。例如，在重人际关系的文化中，听众容易相信沟通者的良好意愿；在重事实的文化中，听众更容易相信专家的意见。在人治文化中，听众确信传统权威；而在法治文化中，听众确信技术和法定权威。在跨文化沟通过程中，沟通者应充分研究听众的特点，针对不同的听众，采用不同的沟通策略，以达到最佳效果。

第二节 口头语言沟通的跨文化差异

语言是文化的载体，不同的文化造就了不同的语言，不同的语言又蕴含着不同的文化内涵。语言差异是跨文化沟通区别于同文化沟通最显著的标志，也是跨文化沟通中最大的障碍之一。两个语言不通的个体几乎是无法有效交流的，即使通过训练，大致学会了对方的语言，不同文化下对语义的理解以及沟通方式、风格上的差别仍然会导致沟通失败。

语言沟通中的跨文化差异有多种表现，主要有以下四种：高语境与低语境、直接与婉转、插嘴与沉默、倾听与对话。[一]

一、高语境与低语境

语境即语言环境，上下文、时间、空间、情景、对象、话语前提等与语词使用有关的都是语境因素。"语境"是美国社会学家爱德华·霍尔（Edward T. Hall Jr.）在1976年出版的《超越文化》一书中首先提出来的。他通过把文化的社会框架区分为低语境和高语境，为人们了解文化提供了一种有用的方法。低语境的文化不太强调沟通的情境（如隐含含义或非言语信息），人们依赖明确的言语沟通。与此相反，高语境的文化强调沟通所在的情境，人们非常注意隐含含义、非言语信息。

通过观察以下两则广告，可以看出情境与文化之间的关系。两则广告清楚地表现了高语境沟通与低语境沟通之间的差异，以及两种文化下沟通渠道的区别。虽然都是在为保险公司做广告，但是两则广告所使用的方法是非常不同的。

广告一：美国安联保险公司（Allianz）

背景音："无论你身在何方，我都会和你在一起。"一个小女孩对她的父亲说道："你要发誓会给我打电话哦！"父亲回答道："我发誓！"广告显示："父亲的飞机起飞了，他去做生意了"。在广告的最后，父亲给家里打电话，孩子飞快地跑到电话机旁，说道："爸爸！"直到这则广告的最后几秒钟，企业的名称（Allianz）才出现在屏幕上。

广告二：美国家庭人寿保险公司（AFLAC）

一个人出现在各种不同的场景中。在这些场景中，都有工伤事故发生。这个人嘴里不停地唠叨着一家企业的名称——美国家庭生命保险公司，AFLAC。广告的文字将补充保险视为一种产品，提醒观众"假如你受了工伤或者无法工作，它就会为你偿付"。而这些遭遇通常也是以幽默结尾的。

在高语境的美国安联保险公司的广告中，隐含信息是：

[一] 陈晓萍，《跨文化管理》，清华大学出版社，2005年版，第114-127页。

1）公司是令人信赖的，正如父亲令人信赖地给女儿打了电话。
2）公司本质上是全球化的公司。
3）公司担保防止风险。

在低语境的美国家庭人寿保险公司的广告中，包含了如下信息：
1）公司的名称。
2）所提供的特定保险产品的名称。
3）补充保险的定义。

明确且直接的信息被重复了好几次，如公司的名称等。

由这两则广告可以看出，美国安联保险公司的广告在传达信息时偏向于字里行间的隐含信息，而美国家庭人寿保险公司则偏向于明确、直接的信息。它们分别体现了高语境文化和低语境文化的典型特点。

爱德华·霍尔为我们提供了一种研究文化的工具，即以沟通情境在沟通中所起的作用区分不同的文化。㊀在高语境文化中，沟通过程的信息发出者和信息接受者都很明白情境所包含的意思，可以利用情境传达信息；在低语境文化中，信息发出者把自己的想法用文字表达出来，信息转换为明明白白的文字，信息接收者可以据此做出判断或决策。

高语境、低语境的形成往往与其背后复杂的自然和社会环境有关，在不同的民族中会有不同的表现。从高语境文化到低语境文化，爱德华·霍尔为我们描绘了一个连续的统一体，并沿着这个统一体依次绘制出了不同民族的文化。他把德裔瑞士人的文化归入低语境文化，因为它所传达的信息都被完整、清楚和精确地表达出来；他把日本文化归入高语境文化，原因是它所传达的信息是多层次和含蓄的；他还认为，美国文化介于高语境文化和低语境文化之间。在美国更大范围的文化中，在沟通的偏好方面也存在地区差异。美国北部地区和中西部地区的人倾向于更书面化的、更明确的沟通方式，而南部地区的人则倾向于不太明确和不太直接的方式。从美国的一个地区到另一个地区，可能也会产生沟通的挑战，同时也为了解跨文化知识提供了机遇。㊁

多层面的信息确实也会在低语境文化中出现，但是低语境文化更倾向于通过文字对信息进行编码，并且认为语意模糊会增大误解的可能性。高语境文化认为，仅仅停留在文字层面的信息是浅薄的、幼稚的和粗鲁的。他们更喜欢用传统的方式沟通——引经据典、使用寓言和谚语、轻描淡写、用反话引人联想，如果沟通者不精于此道，就会产生误解。

例如，在泰国、日本、中国和亚洲其他地方的文化中，表现自己的能力时使用自谦语是一种礼貌行为。一位世界闻名的数学家在描述自己花了一生心血的研究成果时可能会说："对此，我有一点小小的体会。"但是，来自低语境文化的人（如德国人和英国人）会忽视具体的情境，因而认为既然是"小小的体会"，就不值得深究了。

因为语言文字容易修改、加工，而语境难以改变，所以相对来说，低语境文化就直白，倾向于变通灵活，在低语境文化中生活比较简单，也相对容易适应。高语境文化则丰富而微妙，有极多的内涵，不易为其他文化的人深刻理解。因此，高语境文化中，外来人难以融

㊀ HALL E T. Beyond Culture [M]. New York: Anchor Press Doubleday, 1976: 64.
㊁ （美）雷诺兹等，《跨文化沟通指南》，张微译，清华大学出版社，2001年版，第29页。

入。这可能也是爱德华·霍尔自己在日本生活之后的体验。低语境文化与高语境文化的沟通特点见表 3-1。

表 3-1 低语境与高语境文化的沟通特点

沟通特点	低 语 境	高 语 境
一般方式	直接/详尽	间接/复杂
精确度	字面的/精确的	大致/相对
文字依赖程度	高	低
对非语言行为的依赖程度	低	高
对沉默的看法	消极的沟通	积极的沟通
对细节的关注	高	低
对意图的重视程度	低	高

注：资料来自 David A. Victor, International Business Communication, New York：HarperCollins, 1992, 第 153 页。

此外，语境也影响人的思维方式。Indrei Ratiu 发现，高语境文化多产生直觉型思考者，而低语境文化多产生分析型思考者。这两类思考者的不同主要表现在三个方面：

1）直觉型思考者依靠直觉做判断和决策，不讲求理性；而分析型思考者依靠过去学过的知识做判断，讲求理性。

2）直觉型思考者表达含蓄，以语境为导向，讲求顿悟；而分析型思考者表达直白，以计划或理论为导向，讲求推理。

3）直觉型思考者注意整体，喜欢通盘考虑；而分析型思考者关注局部细节，注重探讨具体变量之间的因果关系。

O'Hara-Deveraux 和 Johansen（1994）根据他们的研究，对民族文化按语境不同进行了排列（见图 3-3）。

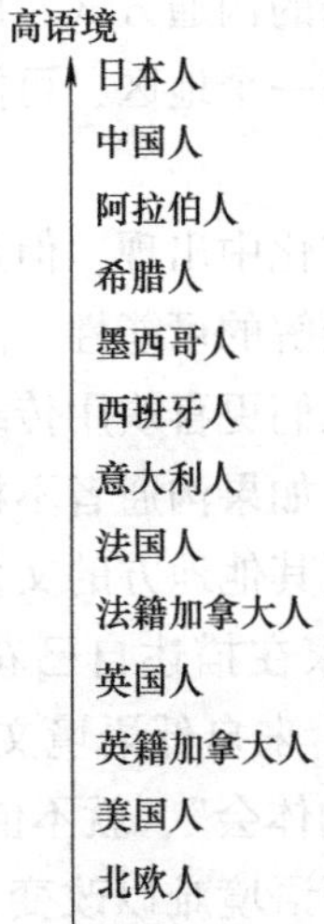

```
高语境
 ↑
 | 日本人
 | 中国人
 | 阿拉伯人
 | 希腊人
 | 墨西哥人
 | 西班牙人
 | 意大利人
 | 法国人
 | 法籍加拿大人
 | 英国人
 | 英籍加拿大人
 | 美国人
 | 北欧人
 | 德国人
 ↓ 德籍瑞士人
低语境
```

图 3-3 不同群体文化的语境[①]

① 陈晓萍，《跨文化管理》，清华大学出版社，2005 年版，第 125 页。

可见，中国文化处于高语境一端，而美国、北欧文化处于低语境一端。在越来越多的中国企业走向欧美乃至世界的过程中，对于在语言沟通方面可能遇到的挑战不可低估。

案例 3-6

从高低语境看电影《刮痧》

《刮痧》是由郑晓龙执导，由梁家辉、蒋雯丽、朱旭主演，于 2001 年出品的一部电影。该片以中医刮痧疗法产生的误会为主线，讲述了华人在美国由于文化冲突而陷入种种困境，最后又因人们的诚恳与爱心，困境最终被冲破的故事。在《刮痧》中，许大同一家是高语境文化的代表，而约翰·昆兰一家、儿童福利院、法官则体现了低语境文化的特征。

《刮痧》以许大同和简宁的孩子丹尼斯为主线，电影伊始，丹尼斯和保罗因玩游戏而打架的情节为影片的基调埋下了伏笔。之后，爷爷使用中国传统的"刮痧"为孩子治疗闹肚子、发烧，剧情一波三折。有一天丹尼斯在家不小心摔了一跤磕破了头，在被送去医院检查之后，医生惊讶地看到了丹尼斯背后的刮痧痕迹，认为孩子是受到了许大同夫妻的虐待，并将这个情况通报给了儿童福利局，随后发生了一系列风波，中美文化的冲突不断显现。

一、教育方式

中国式教育是严厉的，但也有利于管教孩子，而美国式教育却是开放的。在丹尼斯和保罗打架后，许大同要求丹尼斯向保罗道歉，但是丹尼斯不愿意。许大同就当着约翰·昆兰一家三口的面打了丹尼斯，而昆兰对许大同的这种行为感到非常震惊。在许大同眼里，孩子知错不改就该受到严厉的教育，父母管教子女是天经地义的事情，同时这也是对昆兰的一种尊重。而昆兰认为许大同以这种方式给予其尊重是不可理喻的。

二、法律制度

在法官的调解过程中，儿童福利院列举了许大同诸多暴力倾向的行为，包括：妻子简宁生产时，出现了胎位不正的情况，这时候许大同选择保大人。对此许大同解释道："留得青山在，不怕没柴烧，保大人是人之常情。"但在儿童福利院，甚至所有美国人看来，这是对美国法律的蔑视，不遵守美国保护儿童的法律。

三、家庭伦理

中国人受到"儒家"思想影响，提倡孝道和天伦之乐，而美国人崇尚独立和自由。电影中许大同父亲在回国前与昆兰进行了一次谈话，昆兰这才知道是他给孙子丹尼斯刮的痧，而不是许大同。后来昆兰将老爷子送到家门口时，遇到了简宁，他问简宁："为什么大同要承认是自己给丹尼斯刮痧？"简宁回答："因为他是中国人。"

影片展现了中美两国的不同文化，通过"刮痧"这一中国传统的治疗方法，让观众看到了文化传播过程中发生的矛盾和冲突，也让我们感受到了文化的巨大影响。可喜的是，影片的结尾是圆满的。昆兰去中医馆体验并知晓了刮痧后，立即在圣诞节晚上找儿童福利院的人一起去向法官解释。法官对许大同的行为也表示理解并撤诉，许大同一家终得团聚。

二、直接与婉转

直接与婉转是口头语言沟通方面跨文化差异中较显著的表现。通常，美国人说话直截了当，而中国人则喜欢婉转含蓄。比如，拒绝别人的要求，美国人如果不喜欢，就直接说"不"；而中国人可能会说"让我考虑考虑"。美国人若不了解中国人的说话方式，会以为那人是真的去考虑了，过两天又会问"考虑得怎么样了？"在谈生意的时候，也常常会见到这种风格差别。中国人谈具体的生意之前总要把自己公司的背景等情况详细介绍清楚，之后才谈及真正要谈的生意；而美国人很可能一上来就直奔主题，因此常常会产生误解。

下面是中美两家公司代表的对话（Storti，1993）：

李女士：这就是我们公司创建者的部分远见。

霍特先生：我知道了，贵公司有一段悠久、有趣的历史。如果你不介意，我们或许该谈谈我们该怎样合作。

李女士：你没有要补充的吗？

霍特先生：关于我们？没有了。你是知道的，我们是个年轻的公司，和贵公司不一样。

李女士：好，那我们可以谈谈业务上的事情了。有了您的承诺，我们从描绘我们公司的组织结构开始吧，然后再说说这样的组织结构是怎样影响到我们公司的行事原则的。接下来，也请您介绍下贵公司的情况。

霍特先生：我知道了，然后我们谈谈具体条款？

李女士：条款？

霍特先生：你知道的，就是一些基本事项。

李女士：我们不是正在谈基本事项吗？

显然，李女士与霍特先生对所谓"基本事项"的理解很不相同：一个认为公司的基本背景才是基本事项，而另一个认为具体条款才是基本事项，误解由此产生。

在说话的婉转方面，日本人可能比中国人有过之而无不及。日本人一般不愿直接说"不"字，因此要表达"不"的意思时就要借助各种有创意的方法。

美国的幽默作家大卫·贝雷（Barry，1993）曾经在日本遇到这样一件事，他要坐飞机从东京去大阪，临时去飞机场买票。

大卫：请买一张从东京去大阪的飞机票。

满脸笑容的服务员：嗯，去大阪的飞机票……请稍等。

大卫：多少钱？

服务员：从东京坐火车去大阪挺不错的，沿途可以看风景。您是不是要买一张火车票？

大卫：不要。请给我买一张飞机票。

服务员：那……其实，坐长途巴士也很好，上面设备齐全，豪华舒适。您要不要买一张巴士票？

大卫：不要。请给我买一张飞机票。

这样来来去去好几个回合，大卫才搞清楚，原来飞机票早已售罄，而服务员又不好意思直接告诉他，才拐弯抹角地试图用其他手段帮助他到达目的地。这真是到了婉转的高级境界。

同是英语国家的人，英国人就远不如美国人直接。英国人用词比较谦虚含蓄，喜欢让自己的观点藏而不露，以便使争论不那么激烈，同时又在其语调中表示出自己是正义的化身。他们会恰到好处地含糊其词，以显示自己的礼貌和涵养，避免尴尬的冲突。他们认为说话语气平和、始终保持低调才是在争论中应有的表现，大喊大叫本身就是失败。

美国心理学家霍特格雷夫（Holtgraves，1997）曾对说话的直接与婉转的沟通风格做过一系列研究，并编制了测量工具以准确测定一个人的沟通风格。下面的题目就是从这份量表中抽取的：

1）很多时候我都愿意委婉地表达自己。
2）我说话时常常话里有话。
3）我通常不花时间去分析别人说的话。
4）别人很多时候都无法确信我话里的真正含义。
5）我说的话常常可以用不同的方法去理解。
6）我对别人话里的真正含义一般不深究。
7）我说的话里面总是比表面上呈现的意义要复杂。
8）别人必须花些时间才能琢磨出我话里的真正含义。
9）我通过别人说的话搞清他们的动机。
10）我说的大部分话都明白、易懂。
11）我会考虑别人话里的各种意思，再判断他们想表达的真正含义。
12）要了解他人的真实意图，必须深度分析他们所说的话。
13）我经常透过别人语言的表面去了解他们的真实意图。
14）为了了解别人的话，我经常分析他们为什么说而不是他们说了什么。
15）没有必要透过我说的话的表层意思理解我的真实意图。
16）在很多我观察或者参与的聊天中，我发现最重要的真正含义常常是隐藏在表面之下的。
17）我想通过琢磨一个说话者的深层含义使自己成为一个有效的沟通者。
18）我的真实意图常常一目了然。
19）我经常觉得别人的话里有话。

从这些题目中可以看出，该量表所测的直接与婉转的沟通风格主要包括两个方面：一个方面是一个人在多大程度上会去主动探究别人言词背后的间接含义，另一方面则是一个人在多大程度上喜欢婉转地说话。如果你在这两方面得分都高，那么你的婉转程度就非常高，别人要听懂你话里的真正含义就相当困难。

在编制量表的基础上，霍特格雷夫还研究了个体的沟通风格与个性特征之间的关系。他发现，说话婉转的人自我监控能力更强，在公共场合的自我意识能力更强，更愿意动脑子，更不过度自信。但是，在西方文化中，这样的人并不被别人称赞。当他把该量表同时给美国学生和韩国学生进行测量时，发现韩国学生在婉转程度上的得分显著高于美国学生。

案例 3-7

给客人夹菜

陈东请简和彼得到自己家做客。陈东的妈妈非常热情，为四个人做了八道菜。"不好意思，菜做得不多"，她说。

"天哪，这些菜已经足够了"，简说。彼得则干脆不知说什么好。

陈东有点尴尬，解释说："这是客套话，菜已经很多了。"

但是，最令简和彼得不解的是，陈东的妈妈一面说菜做得不好，一面却不停地给他们夹菜。彼得不喜欢其中的两道菜，对着满盘子吃不下去的菜感觉很不好。眼见陈东的妈妈又给自己夹菜，他不禁祈求："请别再给我夹菜了，让我自己来吧！"

陈东的妈妈在饭桌上说的话，是中国人请客吃饭时常用的客套话。"没什么菜""不好意思，菜做得不好"之类的话往往不是主人的真心话，听者也不会当真，有时甚至可以认为那些话是用来引客人夸奖的。

给客人夹菜是主人好客的表现，父母给孩子夹菜是爱的表现，而孩子给父母夹菜是孝顺的表现。自己碗里有剩菜或菜做多了对中国人而言都不是问题，反而是每个人都吃饱了的证明。如果客人碗里的菜吃光了，主人反而会担心是不是菜不够。因此，客人往往习惯把最后一点菜留下来，告慰主人。

但是，"把碟子里的东西吃干净"是美国人很早就要学会的一件事。碟子里的剩菜被看作浪费或菜不受欢迎。很多美国人小时候都有在饭桌边一直坐到把菜吃光的经历。

美国人也不会说自己的菜做得不好。如果说了，那往往是主人真的没做好。尽管人们喜欢别人夸自己的厨艺，但批评自己的厨艺不是美国人寻求别人夸奖的方式。相反，他们会说"我希望你喜欢这道菜，这是我新学的"或者"希望你喜欢，这是我们家祖传的做法"。对于这类明显希望别人夸奖的说法，客人一般都会说些好话，哪怕自己并不太喜欢那道菜。

三、插嘴与沉默

在语言沟通中，另一个文化差异表现在说话是否合乎程式上：是一个一个有条不紊地说话，还是大家彼此打断、七嘴八舌；是一问一答，还是你说完后我想一想再往下说，或者你没说完我就插话。什么样的说话程式在某一文化中被视为平常合理的，不同民族、文化之间在这一点上有明显的不同。

盎格鲁-撒克逊（欧美）人、拉美人和东方（亚洲）人在说话程式上的不同如图3-4所示，其中的A、B是指对话中的两个人。

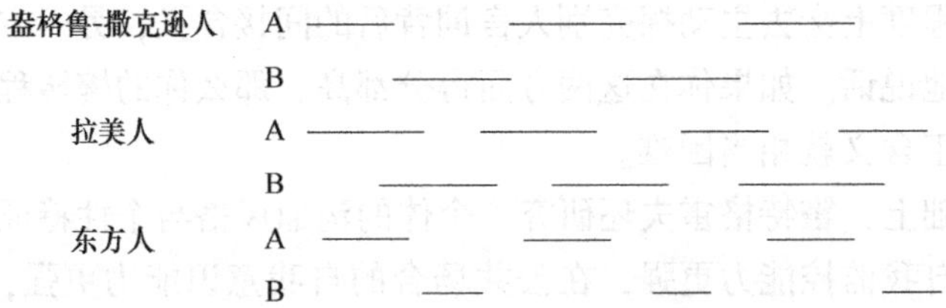

```
盎格鲁-撒克逊人   A ————
                  B      ————
       拉美人     A ————————
                  B    ————————
       东方人     A ————
                  B         ————
```

图3-4　三类人说话程式[①]

① 陈晓萍，《跨文化管理》，清华大学出版社，2005年版，第119页。

对盎格鲁-撒克逊人来说，A先说，说完时B接上，然后B开始说，说完停下时A再接着说，一来一往，有问有答，顺序清楚，是良好的对话方式。如果一个人在别人还没说完话时就插进来，会被视为不礼貌。

对拉美人来说，他们的对话方式是：A开始说话，在A尚未停下时，B就应该插嘴，打断对方，自己接着往下说。然后，在B还未结束时，A插进来继续。打断对方被看成是对对方的谈话感兴趣，而且自己也有很多感受要分享。如果不插嘴，则说明话题无趣。

再看看东方人。A先说，B在接A的话之前，有一小段沉默。也就是说，在回答或接另一个人的话题时,应该有一个小小的停顿。这个停顿可能只有几秒钟的时间,表明在思考对方的话,思考之后再回答。因此,沉默是尊重对方的表现,同时也表现出自己的深思熟虑。

当 A、B 两人处在相同的文化背景下时,彼此在对话方式上会有共识,因此不容易发生误解。但是,当这两个人来自不同的文化背景时,问题就发生了。

此外,沉默在不同文化中的褒贬意义也不同。例如,在中国,人们崇尚"沉默是金",心直口快可能会给人急躁、不牢靠的印象;而在美国,心直口快则被视为反应快、思维敏捷。在中国,沉默寡言让人觉得稳重、能成大器;在美国,却很可能被看成迟钝。因此,在与人交往时,美国人害怕沉默。如果对方沉默,美国人会认为这是不满意、不高兴的表现,而不认为对方是在深思熟虑。⊖可见,美国人和欧洲人用否定诠释沉默;相反,亚洲人倾向于用尊重、肯定诠释沉默。

案例 3-8

美国人和日本人对沉默的不同理解

玛莎:谈判进行得怎样?

珍妮特:不是很好,我们处于下风。

玛莎:出什么事了?

珍妮特:哎,我提了我方的起价,丸冈先生什么也没说。

玛莎:什么也没说?

珍妮特:他就坐在那里,看上去很严肃的样子。所以,我就把价格放低了。

玛莎:后来呢?

珍妮特:他还是没说话,但是有点惊讶的样子。所以,我就把我方的价格降到了底线,再等他的反应。我方的价格已经不能再降了。

玛莎:他怎么说?

珍妮特:他沉默了一会儿,就答应了。

玛莎:我们最后还是成交了。你应该高兴才是。

珍妮特:我也是这样想的。但是,后来我才知道丸冈先生认为我方的起价本身就太优惠了。

在这个案例中,日本人的"沉默是金"发挥了作用,美国人珍妮特把日本人的沉默误解为对她提出的价格不满意,因此一再降低直至降到底线。如果换成日本人和中国人谈判,或者日本人之间谈判,就不可能发生这样的状况。⊜

四、倾听与对话

倾听是实现有效沟通的另一个重要方面。不同的民族和文化在倾听方面也有许多不同之处。有的民族更安静,更乐于倾听;有的民族更善于倾听,倾听得更仔细、认真、严肃。英国语言学者理查德·路易斯(Richard Lewis, 1999, 2004)在《文化碰撞》一书中,提出了"倾听文化"和"对话文化"的概念,以区分文化在这个层面上的差异。他对倾听文化的描述是这样的:"……倾听文化中的成员很少主动发起讨论或谈话,他们喜欢先认真倾听,搞

⊖ 戴凡等,《文化碰撞:中国北美人际交往误解剖析》,上海外语教育出版社,2003 年版,第 283 页。
⊜ 晏雄,《跨文化管理》,北京大学出版社,2011 年版,第 102 页。

清别人的观点，然后对这些观点做出反应并形成自己的观点。"相反，在对话文化中，人们常常会用发表意见或问问题的方式打断对方，以此显示自己对话题的兴趣。○

1. 倾听文化

典型倾听文化特征的国家有日本、中国、新加坡、韩国、土耳其和芬兰等。在欧洲国家里，芬兰具有最强的倾听特征，英国、土耳其、瑞士偶尔也表现出较强的倾听特征。这些国家的人在听别人说话时专注、不插嘴，回复时也不会用太强烈的语言。此外，他们常常会通过问题使说话者澄清意图和期望。日本人经常会在一个问题上反复、来回，以确保彼此之间不再有误解。芬兰人即使有时在说话结尾时会比较突兀或直接，但总是尽可能避免正面冲突，想办法用适合对方的方法进行沟通。芬兰人有时甚至比日本人还沉默，日本人至少还会用点头的方式显示自己的礼貌或满意，芬兰人则可能一点反应都没有。

倾听文化中的人对沉默的态度也与对话文化中的人迥然不同。他们不但容忍沉默，而且觉得这是有意义的对话中不可或缺的一部分。重要的话语值得思索——思索时需要沉默。此外，倾听文化中的人会根据语境回答对方的问题，并在表达自己思想的时候常常只说一半，而让倾听者填补其余，以表示对对方的赞赏。这一点常常使西方人感到困惑。同时，他们还会说一些笼统的词（如"大概"），或指谓不明的词（如"某人走了"），或被动语态（如"有一部机器被搞坏了"），以避免指名道姓让某个人直接承担责任，或者以示礼貌。

2. 对话文化

最典型的对话文化为意大利和拉丁文化、阿拉伯文化、印度文化。法国和西班牙文化也属于对话文化。

对话文化中的人特别注重人和人际关系。一般来说，工作也好，任务也好，作息时间表也好，一切都让位于人。他们喜欢聊天，说个不停，在对话的过程中获取各种各样的信息，建立各种各样的人际关系，然后用这些信息和人际关系解决各种各样的问题。从人的角度思考问题、解决问题是对话文化的浓重特色之一。

3. 数据文化

美国文化、德国文化、瑞士文化则处于倾听文化和对话文化之间，热衷于数据、事实和逻辑，被路易斯称为"数据文化"。

在商业陈述中，有些国家的人倾向于要求获得事实、统计数据以及其他可靠的数据。他们对数据的信任远远超过对直觉的信任。因此，在美国公司的商业陈述中，很少能听到类似于"我觉得"之类的主观词汇。这正如一句美国格言所说："数字从来不会撒谎。"例如，在解释销售额下降的时候，他们宁愿相信数字，也不愿相信特殊情况。他们的陈述中看重各种表格、图片及引自特定领域专家们的话语，而不太在乎推测或直觉。他们也经常期望能够从其他人那里获取类似的、详尽的统计分析。○

第三节 非口头语言沟通的跨文化差异

非口头语言沟通是指在沟通中不通过语言传达信息的过程，这些非口头语言包括语音语

○ 陈晓萍，《跨文化管理》，清华大学出版社，2005年版，第135页。
○ （美）艾里丝·瓦尔纳、琳达·比默，《跨文化沟通》，高增安等译，机械工业出版社，2006年版，第36页。

调、眼神交流、身体接触、脸部表情、空间距离等。○

下面这张清单罗列了在非口头语言沟通中的一些注意事项：○

1）在科威特，不要拒绝生意伙伴递给你的咖啡，正如在中国不要拒绝生意伙伴递来的酒。

2）在泰国，不要跷起二郎腿，不要把自己的脚尖指向别人。

3）在日本，不要脱掉外衣、只穿衬衫工作，除非你的日本同事先这么做。

4）在中国，作为贵宾参加宴会不要自取食物。

5）在委内瑞拉，如果你和一位商人约好见面，在等了他半个小时或者更长时间后，千万不要生气。

6）在印度，注意一些商务礼节，如介绍相识时要握手；但如果对方是妇女，则不要握手。

7）和沙特阿拉伯人做生意，不要送礼物给他的妻子或孩子。

8）在法国，要有花上两个小时用午餐的心理准备。

诸如此类，不同文化中的非语言习惯，正在深刻地影响着沟通结果。

一、语音语调

弗恩斯·强皮纳斯和查尔斯·汉普顿-特纳（Charles Hampden-Turner，1998）曾经在他们的书中分析了三类人——盎格鲁-撒克逊人、拉美人和东方人，认为他们在说话的语音语调方面有相当鲜明的不同。其中，盎格鲁-撒克逊人说话抑扬顿挫，跌宕有致；拉美人说话语调很高，而且保持亢奋状态，情绪激昂；东方人说话则语调平缓单一，不紧不慢。语音语调平和还是夸张，与所处文化的价值理念是联系在一起的。东方文化求静，讲求含蓄深沉，追求"不以物喜，不以己悲"，说话不露声色则是这种境界的表现之一；拉美文化注重个人情感，情感丰富，表现出人性和对生活的热爱，说话时眉飞色舞、语调夸张。

有的文化崇尚小声说话，而有的文化却崇尚大声说话。在英国和欧洲，人们常常抱怨美国人说话声太大。在很多场合，美国人都不在意其他人听到他们的谈话；相反，他们意在表示自己没什么可隐瞒的。英国人则完全不同，他们忌讳干扰别人，因此在与人谈话时，在声音大小、与其他人的距离方面都十分注意，以保证谈话的内容只有谈话的伙伴才听得到。这样的行为在美国人看来简直像在搞秘密策划。

二、目光接触

眼神交流是沟通中一个非常重要的组成部分。在美国和其他盎格鲁-撒克逊文化中，没有眼光接触的沟通几乎是不可能。跟对方说话时，或听对方说话时，一定要看着对方；否则会被视为对话题没兴趣，或心里有鬼，或性格过于羞怯，总之是负面的评价。

当旅行者在某种文化中的某个国家做客时，如果不能很快地适应当地目光接触的习俗，就会招来很多不必要的麻烦。"眼睛是心灵的窗户。"来自阿拉伯文化的人重视直接的、保持不变的目光接触，并将其看作良好沟通的基础。

○ 陈晓萍，《跨文化管理》，清华大学出版社，2005年版，第131页。

○ （美）艾里丝·瓦尔纳、琳达·比默，《跨文化沟通》，高增安等译，机械工业出版社，2006年版，第11页。

在更大范围的文化中，各种子文化在眼神定位方面的不同可能导致很多误解。在美国本土和亚洲文化中，小孩被教育当倾听老师、长辈说话的时候，眼神应该是向下的。眼神向下不仅是一种很适宜的倾听行为，也表示了对长者的尊敬。直视长者会被认为是没有礼貌、挑衅的，甚至是敌意的。很多北欧裔的美国人对于父母的话仍然记忆犹新："我和你说话的时候，眼睛要看着我！"孩子们受到的教育是，在倾听长辈说话的时候要直视对方的眼睛，这是尊敬长者的表现，也是比较合适的倾听行为。对于北欧裔美国人来说，一个小孩子要是一直盯着地板看，就不是一种礼貌行为，更甚者会让人觉得是敌意的。这些儿时教育形成的目光行为，将会被带到整个成人时代；如果这些行为不能被理解，它们会对工作场所中的沟通产生负面影响。

此外，社会阶级或阶层也会影响选择直接的还是间接的目光定位。通常，直接的目光接触表明沟通发生在平等的人之间，间接的目光接触则表现出对于处在较高层级或位置的人的尊重，这种现象在具有清晰定义的权力结构的文化中更为显著。在东方文化中，直接目光接触就并不是一定要有的；当两个地位不等的人对话时，地位低的人一般都不看对方，因为直视会被认为不尊敬。在这一点上，不少美国生活的中国人有过教训，尤其是在招聘面试时，他们常常不看着面试官。面试官完全想不到这是对方对他们尊敬的表现，反倒觉得应聘的中国人隐藏了什么，总之达不到有效沟通的效果。

下面的例子有力地说明了这种状况的存在：

案例 3-9

游刃有余的目光[一]

当会计师文森特·加西亚拿到自己在一家美国国立银行为期六个月的绩效报告的时候，惊讶地看到上面有这么一句评语："加西亚先生在与其经理沟通时，没有保持正确的目光接触。"作为一名年轻的雇员，在和他的经理谈话时，加西亚总是小心翼翼地避免长时间的直视。他还曾被告知：为了表示敬意，双方谈话时还要保持目光向下。

在与其经理开诚布公的讨论中，加西亚得以论及此事。因为他是一名很有潜力、颇有价值的员工，公司为他聘请了一名沟通教师，专门教他企业文化对于目光接触行为的要求。但是，当加西亚返回墨西哥以后，他再次表现出了对长者的尊重；当自己被提及的时候，他自然而然地低下头来。

就像可以非常流利地说两种语言一样，加西亚已经懂得，为了今后的成功，他不得不在非语言沟通方面表现得同样游刃有余。

只有了解到不同文化中的目光定位是不同的，才能帮助人们避免错误的或是负面的想法，才能帮助人们实现超越语言层面的、真正的跨文化沟通。

三、面部表情

不同的文化中，同一态度的表现方法是有区别的。同意、赞赏在有的国家会表现为点头、微笑，而在有的国家则表现为一言不发。

案例 3-10

请无视我的面无表情

玛吉·蔡拥有市场营销的学士文凭，她还在继续攻读工商管理硕士学位。她最近完成了

[一] （美）雷诺兹等，《跨文化沟通指南》，张微译，清华大学出版社，2001年版，第81页。

在一家大型广告公司的实习工作。返校以后,她去拜访了一位教授,就是这位教授帮助她找到了那个实习机会的。她有些沮丧:"我想他们很讨厌我最后的陈述。他们坐在那里,盯着我,没有人点头。我想,或许是因为我的口音的缘故,他们根本没能听懂我的话吧。"

由于在此之前这位教授已经收到了这家公司令人欣慰的报告,她才得以向玛吉·蔡保证,最后的陈述事实上非常成功。欧裔美国人经理坐在那里面无表情,是因为这是他在商业文化中必须做到的——隐藏感情,没有面部表情的反馈,让人无法捉摸。对玛吉·蔡的表现,他既不肯定也不责难。事实上,他对玛吉·蔡非常满意,尤其是在她的协助下,公司拉到了一个很大的客户——一家韩国公司。这家广告公司甚至已经打算在玛吉·蔡毕业后向她提供一个全职岗位。

1. 点头

点头的动作在不同的文化中有不同的含义。

有时,点头表示同意或不同意。如果向美国商务人士询问点头的意思,大部分人的回答都会是:"我同意。"但是,在保加利亚,点头示意更多的时候表示否定的回答。

有时,点头被作为倾听的工具。这时,也要注意可能发生的误解。在不同的文化中,点头可能表示:

1)我在听,并且我同意。

2)我在听,但是我未必同意。

3)我有点糊涂,但是我想你还是继续说下去吧,这样我可以努力抓住你要说明的意思。

4)我通过非语言的肯定反馈,试图对你加以鼓励。

2. 微笑

在不同的文化中,微笑是另一种典型的、具有不同含义的非语言沟通行为。所有婴儿都会微笑。但是,孩子们在长大过程中被教育如何恰当地微笑,当他们长大成人以后,很自然地就习得了不同文化中的微笑。

依据不同的文化,微笑可能有多种意义。在一些文化中,微笑可以表示友好;而在另一些文化中,微笑可能代表紧张。在美国文化中,微笑有很多种意思,具体包括:愉快、友好、快乐。这一点与很多亚洲文化中以微笑代表紧张、歉意的做法是不一样的。下面两个例子可以帮助我们理解这一区别。

案例 3-11

紧张的微笑

一位美国咨询员在与来自亚洲的一位客户的会面中迟到了,因为这位咨询员接到一个电话,通知她母亲的病已经被诊断为癌症。为了使自己的迟到得到谅解,她把迟到的原因告诉了自己的客户。她的亚洲客户获悉这个消息的时候,只是微笑。对于这样冷淡的反应,这位咨询员受到了极大的刺激,也感到非常愤怒。几个月以后,她才认识到客户的微笑是紧张的反应:因为他不知道,当获悉这样隐私且令人沮丧的消息后,采取何种表示比较好。

案例 3-12

带笑的道歉

彼得是美国派到亚洲某家公司的总经理,雇员小A是他的一个部门经理。前不久,小A

在工作中出了差错，费了一番功夫才弥补过来。为此，他深感歉意，特地找彼得道歉。

在得到允许后，小A推门进入彼得的办公室，还没开口就面带微笑。"彼得，我一直为自己给公司带来的损失深感歉意。我感到非常抱歉，并保证以后决不发生类似的错误"，小A说。进门以后，微笑一直挂在他的脸上。

彼得望着小A的笑脸，很难相信他的歉意："真的吗？"

"绝对，我保证不再犯这种错误"，小A说，脸上的笑容更加明朗了。

"对不起，我无法接受你的道歉，我看不出你有什么不安！"彼得生气地说。

小A的脸变得通红，他没想到彼得的态度竟会这样，他急切地想让彼得明白自己的意思："彼得，相信我，对这件事没有人比我更难过了。"

彼得更火了："如果你真那么难过，你又怎么可以笑得出来呢？"

笑在亚洲除了意味着高兴外，还可以是表示歉意的方式。一般来说，亚洲人道歉时习惯微笑，这种笑表示谦虚和诚恳。案例中，小A走进办公室道歉时，甚至可能没意识到自己在笑。

但是，西方人在道歉时往往眼睛下垂。小A在保证以后不再重犯错误时，彼得希望他看着自己的眼睛说话——当然，小A脸上是绝对不应有笑容的。然而，由于文化的差异，彼得对小A微笑的理解使事情变得更糟糕。⊖

在不同的文化中，微笑除了具有不同的意思以外，还有着不一样的使用频率。例如，法国人是"mine d'enterrement"（忧伤的表情）的主人，而且不会无缘无故地微笑，因此很少微笑；而在美国，人们常常微笑，表示没有恶意。⊜只有弄清微笑的使用频率和含义，才能避免误解，更有效地沟通。

四、空间距离

每一个人都需要私人空间，这是一个其他人不能任意侵入的空间。如果有人进入了他人的私人空间，会被看作是侵犯了别人，是没有礼貌和粗鲁的。

在英国，几百年来，人们一直遵循着这样的信条：一个人的家就是他的城堡，在他的家中不允许非法搜索；未经本人同意，连政府要员也不能踏入。人们把私人土地看作个人领土，而只有共有土地才是集体场所。美国人把门当作是否允许别人进入的信号：不管是在办公室还是在家里，如果门开着，就表示欢迎来访；相反，关着的门则表示拒绝进入，比如在开会、私人交谈、集中精力工作和睡觉的时候。

一名中国女孩在火车站看到一位澳大利亚老人行李很多，年龄较大，所以想上去帮助他。可是，就在她拿起老人装着沉重行李的拉杆箱时，老人竟然喊叫起来："What are you doing with my bag? Leave it alone！"（你拿我的包干嘛？别碰我的包！）女孩吓了一跳。这就是文化差异导致的沟通不顺畅。对澳大利亚人来说，拉杆箱是极其隐私的物品。

在德国，人们很重视私人空间。爱德华·霍尔写道："德国人把属于他们自己的空间看作是自我的延续。德国人对自我是非常敏感的，因此他们利用一切方式来维护私人的空间。

⊖ 戴凡等，《文化碰撞：中国北美人际交往误解剖析》，上海外语教育出版社，2003年版，第24页。

⊜ （美）雷诺兹等，《跨文化沟通指南》，张微译，清华大学出版社，2001年版，第83页。

比如第二次世界大战时，在战俘营中，四个德国战俘同住一屋；战俘们把他们所能得到的东西都用来塑造自己的隔离的空间。在阳台的建造和花园中草木的种植方面，德国人也努力使自己的私人空间不暴露在其他人眼中。在德国，有许多其他地方不常见的双层门，德国人利用这种门来隔声，从而维护其隐私。在德国，办公室的门一般来说是关闭着的，开着的门被德国人看成是轻率和不守秩序的表现。"①

另外，不仅个人有不容外人随意进入的私人空间，集体也有这样的空间。在美国，如果两三个人在一起谈话，那么他们周围就存在着一条将其与他人隔开的、看不见的界限，而人们是尊重这一界限的。这样的一个小群体，被一道维护其隐私的"保护墙"与其他空间隔开。

在中国，即便要找的人不在，人们往往也会很顺口地问"他去哪里了"，尽管他未必真想知道要找的人去了哪里。对很多中国人来说，个人行踪不是很私人的事，绝大多数人对这种问题习以为常。但是，北美人生活在一个暴力过多的社会，因此追问个人行踪不仅无礼，而且令人感到受威胁。下面的例子就反映了这一点：

案例 3-13

"紧追不放"的电话

大卫和凯西夫妇在中国工作，两人都很外向，很快就交了一些中国朋友。很快，就有人往他们家里打电话了。大卫有时要出差几天，这种时候有人打电话找他，常常会让凯西很不愉快。

"他去哪里了？"对方总是这样问。

"你可以留下口信吗？"凯西礼貌地问，试图避开那个问题。

"他不在城里吧？"对方常常追问。

"是的，我可以帮你什么吗？"凯西尽量礼貌地说，但她已经感到很不舒服了。

北美女性不会在电话中对陌生人说自己的丈夫不在家，因为这使她成为一个易受攻击的对象。每个人的行踪和计划，尤其是在家的时间，都是很私人的信息。大部分美国人都不会将这些信息透露给自己不认识的来电者。而且，美国人认为，来电者特别是陌生的来电者，不应该问这类问题。如果来电者必须在某一特定时间找到大卫，可以说"我想留个口信"，并说明自己必须跟大卫通话的时间。②

五、肢体语言

1. 手势

聋哑人使用的语言就是手语，由此可见手势在沟通中的重要作用。手势在不同的文化中会有不同的含义。不同于手语，很多手势都是某个地区的人们约定俗成的。因此，在与身处其他文化中的人沟通时，人们常常会感到这些人的动作仿佛不太自然。

中国人谈到自己时指着胸膛，日本人就觉得很奇怪。因为在日本表示同样的意思时，日本人会用手指指着自己的鼻子。在一些文化中，使用大幅度挥动的手势表示这个人是个大人

---

① （美）雷诺兹等，《跨文化沟通指南》，张微译，清华大学出版社，2001 年版，第 99 页。
② 戴凡，《文化碰撞》，上海外语教育出版社，2003 年版，第 176 页。

物；而在另一些文化中，使用大幅度挥动的手势则表明这个人举止不文雅。如果我们以自己的文化去揣摩他人手势的含义，是很危险的。比如，在沟通的时候，亚洲人通常更倾向于采用小幅度挥动的手势，因为使用大幅度挥动的手势很可能令人讨厌、愤怒甚至心烦意乱。而在拉丁美洲人或地中海人的文化中，人们可能会因为没有看到大幅度挥动的手势而感到迷惑，因此怀疑说话者的信心。所以，如果不了解两种文化，对于手势代表含义的设想未必正确。通常，使用或者不使用大幅手势，即手势幅度大小所代表的含义在更大范围的文化中是一致的。

在不同的文化中，具体手势的特定意义是不同的：

（1）"Okay"符号　在美国，人们用大拇指和食指捏成一个圈示意"Okay"，表示一切都很好。但是，在有些文化中，如在巴拉圭、新加坡和俄罗斯文化中，这样的手势具有下流的意思。在法国，同样的手势表示"没什么""零"或"这个想法毫无价值"的意思。

（2）竖起大拇指　在中国表示好、牛气、优秀、有骨气等一系列正面的夸奖；在中东地区则表示否定的意思，而且在做手势的时候，大拇指是不能单独使用的。

（3）左手的使用　在中国文化中，使用左手的人被认为是大脑发达，智力开发得早，与众不同，比别人聪明；在伊斯兰教文化和印度教文化中，左手被认为是不干净的，因此在任何商务活动中，使用左手示意会被看作粗鲁的表现。

（4）招手的手势　在中国，招手是打招呼或上级向下级致意的手势；在美国，人们将手掌向上，手指呈捞球状（在中国类似表达"你过来"意思的手势）；在其他文化中，如巴基斯坦，对别人招手的时候，应该朝着东方，手掌朝下，手指对着自己身体示意。

（5）指示　在很多文化中，用一个手指指向对方是令人不快的。

2. 触碰

触觉的重要性没有视觉和听觉那么大。但是，它的感知和体验作用比我们日常所意识到的要大得多。同样，触觉受文化影响的程度也比人们所预料的要强得多。⊖在某些文化中，要是没有触碰到他人，想要进行一对一的沟通是不可能的。比如，在拉丁美洲的文化中，每一次对话都有很多接触，触碰行为是沟通中很自然的一部分。中国人会尽量避免与陌生人的身体接触，他们不喜欢紧紧地握手，也不喜欢欧美人为表示良好愿望的拍肩膀；印度人和巴基斯坦人是推崇身体接触文化的民族，在这两个国家，人们的身体接触非常多，他们总是很紧密地站在一起；在北欧，类似的身体接触则很少。

在交谈时，是否触摸对方因文化而异。地中海沿岸国家的人，如土耳其人或者西班牙人，彼此之间的触摸程度远比北欧人或亚洲人高得多。很多印第安土著人，家庭成员之间的触摸都很少，更遑论陌生人之间了。在英国的上层社会，身体接触是被严格禁止的。意大利人在与人交谈时，喜欢不停地拍拍对方、碰碰对方，表示亲热和友好。美国人大部分不喜欢触摸，除非是熟人或友人。阿吉尔（Argyle，1988）在《肢体的沟通》一书中，对各种文化中的肢体沟通进行了详尽的描述。拉美人握手时触摸比较轻柔，而北美人握手时强劲有力。因此，北美人和拉美人握手时，北美人可能认为拉美人太软弱，而拉美人可能觉得北美人攻击性太强。

⊖ （德）马勒茨克，《跨文化交流》，潘亚玲译，北京大学出版社，2001年版，第49页。

在不同文化中，性别不同，对触碰行为的允许或者禁止也不同。比如，在阿拉伯文化中，妇女是碰不得的，而男人之间可以相互触碰。在中国，年轻女子一起上街手拉手是很常见的，下雨天两个男人打一把伞也没什么不可以，但是同样的动作发生在美国就会被认为是同性恋行为。

3. 身体方向

交谈时身体的方向也是沟通中的一个重要线索。身体的方向可以从完全面对面到两个人并排站着。

1970年，美国心理学家华生（Watson）出版了《近距行为》一书，介绍了自己在科罗拉多大学研究110名男性外国大学生的结果。他让这些学生带一名与自己讲同一母语的人来实验室，先填写一份问卷，然后自由地与同伴用母语交谈。他透过单向玻璃观察并记录了以下几项内容：身体方向、空间距离、触摸、目光接触及语音。表3-2就是他的研究结果总结。

表3-2 非口头语言沟通的跨文化差异

文化	身体导向	空间距离	触摸	目光接触	语音
阿拉伯人	2.57	3.53	6.59	1.25	3.96
拉美人	2.47	4.96	6.74	1.41	4.14
南欧人	2.19	4.42	6.88	1.49	4.57
美国人	3.00	7.66	7.00	2.86	4.43
亚洲人	3.25	5.20	6.97	2.06	4.79
印巴人	3.59	3.94	6.99	2.05	4.39
北欧人	3.51	5.92	7.00	2.17	4.32

身体导向：是指面对面的程度，完全面对面=1，并排站=5，介于二者之间用2、3、4表示。

空间距离：是指两人之间的距离，距离极近=1，距离远=8。

触摸：拉着手不断触碰=1，没有触碰=7。

眼光接触：直视对方=1，不看对方=4。

语音：很响=1，很轻=6，研究者的正常语音=4。

从表3-2的数据可以看出：相对于美国人而言，阿拉伯人、拉美人、南欧人交谈时更愿意面向对方，距离站得更近，触碰对方更频繁，保持目光接触，而且语音更高（不包括南欧人）。同时，与美国人相比，亚洲人、印巴人、北欧人交谈时更倾向于不面朝对方，彼此之间的空间距离更小，更不愿意触碰对方，少有目光接触，而且更轻声细语。

对空间距离的舒适感觉与对话时用的语言也有关系。美国心理学家萨斯曼（Sussman）和罗森菲尔德（Rosenfeld）在1982年做过一个实验，请了32名日本籍学生、31名委内瑞拉籍学生和39名美国学生，让他们在同性同籍间进行两场5分钟的对话，一场用母语对话，另一场用英语对话。研究发现，在用母语对话时，日本人之间的距离最远，委内瑞拉人最近，美国人居中；但是，在用英语对话时，来自3个国家的学生在对话时所保持的距离没有显著差异。

第四节 跨文化谈判

国际商务谈判是商务活动的重要组成部分,是谈判双方就共同感兴趣的商业问题进行磋商以达成共识的过程。对文化差异缺乏敏感性的人以自己的文化为依据,评价另一种文化中人们的行动、观点、风俗,往往会导致文化冲突。来自不同文化背景的谈判者有着不同的价值观和思维方式,因而也就决定了应有不同的交际方式。这就意味着,在国际商务谈判中,了解各国不同的文化,熟悉商业活动的文化差异是非常必要的。文化差异对商务谈判的各个方面都有直接影响,谈判者必须增强对文化差异的敏感性,了解文化差异在语言沟通和谈判风格方面的差异,为达成协议打下坚实基础。

一、跨文化谈判的阶段划分

在所有文化中,谈判作为商务沟通的常用形式,都可分为四个阶段,但每个阶段的重点和花费的时间都有所不同。这四个阶段分别是:

1. 和对方建立联系

谈判一开始,双方互相问候,谈些与谈判内容不相干的话题。但是,来自不同文化的谈判者用意有所不同。西方人寒暄只是出于礼节需要,因此他们会在谈判桌上谈诸如天气、体育等话题。东方人却是为了了解对方,以达到增进友谊、建立人际关系、实现长久合作的目的。

因此,东方人的谈判焦点不在于眼前特定的交易,而在于建立长期合作的关系。谈判时,他们喜欢花很多时间在非商务活动上,以便双方的谈判代表相互了解。旅游观光和欢迎宴会是中国人招待外国谈判小组最常用的两种方式。阿根廷人习惯在家里用精心准备的鸡尾酒宴会,或者在家里或餐馆里用一种叫巴里亚的烤肉,招待来访的外国谈判小组。这些初步建立联系的方式,各国虽有不同,但建立信任是这个阶段最重要且共同的因素。在谈判初期,东方人的谈判内容涉及个人的或更广泛的事情,直到彼此建立信任、增进了解之后才可以开始谈判主题。

对北美人而言,谈判焦点在于谈判的实质性内容,在于交易,而非人际关系。因此,他们在与对方相互寒暄之后会直入主题。

此阶段是文化障碍最容易出现的时刻,如果不及时消除这一障碍,谈判就难以取得实质性进展。

2. 交流信息

跨文化谈判中的信息交换往往会因为文化差异而产生误解。这种误解主要反映在沟通方式和非语言交际方面,包括沉默时段、插话和目视对方等。坦诚地表明自己的想法往往能带来好处,因为坦诚可以换取对方的信任。

交流信息的目的是获取信息,而获取信息的一条重要途径是主动提问,而不是等对方来告知。提问其实也是有难度的,不是随便问几个问题就可以了。为了使自己看起来不具有过度的进攻性,提问者必须提前设计问题。提问的时候,还可能会遇到一个问题:当你问对方为什么时,你期望对方告诉你原因,但在很多文化中,对方给你的答案往往是解释,如以组织结构、市场消费情况、经济政策等客观因素为借口。

3. 说服

说服即处理不同意见，改变他人想法。这是谈判的第三个阶段。为了达成一致的协议，在这个阶段，你应该已经知道自己最需要什么。换句话说，你应该已经清楚双方的主要矛盾在哪里，双方的共同点在哪里。因此，这个阶段的任务就是努力说服对方接受你的基本要求，给出满足你要求的解决方案或接受你提出的解决方案。当然，对方的想法和你一样。

在说服的过程中，欧美人善于争辩，东方人注重面子与人际关系；欧美人表达直率，东方人表达含蓄。不同的说服方式会影响跨文化谈判的效果。低语境文化和高语境文化谈判策略的差异见表3-3。

表3-3　低语境文化和高语境文化的谈判策略

低语境文化的谈判策略	高语境文化的谈判策略
用实际数据支撑论点	用个人关系支撑论点
提出反对意见	提出反对意见
沉默	沉默
反对，不同意	建议增列条款
威胁对方	查阅先例
对对方进行人身攻击	服从领导
避开某些问题不谈	避开某些问题不谈
表现自己的情绪	避免冲突
将原则坚持到底	开放式，较柔和
给出最终报价	对先前谈判过的问题重新进行谈判

注：资料来自（美）艾里丝·瓦尔纳、琳达·比默，《跨文化沟通》，高增安等译，机械工业出版社，2006年版，第46页。

显然，在低语境文化中行之有效的策略在高语境文化中未必奏效。例如，很多文化中的人并不会被客观事实说服。前文也曾提及，沉默在有些文化中是对方不高兴的表现，而在有些文化中则是对方为了思考而做出的适当停顿。所以，我们要考虑的问题是：如何与来自不同文化背景的人有效沟通？

4. 让步与达成协议

最终，谈判代表的沟通任务将走向让步和协议。西方人在接到谈判任务时，喜欢将任务分解为许多不同阶段要达成的小任务，逐一讨论，讨论到最后一个才做出结论。东方人却采用通盘决策的方式，在对对方有了良好印象的基础上，会达成一揽子协议。这通常花费很多时间，但是有时候最终协议的达成比预期要快得多。

谈判的两大任务是：签订可执行的合同，以维护自己的合法权益；培养信任关系。因此，对于谈判代表来说，有两件事非常重要：一是深入地了解对方，二是在签订可执行的合同和培养信任关系两个任务之间做权衡。协议的形式可以多种多样，并不一定要完全相同。《时代》杂志曾有这样的文字：日本商人和西方商人成功的商务谈判，到最后看起来更像是两个日本人在谈判，而不像是一个日本人在与一个西方人谈判。[⊖] 直到今天，这句话依然正

[⊖] MORAN R T. Getting Your Yen's Worth: How to Negotiate with Japan. Houston, 1985: 67.

确。21世纪，谈判代表必须同时具备对对方文化敏锐的观察力和满足自身需要的能力。

二、影响跨文化谈判的变量因素

谈判是一个合作的过程，它可以使谈判双方满足各自的最大利益，同时又是一个竞争的过程。对于如何获得谈判的成功，或者说哪些因素决定着谈判的成功与否，许多学者进行了研究，其中有代表性的是史蒂芬·威斯（Stephen Weiss）。

史蒂芬·威斯（1993）在他的《复杂的国际商务谈判分析》一书中，提出影响跨文化商务谈判的12个因素，即基本概念、谈判人员选用标准、侧重点、礼节、交流、说服争论的性质、个人的角色、信任的基本条件、风险倾向、时间概念、决策制度和协议形式。他认为，只有在了解对方文化背景的前提下，谈判人员才能有效交流。谈判人员不仅应该了解对方国家的发展历史和民俗习惯，而且应该重点着眼于文化的特色。[⊖]

1. 基本概念

文化背景不同，谈判人员对谈判的作用和过程的看法各异。有人把谈判看成一方赢、另一方输的冲突，有人认为谈判是比谁强谁弱的竞争，还有人认为谈判是同心协力完成某项任务的过程。在一些国家，人们认为谈判的赢家是让步最多的一方，不管让步的代价有多大。

2. 谈判人员选用标准

文化背景不同，选用谈判人员所依据的因素也有不同。选择谈判人员可以根据其以往的经验、社会地位（或权力关系），对某一学科的了解，或者根据其是否具有值得信任的个人品格等。

3. 侧重点

文化背景不同，谈判人员的侧重点不同。一些谈判人员强调与协商、协议直接相关的主要问题，而另一些谈判人员则强调人与人的关系。

4. 礼节

文化背景不同，谈判人员在谈判桌上表现出自己文化特有的交往礼节。同时，他们墨守成规的程度也视场合不同而变化。礼节包括送礼、娱乐、着装礼仪、就座安排、谈判人数、间歇时间安排、谈判过程持续时间设计等。是否采取正式的礼节是礼节方面应该考虑的一个重要内容。

5. 交流

文化背景不同，谈判人员的交流方式不同。一些谈判人员依靠语言交流，而另一些谈判人员则采用非语言交流，如手势、空间距离、沉默等。一些谈判人员用单一的方式交流，而另一些谈判人员用多种方式交流。交流方式越多样化，交流的环境就越复杂，人们对交流环境的关注就越多。

6. 说服争论的性质

文化背景不同，谈判人员试图采用多种方式说服对方。一些谈判人员依据事实或逻辑争辩，另一些谈判人员依据传统方式或过去采用过的方式，还有一些谈判人员依据直觉或感情，另有一些谈判人员依据宗教信仰和哲学思想。

⊖ 胡英坤、孙丽霞，《浅析跨文化商务谈判的变量因素》，载于《东北财经大学学报》，2001年第2期。

7. 个人的角色

个人在不同社会中扮演的角色不同。一些谈判人员把个人看成至关重要的，认为某一个人的成功或失败决定着谈判的结果；另一些谈判人员则认为个人隶属于谈判集体，应抑制个人的雄心；还有一些谈判人员把谈判各方看成谈判的整体，不论是主方还是客方，都应十分关心整体的成功。

8. 信任的基本条件

如果谈判双方为了彼此的利益同心协力，所有谈判人员在谈判中都寻求与另一方建立起信任关系，信任就显得十分必要。但是，每一个谈判人员建立信任的基础不一样。一些谈判人员仰仗过去的经验或成绩，另一些谈判人员则依据直觉和感情，还有一些谈判人员采用在确保谈判顺利进行的前提下让自己感觉舒适的想法。

9. 风险倾向

因为谈判开始时，谈判人员并不知道最终的结果，所以谈判具有一定的风险性。不同的谈判人员对谈判的不确定性和风险性看法不同，认为是相对令人满意的或不满意的。因此，一些谈判人员乐于接受新思想或始料不及的建议，另一些谈判人员则坚守期望的界限或习俗。

10. 时间概念

时间的价值因人而异。一些谈判人员认为时间是有限的，应当守时，制订议事日程和详细的时间表对他们来说十分重要；另一些谈判人员认为时间很多，因此，他们不介意谈判进展缓慢，时间灵活性强。

11. 决策制度

文化背景不同，谈判双方的决策方式不同，或由个人决策，或由全体成员共同决策。在谈判中，谈判人员也许会参考地位最高的人或资历最深的人的意见。一些谈判人员接受由谈判组中大多数人制定的决策；而另一些谈判人员则寻求成员的一致同意，除非所有人员一致同意，否则决策不会形成。

12. 协议形式

一些谈判人员希望用书面协议形式，而另一些谈判人员则用口头协议或握手来表示认可。一些协议的内容十分详尽，针对突发事件和可能发生的事件制订尽可能多的条款；而另一些协议则被认为是合法的默认约定，无须写入协议中。还有一些谈判人员不看重合法的合同，他们更强调个人的承诺。

三、谈判风格的文化差异

从交易费用的角度看，和其他企业一样，跨国公司从事国际化经营也要承担多种成本。高效的跨文化谈判可以为企业大大节约国际交易的费用。在来自不同文化环境的双方进行谈判的过程中，文化无时无刻不以一种微妙的方式影响着人们的谈判态度和谈判行为，并且渗透到谈判的方方面面。在面临复杂的谈判任务时，不同国家的人可能用不同的方式做决策。了解这些差异，有助于在商业谈判中预测对方的反应并做出相应适合的决策。

1. 美国

美国人十分看重时间，对他们而言，时间就是金钱和财富。美国人通常希望在较短的时间内达成协议，习惯按照顺序开展复杂的谈判工作，从一个阶段过渡到另一个阶段，比如依次解决价格、包装和交货等问题，最后的协议就是这些小协议的总和。对他们来说，要衡量一个谈判的进程如何，就要看解决了多少小问题。他们的时间观是直线型的，事情都按顺序排列在这条直线上。

美国人由于受线性思维和分析思维的影响，重视时间之间的逻辑关系，重视具体胜过整体，谈判一开始就急于讨论具体款项。他们通常急于完成事先安排好的议程。谈判的主要目的就是尽快达成协议。此外，他们推崇将工作与娱乐分开。

通常，在谈判中，美国人会公开表示不同意见，喜欢采取进攻性的强硬手段，例如威胁、警告等，甚至以宣告谈判破裂或者发出最后通牒相要挟。美国人推崇争执，认为争执是解决问题的最快途径。他们在谈判时多是直言快语，急于求成，常常说："Don't beat me around the bush"（不要转弯抹角），"Let's get to the point"（让我们开门见山吧），"What's the bottom line?"（你的底线是什么？/你到底是什么意思？/你到底要我们怎么做？）他们在交谈中最忌讳沉默，一旦交谈中出现间断和停顿，马上会插话填补，因为沉默使他们感到不安和窘迫。美国人认为，沉默预示着要出现麻烦和有所隐瞒或拒绝。

在美国，人们在交流中比较注重现在、自我和实际行动。个人可以代表公司做出决策。美国派出的谈判代表通常有足够的权力，这意味着他们可以直接对谈判的议题做出决策，而且他们期望对方代表也有类似的权力。美国的谈判代表通常较少，成员之间是业务横向关系，不拘礼节，平等对待，对正统的商务礼仪座次不屑一顾。每个人都有机会发挥自己的作用，但是，总会有一位谈判的全权代表负责决策。

在谈判过程中，美国谈判代表一般都没有耐心。他们同样承受着来自自己文化偏好的压力。他们也想签订协议，有的时候甚至认为只要签了协议就行，即使签订的最终协议对自己很不利也在所不惜。他们可能很急躁，但这并不影响他们对问题提出自己的解决方案。美国谈判代表尽一切努力争取尽快与对方签订合同。因为他们认为一旦合同签订了，交易就定下来了，这样可以大大减少交易的不确定性和双方的争执。美国谈判代表和其他低语境文化的谈判代表一样，都把不成文的、非正式的协议看成没有法律效力的、不可执行的。因为在他们看来，不成文的、非正式的协议并没有完全揭示事实真相，低语境文化背景决定了他们很注重公开性原则。美国人谈判方式的十大要点见表3-4。

表3-4　美国人谈判方式的十大要点（约翰·韦恩）

美国人的谈判方式	其他国家人的谈判方式
我一个人可以搞定：我们通常认为自己就能解决复杂的谈判问题	聪明地利用团队协助：尽量使用有技术或语言专长的其他组员
叫我约翰就行了：美国人不太在意地位及头衔，也不喜欢繁文缛节，比如冗长的介绍	遵循当地习俗：美国人的不拘礼节与别的文化格格不入；遵循当地习俗会使外国客人感到自在
请原谅我的法语：我们不太擅长使用其他语言，也不经常道歉	讲外语：就算只懂得一些基本的外语词汇也会有用
直奔主题：美国人不像其他民族，不喜欢寒暄，更愿意直奔主题	谈正事：不同文化对什么是正事有着不同的定义；在很多国家，了解谈判对手也是重要的事

(续)

美国人的谈判方式	其他国家人的谈判方式
请摊牌：我们希望在谈判桌上得到对方提供的真实信息（"你告诉我你需要什么，我也会告诉你我的条件"）	有所保留：公司高层很少把手中所有的牌都摊开，而是随着谈判的进程逐渐摊牌
别干坐着，说点什么：美国人不擅长处理沉默——为了填补沉默带来的空白，我们往往会被迫做出让步	沉默也是有力的谈判工具：可以考虑使用沉默，也要注意对手如何看待你的沉默
别放弃：我们受的教育就是不要放弃；谈判就是要说服	经常在幕后改变主意：若谈判遇到僵局，尝试多问一些问题，或让步，或采取更巧妙的方式
一件一件事情来：美国人会按照顺序完成谈判任务（"我们先解决数量问题，然后再谈价格"）	推迟让步：直到你能让所有事项都得到解决，不然不要轻易让步；不要用已经解决的事项衡量谈判的进度
生意归生意：当我们达成协议的时候就是承诺的时候，我们期望谈判各方无论发生什么情况都能遵守协议	被我们认为是承诺的东西：在不同的地方有不同的含义，不论是东京、里约热内卢还是利雅得，特别是新达成的交易更充满不确定性
我就是我：很少美国人会为改变主意感到骄傲，就算事情很难处理	灵活性：这在跨文化谈判中非常重要——我们必须适应不断变化的经济环境

注：资料来自 J. Graham、R. Herberger, Negotiators abroad—Don't Shoot from the Hip, Harward Business Review, July-August, 1983, 第 160-180 页。

2. 日本

研究发现，在日本文化中，目视对方是一种不礼貌、不尊重的行为。因此，日本人在交流时目视对方和插话的频率很低，沉默的时段很长；因为日本人的沉默表示他们在认真地思索，或表明他们需要与其他谈判者讨论后才可以给予答复。而欧美人在日本人沉默时会认为沉默即表示不同意，他们会失去耐心，从而打破沉默以填补这一时间段，因而双方产生了误解。如果欧美人对此认识不足，那么谈判必定会出现僵局。

日本人在谈判的时候，会故意避开关键的、影响合同签订的重要条款，以拖延谈判时间。为了不让关系很快结束，日本谈判代表总是在合同签订之后立刻提出修改，西方谈判代表则对这种做法非常反感。但是，在亚洲文化中，合同本身远没有双方之间相互信赖、相互依存的良好关系重要。

日本人在做决策的时候，其集体主义天性和对社会稳定的渴望反映在以群体为中心的公司决策过程中。日本的谈判者通常不是决策者，这和美国正好相反。日本的决策程序通常始于中间管理层，要求大量的时间投入和员工参与，与提议相关的信息必须被广泛传播和研究；一旦遇到异议，必须进行讨论和磋商，以求达成共识。然而，决定一旦做出，便会迅速实施。在提议变为政策之前，每个人都有机会发表意见，并且参与讨论。由此，员工对决策及其后果以及实施决策所需的行动早已了如指掌。

3. 中国

中国人的时间观是循环往复的，会用长远的眼光和系统的方法，在广泛的范围内，综合分析议题和衡量议题的重要程度，并且希望能够充分了解议题所涉及的方方面面。中国人通常比较注重合作的促成，而对完成谈判的时间长短不会有非常严格的限制，不愿将整个谈判分割成一个个单独的议题分别进行讨论。对中国人来说，同时讨论几个议题是正常的。

中国人的思维模式是整体取向，凡事从整体到局部，从大到小，从笼统到具体。先就总体原则达成协议是中国人谈判方式最明显的特征之一。在谈判初期，中方谈判代表会设法了解对方的相关信息，通常还会花相当多的时间在宴会和游览上，以示好客和热情。这种前奏在中国被认为是双方建立长期合作关系的基础，是谈判的一个组成部分。

在中国，人们常根据隐含的意思和话外之音去理解说话者的意图。儒家思想对中国文化有着深远的影响，如孔子的"讷于言而敏于行""和为贵"。因此，中国人提倡"多听少说""三思而行""沉默是金"，认为多言是破坏和睦、造成冲突的祸根。所以，中国人在谈判中避免公开争论和冲突，用谨慎的、不显眼的微妙方式解决争议。在中国，沉默根据语境和情景可以表示多种意思，如"你说的对，请继续说下去""我正在考虑你的问题，让我想一想"等。人们对于谈话中暂时出现的间断和停顿可以理解和接受，并从中判断说话者的意思，甚至把沉默作为深沉、有品位、有内涵的说服手段之一。

与来自高语境文化的人（尤其是亚洲人）建立关系的时候，面子是非常重要的因素。以下事件可能导致来自高语境文化的谈判代表觉得丢面子：提出的建议遭到对方回绝；遭受人身伤害，即对方对其言论进行反驳或不尊重其身份；被迫放弃期望的价格或做出让步，而己方知情者认为没有必要做出这样的让步；对方有怠慢的言行；没有达到预定目标；人员准备不充分；破坏了某个很重要的关系。⊖

很多时候，一方可能在自己毫无察觉的情况下做出伤害对方的事。因此，谈判代表必须十分小心并尽可能地事先了解对方文化。故意问一些问题以揭对方的短，佯装很熟的样子评论对方，回答对方提问时显得过于冷淡，所有这些都可能伤害对方，从而导致对方对你失去信任。

在谈判的时候，中国很多谈判代表会试探对方的立场，检验对方坚守自己立场的信念以及对方的最终立场。在摸清了这些情况以后，中方谈判代表会提出一份最终协议。在这份最终协议中，对方的大部分问题已经妥善解决了。

在对外谈判中，中国谈判组往往成员较多，其级别也可能比较复杂。他们只能在自己的权限内行事，最后的决定通常由未参加谈判的上级做出。谈判过程中，谈判组通常要将每一阶段的谈判结果向上级报告，上级领导需要一段时间审批，或同意或提出新建议，然后将这些意见再传达给谈判组成员。因此，对方经常会得到诸如"我们要考虑一下""我们要研究一下"这类答复，这些是中方谈判代表在对方的提议超出自己权限范围时用来避免正面回答的用语。

4. 德国

德国和美国都是西方国家，都属于个人主义的范畴。但是，两国文化仍然存在很大的差异：美国属于个人主义化最强的国家之一，崇尚个人自由，追求个人利益；而德国是弱个人主义国家，接近集体主义。中国则是强集体主义的国家，人们相互依赖、团结合作，在个人利益和集体利益相矛盾时，集体利益占首位，表现出很强的集体主义文化特征。

⊖ COHEN R. Negotiating Across Cultures [M]. Washington, D.C.: United States Institute of Peace, 1991: 16.

德国是一个低语境沟通的国家，而中国是一个高语境沟通的国家。在高语境文化中，人们沟通或传达信息都是关于全局的、整体的；相反，在低语境文化中，大量信息被转换成明确的文字形式。在谈判方面的表现是：德国人工作比较严谨、认真，德国人要讨论一个问题时，每个参加者都会认真、详细地准备，把要讨论的问题准备成文件的形式，然后带着这个书面的文件去参加讨论。中国人在讨论一个问题之前，不会做这么精细的准备，只是有一个大概的思路，虽然也会有写成的文件，但只是写明讨论的方面，而不会把细节写得很清楚，因为他们认为结果是讨论出来的。这就会在谈判中出现很多问题，中方谈判代表会认为德方过于严谨，而德方谈判代表会认为中方代表工作不认真。

不同国家的代表还存在着个性的差异。德国人较为固执，对已经做出的决定，他们不会轻易放弃。如果想要改变他们的想法，必须有充足的依据证明他们的想法是错的。因此，他们在决策或与他人合作时往往会缺乏灵活性，遇到不同观点时，也不易接受他人想法。

四、各国谈判掠影⊖

（一）中国

中国是一个奉行集体主义文化的国家，任何谈判都必须兼顾多方利益。在谈判中，中国人会从对方的态度和言谈中找出问题的解决途径。由于认为技术能力至关重要，一些中国谈判组甚至在谈判中将一些资深技术人员招入谈判队伍。

1. 中国的谈判者

中国的谈判者虽然是世界上强硬的谈判者之一，但他们声望高、可信赖。此外，中国有可能是较难被理解和适应的国家之一。美国学者卢西恩·派伊（Lucian Pye）通过与美国的谈判代表进行讨论，将中国的谈判代表的特点概括如下：⊜

1）重视信任和相互间的关系。
2）言出必行。
3）对长期利益感兴趣。
4）对于自称对中国有"专门研究"的外国谈判代表，他们反应良好。
5）对民族侮辱很敏感，坚持宣传性的口号和规范。
6）很多美国人觉得，中国人擅长将拖延时间作为讨价还价的策略，因为他们可以利用美国人缺乏耐心的特点。
7）很多美国人觉得，初见时，中国人会给人留下受传统习惯影响大、不懂得依章办事的错误印象。
8）美国企业应该明白，他们必须在中国人所能容忍的范围内行事。
9）中国人似乎离不开"友谊"这个主题。因此，许多美国企业相信，灌注着友谊精神

⊖ （丹麦）理查德·R. 盖斯特兰，《跨文化商业行为：40多个国家商务风格掠影》，李东译，企业管理出版社，2003年版；（美）菲利普·R. 哈里斯、罗伯特·T. 莫兰，《跨文化管理教程》，关世杰主译，新华出版社，2002年版；晏雄，《跨文化管理》，北京大学出版社，2011年版，第131-145页。

⊜ 有关中国谈判代表的特点，在许多书籍中都有介绍。这里特意选择一位美国学者的视角，带给读者一些新意，也借此了解外国人眼中的我们。当然该学者观点略有偏颇。

的互惠是与中国人做生意的前提。

10）中国人一旦决定谁或者什么是最好的，就会坚持己见。

11）在进行最后决策的讨论时，中国人有时会暗示谈判对手，他们破坏了作为商务关系存在基础的友谊精神，以此为策略向外国谈判者施压。

12）与中国人谈判时，不到最后，什么都不能被视为大功告成。

13）中国人并不把合同的签署看成协议的最终完成，他们只将协议视为长期的、持续的关系的开始。在协议签订不久时，他们可能就会对部分细节提出修改意见。

14）为了不丢"面子"，中国人更愿意通过中间人进行协商。

15）商务会谈一开始是客套——喝茶、闲聊、寒暄，等到合适的时机才开始严肃的讨论。

16）中国人到底是否有兴趣与你做生意，最初可从他们派来的谈判代表的才能高低中探知一二。

17）每当感到自己被迫做出了妥协，中国人的姿态就会变得僵硬。

2. 中国人的谈判行为

（1）适宜的陈述 不要用一则笑话或者逸闻开始你的陈述，因为这会显得很不适宜且不够正式。不要过于夸耀你自己的产品或者公司，而是要用证明书或者关于你公司的书面文章作为说明，也就是让别人夸耀你的产品和你的公司。同样地，不要说竞争对手的坏话，而是递上具有威望的第三方对竞争对手的批评性评论。让别人批评竞争对方及其产品，这样会更好一些。

（2）议价范围 中国的谈判代表在讨价还价时通常会很模糊，并且希望他们的合作者同意对价格和条件做出重大让步。有时候，中国人会用谈判对手提出的价格与自己的开口价格的偏离程度衡量自己在谈判桌前成功的可能性。所以，聪明的谈判代表通常都会在最初出价时留足余地，为议价留出空间。

（3）议价风格 要为讨价还价做好准备，在做出任何让步时都要表现出很不情愿的样子，并且有一个基础条件，即需要以相同价值的一些条件作为交换。

（4）压力策略 在谈判处于一个关键点时，你可能看到你的主要竞争对手正坐在接待处，等待会见你的中国合作者。在与你的会议结束之后，他们将进行会面。这是一个有效的方法，可以促使你做出让步。

（5）策略和反策略 中国的谈判代表通常会掩饰他们不好的情绪，但偶尔也会表现出生气，这可能是一种策略。

（6）持续时间 与中国人的谈判通常是一个长期的、耗时的过程，需要耐心和冷静。做出决策也需要一定的时间。

（7）合同的作用 虽然很多中国人认为正式的书面合同不如关系的分量重，但无论如何，你应该把所有内容都写入合同。在情况发生变化时，中国的谈判代表通常会希望重新谈判。

（8）法律顾问的作用 在整个谈判过程中，你会不可避免地与你的律师对话。但是，在谈判接近尾声之前，要让律师待在幕后。如果律师出现在谈判桌上，中国人会认为这是不被信任的表现。

（9）保持关系　在个人访问间隙，你要不时地和你的中国合作伙伴保持联系，此举可以巩固商业关系。

（二）美国

1. 美国的谈判者

（1）对谈判的基本认识　美国的谈判代表把冲突和对抗看作交换观点的机会，以及解决问题、协商和达成协议的过程的一部分。他们喜欢将事情或问题提纲挈领，以一种直截了当的方式决定可能的解决方案。他们以其公司或政府利益为动力，会在谈判结果或解决方案中体现出高度的竞争意识。

（2）谈判代表的挑选　谈判代表的挑选通常是依据谈判代表以往的谈判成功记录，以及谈判涉及领域的专业知识。技术性谈判要求谈判代表具有非常专业的知识，并且具有传达这些知识的能力。个体差异，如性别、年龄和社会阶级等，一般不被列入挑选标准。但是，个人品格（如合作、果断、可信赖）上的差异却可能会决定一个人能否被选入一个美国谈判组。

（3）个人抱负扮演的角色　美国人一贯鼓励个人抱负与个人成就。但是，当一个人代表他的企业或国家时，他会收敛个人主义思想，以求代表公司或国家完成任务。

（4）对礼仪的态度　一般而言，美国人友好而开放。他们的礼节通常不太正式，对礼仪的基本态度也是如此。他们在商务活动中很放松，不喜欢固守繁文缛节。

（5）事情的轻重　"把事情了结"是美国人的流行用语，反映了他们希望能够了解情况并迅速得到结果的强烈愿望。在谈判中，美国人会将注意力集中在具体的方面，不会在非具体的方面（如建立关系）花费太多时间。

（6）语言的复杂性　美国人是低语境交流者，其语言会直接传达主要信息，语言交流的方式还包括手势、眼神和沉默等。

（7）说服性论辩的特征　要说服谈判对手，美国人通常会诉诸理性，通过援引详细的事实和数据，并用逻辑的、分析的方法进行。

（8）时间观念　对许多美国人而言，"时间就是金钱"。在谈判中，美国人会设定日程和约会，按轻重缓急划分事件，并在讨论时严格遵守分配好的时间。

（9）信任的基础　在谈判中，美国人通常都相信所交流和协商的信息的准确性，他们会事先假定谈判能够得到令人满意的结果。当然，如果他们的谈判对手在过去的谈判中表现得不值得信赖，那么他们也不会轻易信任对方。

（10）风险意识　鉴于美国人的历史、对极端个人主义的认识以及资本的回报，他们是从来不怕冒风险的。

（11）内部决策系统　决策权被分解，在预定的限度内交到有谈判经验的人手中。但是，最终的决策大多必须经过组织内高层主管人员的认可。

（12）令人满意的协议形式　美国文化是法制文化，因此美国人喜欢也期望以详尽的合同形式使谈判正式化。双方可能以握手结束谈判，而他们的律师将推敲出协议的法律含义。

2. 美国人的谈判风格

（1）销售陈述　在做陈述时，美国人对讲英语的伙伴活跃的、实际的表现反应极好。

他们会打断对方谈话并进行提问,而不是等到最后。

(2) 议价范围　对国际商务有经验的美国谈判代表习惯在大范围内议价。他们会测试对方的价格承受范围。他们更喜欢实际报价,不希望过分使用高低价策略。

(3) 让步行为　美国人在谈判前会准备好进行艰难的谈判,尽力做出一个让步,然后严格按照"如果……那么……"要求等价的回报。

(4) 策略与反策略　美国人喜欢使用的一个策略是时间压力。例如,他们会说:"下周我们的价格就会上涨7%……"对此,最佳的应对策略是视而不见。美国人另一个常用的策略是要求大幅度调整报价。例如,他们会要你按每1000件、10000件和50000件分别进行报价。

(三) 俄罗斯

1. 与俄罗斯人谈判的技巧

1) 俄罗斯人关注的重点是如何满足高层经理。

2) 俄罗斯人在进行全面调查后,会在谈判中涉及各个方面。因此,在与俄罗斯人的谈判中,至少有一个技术人员陪同是明智的选择。

3) 连续性是一个很重要的因素,因此自始至终应由同一个谈判代表负责完成谈判。

4) 由于环境的混乱与拖拉,谈判代表应做好花费大量时间的准备。

5) 要利用参观文化名胜和历史古迹的机会,在享受之余赞扬你的俄罗斯合作伙伴。

2. 俄罗斯人的谈判风格

(1) 销售陈述　在首次会面的时候,不要以玩笑的口吻进行陈述介绍。要向对方表明,你对待谈判的态度是十分严肃的。在陈述的过程中,要加入一定的事实和技术数据。

(2) 本地人敏感的话题　例如,尽量不要说"我们准备开展积极进取的进攻型市场销售战略。"在俄罗斯人看来,"进攻型"一词具有某些负面含义。在谈判中,也不要提出妥协方案,因为许多俄罗斯人认为妥协方案在道义上是有问题的。在遇到问题争执不下的时候,可以建议双方再次进行协商,或建立双方做出同等让步。

(3) 议价风格　谈判的过程可能会比较困难,有时候会遇到双方对峙的情况,甚至还会因为对方生气或走出会议室而暂时中断。某些俄罗斯的谈判代表仍然保持着苏联时期的谈判风格。应对这些情况的策略就是保持冷静。俄罗斯谈判代表的上述行为常常是为了使你变得不耐烦,在这种情况下,你更需要有足够的耐心。

(4) 解决争端　如果出现了对某些条款争执不下的情况,应该邀请第三方进行仲裁。

(四) 韩国

(1) 销售陈述　不要用一个笑话或者幽默故事开始你的陈述,因为这会被认为是对谈判的主题和出席的人缺乏尊重。应尽量多地借助视觉表现形式,尤其是在涉及数字的时候。

(2) 议价范围　在最初出价时,应留些讨价还价的空间。这样,在需要做出让步时,可以得体地让步。当然,同时也要以对方做出同等的让步作为交换条件。

(3) 做决定的行为　在谈判桌上,要有足够的耐心。因为韩国公司的重大决策都是由公司高层管理者做出的,而高层管理者普遍都很忙。

(4) 合同的作用　大多数韩国人认为，最终的书面合同没有双方之间的关系重要。对他们而言，法律协议和意愿的表达是相似的。因此，在情况发生变化的时候，你的韩方合作伙伴或许会试图重新进行谈判。要记住，重新谈判条款可以对双方都有利。如果韩方坚持要为了他们自己的利益而修改合同条款，那么一个有效的应对策略就是要求他们为了你方的利益而修改其他条款。

(5) 冲突的解决　通常，韩国公司会尽量避免诉讼，而是靠漫长的谈判解决分歧。

(五) 法国

(1) 销售陈述　不要采取强硬的推销策略，也不要使用夸张的或是轻率的幽默。销售陈述要保持条理性，由一系列逻辑性很强的论点组成。法国人对某些特殊问题的反对并不意味着对所有的提议都没有兴趣。

(2) 议价风格　谈判通常时间较长，相对缺少组织性，并且会不时被语言上的冲突打断。你的谈判对手甚至会对你定价和议价的基本思想进行抨击。法国人常常为他们富有逻辑的思维感到骄傲，并且常常批判其他国家人的逻辑性。

(3) 制定决策　尽管法国公司里大多数的决策都是由高层管理者做出的，但是这并不意味着他们在谈判过程中可以很快做出决策。在法国，最终决策的过程可能会比较长。

(六) 英国

(1) 销售陈述　英国消费者习惯了谨慎的说法，讨厌大肆宣传和自夸。介绍应该是直接的、切合实际的。幽默是可以的，但是来自英国外的访问者应该记住，幽默很少能被恰当地翻译。因此，最保险的幽默是自谦。

(2) 议价范围　英国人在全球范围内做生意已经有几百年的历史了。他们可以站在公开的立场上给自己留下一个相当宽松的安全地带，这样在谈判过程中就可以为实质性的让步保留余地。

(3) 决策　对那些认为"时间就是金钱"的美国人来说，英国人的谈判过程是很耗时的，但是相对于世界上其他的商业文化而言，这比较正常。

(4) 合同的作用　书面协议的法律问题和细节问题是很重要的。如果以后发生争执，英国人通常会依靠合同条款解决问题。如果他们的对手提出合同上没有规定的问题，如长期关系的重要性，英国人就可能会产生怀疑。

(七) 德国

(1) 议价范围　大多数德国人更喜欢符合实际的初始报价，而不喜欢典型的"先高后低"策略。他们对"杂货店议价"的方式很是反感。你可以考虑为初始报价留一点余地以防止意外事件的发生，但是要注意避免出价过高。

(2) 谈判风格　像日本人一样，德国谈判代表以他们的充分准备而闻名。他们另外一个著名的特点就是，面对说服和压力战术，始终会坚定不移地坚持自己的谈判立场。

(3) 决策　德国人在做出一项重要的决策之前，会跟一些值得信赖的同事进行商讨。他们在这方面花费的时间会比美国人多，但是要比日本人和其他大多数亚洲人少。

(八) 澳大利亚

(1) 销售陈述　适度谦虚是最佳的选择。尤其是在销售场合，推销员发现适度推销最有效。熟悉澳大利亚市场的人也发现，不能过度赞美自己的产品和服务。向客户展示你的产品和服务的优势，比给他们讲解更有效。如果有可能，要利用与产品和服务相关的资料、证书或者第三方报道为你推销。

（2）议价范围　既然澳大利亚人不喜欢市面上的议价，来访的谈判代表就要懂得利用公开竞标的形式取得更好的结果。他们的谈判过程可能会比美国人长，但是要比日本、中国和沙特阿拉伯等关系导向型国家的人短。

本章小结

跨文化沟通是指具有不同文化背景的人相互之间进行的信息交流。跨文化沟通包括语言、非语言两种沟通形式。语言沟通中的干扰因素包括语义、语境、沟通方式等。非口头语言沟通是指在沟通中不通过语言传达信息的过程；非口头语言包括语音语调、眼神交流、身体接触、脸部表情、空间距离等。

跨文化谈判分为四个阶段：和对方建立联系、交流信息、说服、让步与达成协议。东西方谈判人员在每个阶段采用的策略与其文化密切相关。文化差异使来自不同国家的谈判代表的谈判风格迥然不同。例如，美国人激进、日本人耐心、德国人严谨等。

思考题

1. 语言沟通中的文化差异有哪些表现形式？
2. 高语境文化和低语境文化各有什么特点？
3. 非口语语言沟通中的文化差异有哪些表现？
4. 美国、日本、中国、德国的谈判风格如何？

章后案例

摩托罗拉（Motorola）和东芝（Toshiba）的合资企业[⊖]

东芝和摩托罗拉的联合被作为一个成功典型而广泛宣传，这两个公司都曾是行业巨头，都把各自独特的、能互相补充的专长带入到合资企业，并且成功地实现了平衡和融合。这家合资企业（TOHOKU）于1987年5月11日在日本成立，整合过程的各个方面都符合麦肯锡咨询公司提出的合资企业"成功"的四条指导方针。这四条指导方针是：第一，要了解和理解潜在合伙人的不同目标和期望；第二，在谈判过程中，要确定谈判的人员、谈判的进程、会议的作用、法律合约、关系与相互信任；第三，在整合过程中，要确定两家企业分别派出哪些经理、合资企业的文化怎么样、谈判政策和程序，以及如何整合公司文化；第四，管理过程中，要注意决策时避免因无休止的争论而造成延误。

⊖ HOECKLIN L. Managing Cultural Difference [M]. New Jersey: Prentice Hall, 1994: 140-145.

Shima，合资企业的第一任总裁，解释道："这是一个与其他合资企业完全不同的联合，在行业中也是不同寻常的。"他接着说道："两家公司都把自己最卓越、最好的技术转移到合资企业。我们成立合资企业就是为了提高技术，生产最棒的产品，然后再把在合资企业学到的东西带回母公司。如果我们能把东芝公司优越的存储器和处理器技术与摩托罗拉公司卓越的微处理器技术结合起来，两家公司都能由此获利。"

此后两家母公司又达成协议，摩托罗拉公司获得东芝公司的帮助以进入日本的半导体市场。这样的安排使两者加深了合作。当时，日本的半导体消费量占世界的40%。

1. 文化的影响

联合产生的文化差异中，特别引起Shima注意的有两点：第一，与日本企业相比，美国企业的决策更加自上而下；第二，在日本员工和美国员工之间，关于忠诚的理解是不同的。

日本摩托罗拉公司前副总裁理查德·蒂明斯（Richard Timmins）是一个美国人，他认为双方的文化差异在以下几个方面体现得最为明显：会议的方式、谈判涉及细节的程度、人力资源管理方面的差异。

2. 举行会议和进行谈判的不同方式

理查德回忆道："我们开会的方式不同。他们（日本经理）的会议非常详细，注重细节；而我们（美国经理）则习惯于只讨论一般原则，只在重要方面达成一致，然后把细节交给律师或技术人员去完成。相反，日本方面在会议上讨论得非常详细，书面合约却很薄。"确实，日本人的书面合同通常比较笼统，只概括合同的一般原则，合同的执行更多依赖于相互关系而非法律程序。由于细节方面主要在会议和谈判中确定下来，因此，双方在谈判时就问题和条款达成共识显得尤为重要。日本人和美国人在会议和谈判中的文化差异见表3-5。

表3-5 在会议和谈判中的文化差异

日本人的特点	文化依据	美国人的特点	文化依据
许多代表 决策建立在群体一致同意基础上	集体主义	少数代表 决策建立在折中、多数表决同意或直觉的基础上	个体主义
正式行为 很少表露情绪	中性化	非正式行为 表达情绪	情绪化
讲话含蓄	高语境沟通	讲话直接	低语境沟通
在互相信任和尊重基础上达成协议	特殊主义和关系散漫	在法定一致和条例的基础上达成协议	普遍主义和关系特定

3. 在员工奖励和晋升上的做法差异

两家公司在人力资源管理方面同样存在差异，见表3-6。例如，在东芝公司，员工晋升更多依据个人资历，而不是个人业绩，只有在组织的高层，业绩才会影响其报酬；而在摩托罗拉公司，个人业绩是晋升的衡量指标。

表 3-6 人力资源管理做法的文化差异

日本人的做法	文 化 依 据	美国人的做法	文 化 依 据
晋升、奖励的依据是资历	注重社会等级	晋升、奖励的依据是个人业绩	注重个人成就
雇主与雇员之间保持忠诚、互相承担义务的关系	关系散漫和集体主义	雇主与雇员之间是合同、经济关系	关系特定和个体主义

4. 两种文化的融合

早在合资企业成立前，双方的合作和文化融合就开始了。在最初的讨论中，双方成立了一个联合任务团队，以寻求合作和成功的可能性。这个联合团队分析可能达成联盟的各个方面，然后把发现和建议向谈判人员汇报。一旦决定继续下去，就接着商议合资企业管理团队的人员构成。人员构成要使两家公司的优势得到互补。因为东芝公司将其处理器和存储器的技术优势带入合资企业，所以这个联盟的总裁将来自东芝公司。对于其他高级职位，任职者将来自相应职能上具有优势的母公司。除管理团队外，每家母公司都派出 100 名员工到新企业。摩托罗拉公司派出的大部分员工来自摩托罗拉日本公司，其中大多数是日本人，也有英国人和美国人。

Shima 至今还非常清楚地记得当时采取的第一个行动："第一条方针就是要倡导 TSC (Tohoku Semi Conduct) 管理哲学。我告诉每个人：'你不是东芝，你也不是摩托罗拉，你是 TOHOKU。'"他阐明了管理者和员工首先应该想到的和拥护的是新公司。员工应该考虑的顺序如下：第一位是 TOHOKU，第二位是摩托罗拉公司（合伙人），第三位是东芝公司（自己母公司）。

在解释这种排序的重要性时，Shima 说："合资企业的相对独立性是很重要的。当然，母公司永远会对合资企业提出要求，这也是合理的。但是，母公司在某种程度上要把合资企业当作客户。母公司就像我们的父母。每个人都有父母，我们长得像父母；但是，我们有自己的行为方式，我们要发展自己的个性。"

合资企业采取的第二个行动是平衡新企业的"3C"。"3C"原表示兼容性（Compatibility）、能力（Capability）和承诺（Commitment），是 1987 年提出的选择合伙人的标准，以形成有竞争力的联盟。在 TOHOKU，"3C"表示竞争（Competition）、合作（Cooperation）和互补（Complementary）。Shima 为此倡导以下指导方针：尊重（Respect）、信任（Trust）和耐心（Patient）。这成为合资企业理念的一部分。

合资企业采取的第三个行动是成立任务团队和项目团队，其成员来自两种文化背景。每当出现问题、在解决方法上出现分歧时，就会成立一个联合团队，设法制订出一个能实现公司目标的最佳方案，然后将其向董事会汇报。

Shima 对跨国合作时不可避免的文化差异管理提出忠告：第一，设法了解别人做事方式的理由和文化背景，这可以从书本学习，或请教咨询顾问，也可以通过案例分析等得到。第二点，了解成立合资企业或联盟对于双方的战略意义，这可以作为以后采取行动和做出决策的依据。第三点，耐心、耐心、再耐心，与不同文化的人打交道需要花费时间，但是值得。

双方对合资企业的其他问题达成共识，可以使合资企业持续取得成功。这些问题包括：第一，合适的雇员（双方都派出高层管理者，并且要慎重对待选拔过程）。第二，高层管理者能取得双方母公司的支持。第三，与雇员的关系，在合资企业中成立一个由员工组成的决策团队。第四，一开始就建立双赢的关系，母公司各占50%的股份是必要的，可以增强员工的自尊心及营造和谐气氛，建立平等关系。第五，让员工从一开始就感到自己是联盟的一分子，是TOHOKU的一员，而不是东芝公司或摩托罗拉公司的一员。

思考题：
1. 摩托罗拉和东芝存在哪些文化差异？
2. 合资企业为文化融合做了哪些努力？
3. 结合案例谈一谈你对跨文化沟通的理解。

第四章

跨国公司的文化整合

教学目的和要求:

1. 了解跨国公司的文化环境。
2. 熟悉跨国公司的文化管理。
3. 掌握跨文化团队的管理。

跨国公司作为实现国际化投资的组织载体和国际市场行为主体,多年来活跃于世界经济舞台。跨国公司的海外经营、全球战略和组织设计,不但使传统的国际经济格局发生了重大演变,同时也引起企业管理从理论、战略到方法的创新和发展,并被迅速付诸实践。

跨文化管理(Cross-Cultural Management)指的是企业在跨国经营中,对各种文化差异开展灵活变通的管理,妥善处理文化冲突、融合给企业带来的挑战和机遇,最大限度地挖掘员工的潜力和实现企业的战略目标。跨国公司的经营和管理,很大程度上是一种跨文化管理,即在全球化和文化差异的环境中,通过扬长避短、取长补短规避风险和配置资源,在更广阔的市场上实现自己的价值。

第一节 跨国公司的文化环境

环境是企业生存、发展的土壤和条件。用系统的观点看,跨国公司是一个开放的系统,是从属于各个特定社会区域及全球大系统的子系统。那些影响和制约着跨国公司生产经营活动的各种外部因素的集合,即构成跨国公司的经营环境。当企业的经营活动从国内扩展到国际,其基本功能和原则可能并不会发生本质变化,关键在于由多种因素组成的外部环境发生了变化。因此,企业进行跨国经营时,必须清楚地了解其所处的国际环境。跨国公司的经营环境包括诸多因素,如经济、政治等,其中与跨文化管理密切相关的除了文化环境以外,主要是法律环境。

跨国公司所面临的文化环境是由生活在既定群体或社会中的人们的态度、要求、期望、智力高低、受教育程度、信念及习惯构成的。跨国公司的管理者需要面对各个国家不同的行为方式,关键是要了解其中的差异,而文化或者亚文化也许是全球各地人们的行为产生差异与变化的最重要原因之一。

日本管理学家威廉·大内认为:"每种文化都赋予人们互不相同的特殊环境。因此,虽然同样的行为原理对于不同的文化是适用的,但由于当地情况的差别而形成的社会结构和行为模式可能使其具有很大的差异。"这说明,文化差异在跨国公司的管理实践中是不容回避的。企业的跨国经营涉及不同的文化背景和地域环境,因此必然面对一定的挑战与机遇。

一、文化差异给外派人员造成的文化冲击

1. 文化冲击的内涵[一]

最早使"文化冲击"一词大众化的是人类学家卡尔维罗·奥伯格（Kalvero Oberg）。他认为,"文化冲击"是指突然发现自己生活和工作在完全陌生的文化环境中的人所经历的心理失衡。他把"文化冲击"描述为一个人从所熟悉的文化环境进入新文化环境后所产生的焦虑。他指出:"文化冲击是突然陷入一种因为失去我们所熟悉的社会交往符号和象征而产生的焦虑状态。这些指导我们日常生活的符号和象征包括:何时和怎样付小费,付多少才够,怎样向别人下指令,何时接受和拒绝邀请,何时语气严肃,何时语气轻松等。这些符号和象征可以是词语、手势、面部表情、习俗、我们每个人的成长模式,以及作为我们文化一部分的语言和宗教。我们所有人都为了保持心态平和与提高效率而依赖这些符号和象征,而且我们总是下意识地使用这些符号和象征。"

文化冲击引起的后果包括从浅层次的不适到深层次的心理恐慌或心理危机。它通常会使人感到无助或不适,同时伴随着对欺骗、伤害、侮辱和不受重视的恐惧。每一个人在一定范围内都会受到由文化冲击所引致的焦虑的困扰。一个在海外生活的人最终能否成功,在很大程度上要看他是否能尽快做到心理适应,摆脱令人左右为难的焦虑。

"文化冲击"一词也被社会学家们用来形容一个人遭遇异文化时所产生的令人不快的后果。自20世纪60年代以来,有许多社会学家力图使奥伯格的初始文化冲击模型精确化,如"角色冲击"（Byrnes, 1966）、"文化疲惫"（Guthrie, 1975）、"弥漫的模糊"（Ball Rokeach, 1973）等词汇及理论的出现。尽管人们对奥伯格的初始文化冲击模型提出了各种不同的意见,但对于文化冲击所包含的下列维度的意见却基本一致:①一种超出预期角色行为的混乱感觉;②意识到全新文化的某些特征后所产生的惊奇感觉;③一种失去原来熟悉的环境（如朋友、财产等）和文化形式的感觉;④一种被新文化中的成员拒绝（或是不被接受）的感觉;⑤一种因在新文化中不能充分尽职而不能圆满地实现工作目标所带来的失去自信的感觉;⑥一种因对环境很难或根本不能控制所产生的无力的感觉;⑦一种强烈怀疑原有价值观何时才能再发挥作用的感觉。

2. 文化冲击的阶段

根据奥伯格的研究,文化冲击一般要经历四个阶段,如图4-1所示。

[一] 晏雄,《跨文化管理》,北京大学出版社,2011年版,第43-45页。

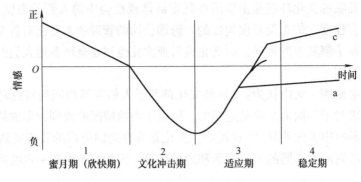

图 4-1　文化冲击与适应曲线

注：资料来自朱筼笙，《跨文化管理：碰撞中的协同》，广东经济出版社，2000 年版，第 54 页。

第一阶段：蜜月期（或欣快期），一般为几天到几周。当外派人员怀着明确的态度到国外就职时，这个阶段就开始了。像度蜜月一样，所有的一切都是新奇和令人兴奋的，会产生激动和愉快的心情。

第二阶段：文化冲击期，一般为几周到几个月。蜜月期不会永远持续下去，大量小问题会积聚成不可逾越的障碍。当外派人员突然意识到这是文化差异时，失望、烦躁、恐惧之感会逐渐增强。渡过这一危机的快慢会直接影响到他们在国外任职的成功与否。不幸的是，一些人没能经受住这一阶段的考验，选择了回国。还有一些人则坚持了下来。但是，坚持下来对他们自己、他们的家庭、他们的公司来说都是要以高昂的成本为代价的。

第三阶段：适应期，即外派人员逐渐学会在新的条件下做出正确反应的时期。随着对新文化的逐渐理解，一些文化事件开始变得有意义，行为方式逐渐变得可适应并可预期，语言也不再难于理解，在第二阶段难于应付的生活琐事也能够自己解决，一切都变得自然和有条不紊。如果外派人员能时不时地对自己的处境进行自嘲，这是他已经得到了充分恢复并适应了新环境的标志。

第四阶段：稳定期，这意味着外派人员完全或接近完全掌握了在两种不同文化中有效工作和生活的能力。几个月前还难于理解的当地习俗，现在不但能够理解，而且能够欣赏。这并不是简单地说两种文化间所有的疑难问题都解决了，而是表明在异文化中由文化差异引起的高度焦虑消失了。当然，很多人没有达到这一阶段。对于处于稳定阶段的人来说，这才真正是确定的、成功的经历。在这个时期，如果外派人员仍觉得自己是个外来者且受歧视，就会出现一条负的曲线（见图 4-1a 曲线），说明外派人员不能很好地应对"文化休克"，将不得不被遣送回国，从而给企业造成损失；如果与从前的情况一样好，则可以认为外派人员已经适应了两种不同的文化（见图 4-1c 曲线）；如果适应得更好，则说明外来者已经把自己当成本地人了。

二、文化差异给跨国经营带来的挑战

按霍夫斯泰德的观点，文化是具有相同社会经验、受过相同思想教育的许多人所共有的心理程序，这种心理程序是在多年的生活、工作、教育中形成的，不同的群体、区域、国家之间互有差别，因而形成不同的思维模式和行为方式。在国际化的经营过程中，不同的文化环境，包括不同的经济、社会和政治等因素的影响，必然会形成较大的文化差异。同时，由于文化的演变是一种漫长而又缓慢的过程，这种文化差异对企业来讲，在一段时间内不会消亡，而是会保持稳定。

从霍夫斯泰德各文化维度的指标值中可以看出，东西方的文化差异十分明显。即使是同属东方文化圈的日本、中国、新加坡，文化差异也很明显。文化差异表现在社会文化的各个方面，并且除了民族、地域文化差异之外，还有投资合作伙伴之间企业文化的风格差异。可以说，企业文化差异越大，产生文化冲突与困惑的可能性与强度就越大。在一家具体的跨国公司中，文化冲突的产生可能是因为种族优越感、不恰当地运用管理习惯、不同的感性认识、沟通误会、文化态度等。文化冲突是一种客观现象，谁都无法回避。

民族中心主义认为，人们通常相信自己的行为方式是最正确的，因此会把这些信念强加给别人。经过对在德国工作的日本管理者的研究，调查人员发现日本管理者认为德国管理者非常喜欢争论、过于直率且缺乏合作意识。与此不同的是，德国管理者认为日本管理者骄傲自大、过于消极和优柔寡断。他们都尽量避免把自己的观点强加给对方，但是都认为对方在极力影响自己，迫使自己接受对方的价值观念。研究表明，德国人和日本人都不了解对方做出决策的相关方式。实际上，双方都没有故意强加自己的价值观念，而且都无法影响对方的行为模式。

不同国家有着不同的管理文化，而管理文化又在很大程度上决定了企业内部管理效率的高低。文化差异的客观存在，可能在企业内造成文化间的冲突，从而成为企业跨国经营的重大挑战。美国学者戴维·A. 利克斯（David A. Ricks）曾指出："大凡跨国公司大的失败，几乎都是仅仅因为忽视了文化差异这一基本的或微妙的概念所招致的结果。这种对文化漠视的态度已经不符合时代的要求了。[一]"在跨国公司中，处于不同文化背景下的各方管理者由于在价值观念、思维方式、习惯作风等方面的差异，对企业经营的一些基本问题往往会产生不同的态度。这种文化上存在的冲突也就给企业的全面经营隐埋了危机。

第一，文化差异使来自不同文化背景的员工有不同的需求和期望，从而增加了工作意义的不明确性和复杂性，甚至会导致跨国公司管理中的混乱和冲突。

第二，文化差异使来自不同文化背景的经营管理者难以达成一致的协议，使跨国公司的决策活动变得更加困难。因为决策者往往依据自身文化，对来自不同文化背景的信息做出价值判断，都希望实现自己的期望目标，以致产生分歧，增加决策难度。

第三，文化差异使来自不同文化背景的员工对决策方案和管理制度有不同的理解和执行程度，从而使跨国公司的决策实施和统一行动变得更加困难。

三、跨国公司处理文化差异的战略方法

跨国公司的管理者可以通过学习其他国家的文化知识减少地区主义，还可以学会如何理解潜在的各种误会，最终目标是为了尊重文化价值观念中的差异。如果出现无法协调的文化差异，在这种误解发展成为严重的冲突之前，必须认识到其危险性并采取必要的行动予以缓和、遏制。总之，跨国公司面对多重文化的挑战，必须建构自己的跨文化管理战略，减少由

[一] 薛求知，《无国界经营》，上海译文出版社，1997年版，第217页。

文化摩擦带来的交易成本，才能成功地开展国际化经营。

文化差异也能为企业跨国经营提供机会。在不同的文化背景下，不同的社会文化习俗、信仰传统、技术水平、人力资源的条件，能给跨国公司创造丰富的市场机会和丰厚的利润回报，这就是所谓的"跨文化优势"。例如，麦当劳通过跨国经营，把它的"快餐文化"成功地辐射到了许多国家，包括与其文化迥异的亚太地区。

根据跨国公司中存在的文化差异的特征及文化冲突的具体表现，可以考虑三种处理文化差异的策略：忽略、最小化和利用。表4-1 概括性地说明了各种战略关于文化的假设、行为标准、沟通方法、可能带来的好处、主要缺陷及面临的主要挑战。

表4-1 处理文化差异的战略

	忽 略	最 小 化	利 用
关于文化差异的假设	不相关的	产生问题 构成威胁	产生竞争优势
行为标准	高效率	适应性	地区间协作
沟通方法	从上到下	从上到下 从下到上汇报	各种可能的沟通途径
可能带来的好处	标准化 全球化合作	地区差异化 地区应变能力	革新和相互学习的便利
主要缺陷	管理无灵活性 容易错过机会	分裂 错失潜在可能的协作 许多工作带有重复性	无秩序 部门之间存在摩擦
面临的主要挑战	得到各方面的认可	各方面达成一致	差异均衡

注：资料来自姜秀珍，《国际企业人力资源管理》，上海交通大学出版社，2008版，第86页。

1. 忽略文化差异

如果跨国公司选择忽略文化差异，这种行为的出发点是：假设各地的行事惯例越来越相似，是由于经济、技术的发展，世界范围内对现代化的渴望，以及管理学教育、管理咨询的专业化在国际上的长足发展和范围的不断扩大所带来的。一些管理者认为，没有证据显示不同文化会造成较大差异，至少不必如此担忧。从全世界相同的经营运作标准中可以得到较大的竞争优势，尤其是在某些以工程技术为动因的行业，如石油或建筑业中；还有一些高科技领域，如通信等。

为了达到理想的效率状态，公司的管理惯例必须保持良好的一致性。对跨国公司而言，由母公司所在地决定的政策和惯例会迅速贯彻到各地的子公司，这些子公司通常按照命令的字面意思不折不扣地解释和执行。一般来讲，这样做有助于维持产品的质量水平、对客户的服务质量水平和技术标准，并且能够保证企业文化可以被世界各地所有的员工分享。这类跨国公司有时候建立自己的培训中心或大学，向员工反复灌输本公司的处事惯例和行为、公司核心的信仰和价值观。但是，这些跨国公司在经营过程中采用忽略文化差异的组织战略时也遇到了很多困难，最后为了满足顾客的需要而不得不进行了一些本地化的改变。

2. 最小化处理文化差异

对待和处理文化差异的另外一种组织战略是将其带来的影响最小化。这种方法的根本出发点是：正视文化差异的存在，认为其带来的主要影响是负面的，因而产生了许多问题，威胁到公司运作过程中的效率和有效性。最小化的组织战略意味着将各种文化均匀化，产生一致性；或是将各种文化孤立起来，相互隔绝，以减少潜在矛盾的发生。运用的主要手段有建立全球化的企业文化，或在严格的财务控制和报告体系基础上允许海外子公司在管理方面实施自治。

总之，一个强有力的公司文化体系就像是一个大熔炉，可以减弱文化差异带来的影响；或者至少，只要子公司能够带来相应的效益和成果，母公司就允许它们"做自己想做的事情"。但是，事实上，无论是在整个集团内推行标准系统和运作程序，还是建立全球化的公司文化，都是非常困难的。尤其是后者，会不可避免地被集团最高管理者所在文化体系和惯例影响，也因此带有总公司以自我为中心的某些性质特征。

3. 利用文化差异形成竞争优势

一家真正的跨国公司，应该是能够利用并明确估计出多样性文化价值的公司，而不仅仅是包容这种多样性。由于利用文化差异的组织战略能够形成竞争优势，因此与其让一种文化控制另一种文化，或是采取与哪一种文化都不对立的折中解决方案，不如直接面对挑战和问题——采取积极的、解决文化差异的方法，使得总体共同作用产生的结果优于各部分作用的简单加和。

考克斯（T. H. Cox）和布来克（S. Blake）认为，竞争优势来源于文化的多样性，见表4-2。

表 4-2　文化多样性的优势

文化多样性涉及企业管理各个领域	竞 争 优 势
市场	提高公司对地方市场上文化偏好的应变能力
资源	提高公司从具有不同文化背景的人中聘用员工、充实当地子公司人力资源的能力
成本	减少公司在周转和聘用非当地人士担任管理者方面花费的成本
决策	以更广阔的视角和更严格的分析提高制定决策的能力和决策的质量
创造性	通过视角的多样性和减少关于一致性的要求提高公司的创造力
灵活性	提高公司在面临多种需求和环境变化时的灵活应变能力

注：资料来自 T. H. Cox、S. Blake，Managing Cultural Diversity：Implications for Organization Competitiveness，Academy of Management Executive，1991，第45-56页。

成功的跨国公司管理者通过努力理解文化差异避免各种误解，这种努力的目标是提高文化敏感度。文化敏感度是指能够接受文化差异，并避免通过对抗性的方式表现本国文化的能力。这意味着个人已经充分认识到文化差异的存在，可以在减少批判意识的前提下提高工作效率。驻外管理者不必放弃自身的价值观念，但是他们必须提高理解、包容、适应其他文化的相关能力。

利用文化差异的最明显的原因是对不同市场能够产生更大的敏感性。文化多样性使得跨国公司可以将来自不同背景、具有不同期望、处于不同生活阶段的人集合到一起，通过共同工作给公司带来盈利和竞争力。如果由来自不同文化背景的人组成产品开发部门，则他们更有可能将产品改进得能够适应不同口味的消费者。为了适应在国际化的舞台上发展业务，最高管理层在设计战略时必须从各种不同的视角出发，才能反映业务国际化的复杂性；在对这些视角综合考虑时，也必须重视国家间存在的差异性。

文化多样性还可以提高组织系统的灵活性。由于目前企业面临的环境非常复杂，因此要求企业从内部就能够适应这种变化，具有所谓的"变化的要素"。环境复杂性带来的另外一个问题是，环境变化的速度很可能使企业生活在模糊的甚至混乱的条件之下。这就要求企业在这种情况下也具有生存和发展的能力，即组织要具有尽可能大的灵活性和适应性。

案例 4-1

丰田（Toyota）美国公司的文化学习[1]

丰田公司在美国的第一家全资制造厂位于肯塔基州乔治敦，该厂于 1988 年开始生产。丰田公司要把独特的经营方式——特别是其高度成功的"丰田生产系统"（TPS）引入在美国的工厂，并非仅仅把"技能"传授给那些美国雇员。这个过程还包括要确定丰田管理方式的文化依据以及它的生产哲学，了解美国文化的相关方面，并且把两者有机地整合起来。张富士夫（Fujio Cho）当时任丰田美国公司的总裁和首席执行官，他从战略层面解释了这个过程。

丰田日本公司的经营方式有几个关键性的要求，即要求雇员参与到以下关键领域：在质量控制中发挥重要作用、在生产过程中采纳工人的意见和建议，持续追求更进一步。此外，"团队成员"这个术语被丰田用来指所有雇员，要求所有雇员把流水线下一道工序上的雇员当成客户，不能把有瑕疵的部件传送到下一道工序。如果有人发现汽车的某个部件存在问题，团队成员就应该把流水线停下，仔细查找问题的原因并予以纠正。

张富士夫在 20 世纪 70 年代中期开发公司的生产系统时发挥过重要作用，他解释了丰田生产系统的基本依据："最重要的事就是你在生产过程中可以发现许多浪费，而你要设法减少这样的浪费，这是基本原则。在这个系统中，所有雇员都参与了。正因为这样，我们不仅要激励我们的雇员，还要激励我们的供应商。"

丰田日本公司和美国公司在工作文化价值观上的一些关键差异见表 4-3。

表 4-3 不同的文化价值观

管理方面的差异	丰田美国公司	丰田日本公司
老板与下属的关系	要求下属承担具体责任 下属需要主管做决策	要求下属承担总体责任 一致同意群体目标
忠诚	公司要求低忠诚度	公司要求高忠诚度
报酬	短期，以业绩为依据	长期，以资历为依据
职能知识	专才	全才
工作说明	需要详细的个人目标	指导性的群体目标
文化价值观	个体主义 契约式关系 看重正式资格 专业化 短期取向	集体主义 个人信任基础上的关系 看重经验 综合化 长期取向

---

[1] HOECKLIN L. Managing Cultural Difference [M]. New Jersey: Prentice Hall, 1994: 85-89.

张富士夫描述了丰田把日本公司的生产系统引入到美国公司的过程。"当我们来到美国，我们再一次审视了在日本每天所做的一切。我们必须考虑我们惯常的做事方式可能带来的影响。我首先想到的是，虽然存在文化差异，但人类的基本方面是相似的……所以，我们可以把它作为共性对待。例如，当别人告诉你'你不需要思考，只要按我说的去做'时，大多数日本人会生气。大多数来自其他文化背景的人也会如此。这样的例子可能过于简单，但我的经历使我得出这样的结论：你不能忽视最基本的东西。"

张富士夫从丰田日本公司的文化中分离出最基本的内容：对别人表示尊重是商务活动中最重要的一点，还包括对专业人士的鼓励、强调人的重要性、说了就要做到——建立诚信。

Nate Furuta 曾在位于加利福尼亚州的通用丰田合资企业发挥过重要作用，那时候担任乔治敦工厂的高级人力资源主管。他认为，从每一种文化中吸取有利的、关键的内容是最重要的。"如果你懂得了另一种文化的逻辑，你就能发现其与本国文化的联系，这样你就能成功。我需要弄清楚人们为什么要做某些事情，这是我头脑中最基本的想法。如果我懂得了为什么他们要这样做，我就知道该怎么办。"

Nate Furuta 描述了一些非常实际的处理文化差异的操作方法，在根本上就是要设法把可能引起的问题转化为理解，最终转化为学习解释不同文化背景下人们行为方式的途径。"例如，如果别人用名字称呼日本经理，他会感到不舒服。我必须从文化方面解释。为什么会不舒服？因为日本人有等级观念，从小就被教导要尊重有经验的人。所以，如果相互之间根本不认识，或者不知道谁的地位高、谁的地位低，简单的办法就是尊重年长者。这就是日本人如此频繁地交换名片的原因。当你看到名片，就会知道互相之间的等级关系，然后就会改变你所用的语言。语言包括一般的语言和敬语，你必须确定需用什么样的敬语。如果一个日本老板来到美国，别人会用名字称呼他，而在日本这是很不礼貌的。因此，我必须对此做出解释。"

Nate Furuta 指出："如果你了解日本人和美国人以不同方式办事的基本原因，你就能找到方法得到你想要的结果。"

例如，在丰田生产系统中非常重要的、公司里所有部门都认可的一点就是雇员承担共同责任，这样才能避免在个人承担具体责任时可能出现的问题，即防止出现问题时个人会隐瞒或转入下一道工序的情况发生。为了做到这一点，丰田日本公司提供的工作说明比美国公司的更宽泛，并且更频繁地让雇员轮换岗位。这种做法有许多影响：雇员能在企业各个部门获得更多经验；如今的上司、下属到了明年可能会变化，至少五年内会变化；群体共同承担责任，使大家能分享信息，雇员能得到成长。

Nate Furuta 说："我们发现，在美国，责任意味着个人的'地盘'。他们会想：'这是我的责任，不要别人插手。'而在日本，个人可能有许多责任，但群体责任高于个人责任。这就使得个人愿意谈论他在做什么和如何在做。如果遇到问题，他会向别人求助，这并不丢脸。但是，美国人承担个人责任，遇到问题求助可能会被认为是无能的表现。因此，在美国，我们经常可以发现雇员不愿意分享信息。而且他们认为，如果教会了别人，可能就意味着自己不再被需要，从而可能失去工作。一旦我们知道了他们不愿分享信息的真正原因，就可以想办法得到我们想要的结果。"

所有管理者都同意，如果人们分享信息、承担共同责任、帮助同事和下属，任务就能更好地完成，得到预期的结果。他们找到一些新的方法，便于大家一起工作以得到预期效果。

这个策略中最重要的部分就是在管理者和基层雇员之间建立信任的关系。当然，他们也认识到这需要很长一段时间。因此，在短期内，他们建立了新的报酬体系和晋升政策，以奖励那些来自日本员工文化价值观的工作行为。

Nate Furuta 最后指出："我们强调工作的稳定性，强调如果你培养了别人，你就能得到晋升；如果你不愿培养别人，就不能得到晋升，因为没有人能够接替你的岗位。你必须指导下属，对你的工作评估包括这一点。但是，重要的是，你需要抛开恐惧。总而言之，如果你培养了别人，不仅不会失去工作，而且能得到奖励。"

第二节　跨国公司的文化管理

一、跨国公司的企业文化

跨国公司是一种多元文化的组织，成功运作的企业将组织内部的文化多样性视为自己全球竞争力的来源之一，善于利用这种文化多样性激发管理者和雇员的创新意识。

1. 跨国公司企业文化的框架⊖

跨国公司企业文化的框架如图 4-2 所示，由三部分构成：第一部分，传统因素表明跨国公司企业文化的历史起点，民族文化与社区文化在一定历史条件下作用于跨国公司。这种作用过程是潜在的，是非自觉意识的。民族文化与社区文化奠定了跨国公司企业文化的基本特征。第二部分，现实因素中的政治、法律、经济发展等外部社会环境因素，以及生态环境、资源等外部自然环境因素逐渐改变了传统文化的某些特征，同时又创造出新的文化内容。第三部分，受上述两部分的影响，跨国公司企业文化最终形成。这里，跨国公司企业文化作为内化结构，是指跨国公司雇员的心理状态，如管理者的心理，被管理者的心理，雇员价值取向，对竞争、盈利、分工、技术引进等的基本看法；作为外化结构，是指管理行为习惯，如企业组织结构、形式的设立，管理、指挥、组织、经营的风格，群体的人际关系，企业进取性，公共关系等。

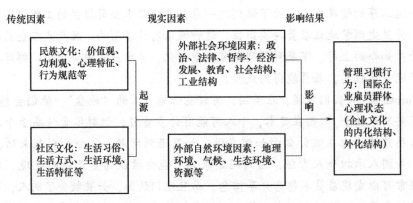

图 4-2　跨国公司企业文化的框架

⊖ 方虹，《国际企业管理》，首都经济贸易大学出版社，2006 年版，第 156 页。

2. 跨国公司企业文化的特点

跨国公司除了具备一般企业文化的特性外，还有自己独有的特点，主要有以下几点：

（1）价值观和信念的多元性　跨国公司的员工往往拥有多元化的价值观和复杂多样的信念结构。原因在于，来自不同文化背景的员工拥有不同的价值观和信念，由此决定了他们具有不同的需要和期望，以及与此相一致的满足其需要和实现其期望的迥然不同的行为规范和行为表现；共享的跨国公司企业文化构建后，来自不同文化背景的员工仍然会保留着各自文化所特有的基本价值观和信念；全新的超越各自文化的跨国公司企业文化尽管可以共享，但是其构建是在尊重、保留甚至张扬文化差异的前提下进行的，它并不是一个消除原有文化差异的过程。

（2）行为方式上的冲突性　员工价值观和信念的多元性使得同一个跨国公司内部存在着大同而小异的行为规范和习惯。这些行为规范和习惯有些是互补的，有些则是相互冲突的。比如，美国人用"OK"表示同意对方的意见和要求并按对方的要求行事；而日本人则用"OK"表示听清了，至于是否会按照对方的要求行事就不得而知了。

案例 4-2

"史上最强女秘书"事件

某公司在数据储存方面是业界公认的领导厂商，总部位于美国。事件主角之一是被公司派到北京担任大中华区总裁的新加坡人，他拥有多年 IT 从业经验，曾在多家世界知名企业担任要职。另一位主角是该总裁的高级秘书，服务过几个大中华区总裁。

2006 年的一天晚上，总裁回办公室取东西，到门口才发现自己忘带钥匙。在数次联系已经下班的秘书未果后，等待数小时的总裁难掩心中怒火，于是在凌晨通过公司内部电邮系统给秘书发了一封信，告诫她："做事情不要想当然！以后无论是午餐时段还是晚上下班后，你要跟你服务的每一名经理都确认无事后才能离开办公室，明白了吗？"当然，英文原邮件的语气比这要激烈得多。随后总裁把这封邮件同时抄送给了公司的其他几位高管。

结果秘书以一封中文邮件对此进行了回复，大致意思是："锁门是出于安全需要；自己的问题不要转移到别人身上；你无权干涉和控制我的私人时间；我工作尽职尽责，也加过很多次班，但加班不包括工作以外的事；我们虽是上下级关系，请你也要注意自己说话语气，这是基本礼貌问题；我没有时间也没有必要去猜想或假定任何事。"她同时把这封邮件抄送给了分别位于北京、上海等地的四家分公司，这样一来，大中华区的几乎所有管理者都收到了邮件。

没多久，这一来一回的总裁与秘书的"对话"就从公司内部流出，邮件被迅速传播，参与转发、抄送的多达几千人，在网上也引起了强烈反响，大家站在不同的立场上展开辩论，这位女秘书也因此获得了"史上最强女秘书"的称号。最终，这一事件以双方因多方面原因陆续离职而收场。

（3）经营环境的复杂性　相较于本土企业而言，跨国公司所面临的经营环境要复杂得多。无论是企业成员在目标期望、经营理念和管理协调的原则方面，还是管理者在管理风格方面，都大相径庭。这些差异使跨国公司的统一行动、决策及其执行变得困难重重，企业管理中的混乱和冲突时有发生。正如约翰·D. 丹尼尔斯（John D. Daniels）和李·H. 拉德巴赫（Lee H. Radebaugh）所指出的，不同的态度和行为将影响管理业务功能，如什么样的产品是可以被接受的及如何接受，如何组织最佳生产，如何组织业务运作，如何筹措资金及进行管理和控制等。

（4）文化认同和融合的过程性　跨国公司企业文化的形成和建立所需的时间周期比本土企业长，花费的代价大，整个过程复杂、曲折。这是因为，跨国公司中存在着差异较大甚至相互冲突的文化模式，来自不同文化背景的人们无论是在心理世界方面还是在外部行为系统方面都存在着显著的差异，这些差异只有逐步被人们认识和理解，进而使人们产生关心、同情和认同心理之后，才能逐渐取得共识，并建立起共同的、全新的企业文化。这是一个漫长、曲折、反复的过程，一般遵循如下阶段：文化接触、局部了解、文化选择、文化冲突、文化沟通、进一步选择、文化认同、形成企业文化、进一步沟通、完善企业文化。因此，过程复杂、周期长、成本高是跨国公司建设自己特有的企业文化所必须付出的代价。

案例 4-3

上海通用汽车有限公司的企业文化

上海通用汽车有限公司（以下简称"上海通用"）是由上海汽车集团股份有限公司和美国通用汽车公司共同出资组建的中国最大的中美合资企业之一。上海通用在成立初期也曾经历过两种文化的磨合，但通过双方管理者的共同努力，在跨文化管理领域，尤其是在跨文化人力资源管理方面，已经取得了一定的实践经验。

首先，上海通用的管理者预计并认识到双方的文化差异，主张互相学习，调整融合。上海通用的企业文化十分重视建立共同的价值观，坚持创新和保持开放的心态，提倡在不断学习的基础上追求创新，开展团队合作，充分授权。

其次，上海通用为了建立起企业内部共同的价值观，使企业运营更为顺畅且有效率，提出了合资企业文化的"一二三四"，以应对可能由于文化因素导致的冲突：

"一"是指目标一致，步调统一。

"二"是指中美双方建立起彼此合作共赢的共识。

"三"是指"约法三章"，即双方领导不得在下属面前公开对立，不得在关门争执后不说话，不得在困难面前上交矛盾。

"四"是指全公司推行的"4S"合作理念：学习理解（Study）、上海通用的利益为重（SGM first）、标准化（Standardization）、灵活务实（Spring）。[①]

其中，前三点主要针对的是决策层的管理者，而最后一点更能体现上海通用对待文化差异的态度，因为文化的冲突并不总局限于组织结构的上层。"学习理解"是相互尊重、理解、融合文化差异的基础，"上海通用的利益为重"和"标准化"是原则，"灵活务实"则体现了整合双方差异、优势互补的思想。

在具体执行方面，上海通用除了奉行"一二三四"外，还开发了融合中国传统文化和美国企业现代管理理念的全新的人员激励机制，以完善薪酬制度和人员发展体系。上海通用除了按照美国企业现代管理模式，为员工提供完善的培训制度，以提高员工和企业的竞争力外，还设立了更适应中国国情的福利计划，以唤醒员工的归属感，激发出更多潜能，使公司发展更有活力。

[①] 敖依昌、刘维波，《论中美合资企业管理的跨文化整合》，载于《重庆大学学报》（社会科学版），2007年第3期。

二、几种跨文化管理理论

企业跨文化经营已经成为历史的必然，要在跨文化环境中生存下来并不断向前发展，关键在于建立具有高度适应性的跨国公司企业文化，即不仅能够适应东道国特定的社会文化环境，同时又具有本企业特色、以多元化为基调的企业文化。有不少关于跨文化管理或跨国公司管理的研究侧重于从文化背景的差异探讨不同国家、不同制度、不同文化传统等条件下的组织有效性。例如，罗伯特·莫兰（R. T. Moran）的跨文化组织"文化一体化"管理理论、阿德勒（A. Adler）的"文化协调配合论"，以及斯特文斯（O. T. Stevens）的"组织隐模型论"等，都对跨国公司的文化管理做了深入的探讨。这些都是在总结企业跨国经营实践经验的基础上提出，并被许多人认可的理论。它们各有特色，为跨文化管理提供了理论和实践上的支持。

1. 莫兰的跨文化组织"文化一体化"管理理论

莫兰曾为美国通用汽车、爱立信、英特尔、沃尔沃等多家著名跨国公司提供管理咨询，同时出版了很多国际管理和国际文化的著作。他提到：跨文化组织模式的管理有效性的依据是"存在着一种潜在的最佳协同（synergy）作用，它对减少一起工作时不可避免的问题所带来的损失是可行的"。他提出了关于跨文化协同管理中文化一体化的13项功效指标：①它是一个动态的过程；②它包含两种经常被认为相反的观点；③它拥有移情性和敏感性；④它意味着对发自他人的信息的解释；⑤它具有适应性与学习性；⑥协同行动，共同工作；⑦群体一致的行为多于各部门独立行动之和；⑧它拥有创造共同成果的目标；⑨它与"2＋2＝5"相关而并非"2＋2＝4"，因为跨文化障碍，其文化协同方程可能为"2＋2－3"，只要不是负数，便获得了进步；⑩它对其他不同文化组织有正确且透彻的理解；⑪它并非单方的妥协；⑫它并非是指人们要做事，而是指基于文化而行为时所创造的事；⑬它仅产生于多文化组织为实现共同目标而联合努力的过程之中。

2. 阿德勒的"文化协调配合论"

阿德勒把跨文化管理中的"文化协调配合论"定义为处理文化差异的一种办法，包括管理者根据个别组织成员和当事人的文化模式制订组织方针和办法的一个过程。这一理论也可解释为文化上协调配合的组织，所采用的新的管理和组织形式，而这一组织形式超越了个别成员的文化模式。这种处理办法承认包含多种文化的组织中各种文化的异同点，但是不赞同忽视和缩小文化差异，更确切地说，要把这些差异看成构思和发展组织的有利因素。

3. 斯特文斯的"组织隐模型论"

美国学者斯特文斯依据霍夫斯泰德的"权力距离和不确定性规避分布图"，提出了"组织隐模型论"。他认为，权力距离与决策权相关，而不确定性规避与形式化（对正式规则和规定的需要、将任务委派给专家等）有关。不同的文化在其组织观念上对这一理论有不同理解。

斯特文斯的"组织隐模型论"论述了不同国家（或民族）组织文化中的差异，以及更具体的组织机构和组织规则的差异，使人在跨国公司的共同文化管理建设中，注意到这样一种现象：由于跨文化企业中存在有较大差异的两种或多种文化，因此在跨文化企业这一特定组织中，整体组织形式和行为有效性的产生必然会遇到一些较大的阻碍。在确定组织形式和组织规范时，应对原有的背景程序做出共同分析，尤其应关注东道国企业中原有的组织文化背景。在引进和移植先进的组织模式或管理系统时，首先要考虑它在跨国公司中被引进的可行性和适宜程度。任何有违这一程序的行为都将导致成效不大甚至无效的结果。

案例 4-4

拉法基集团的跨文化管理[⊖]

　　法国拉法基集团是全球最大的建材生产商之一，在 1992 年进入中国，目前在中国已拥有数十家生产厂，在各地设有地区级的办事处，直接管理当地的生产和销售业务。中国的所有办事处都归设在北京的中国区总部领导。除了中国区总裁、少量技术和高层管理者是法国人和其他国籍的人以外，北京的中国区总部及各地办事处的绝大多数员工都是中国人。

　　拉法基不遗余力推行的管理方式被写入《拉法基之路》(*Lafarge way*)，是其在全球范围内树立标准企业文化、规范经营管理模式的核心内容。《拉法基之路》最初用英文编写，后随着集团业务范围的扩大，被编译成许多语言版本。《拉法基之路》涉及企业经营活动的方方面面，包括针对企业所有相关人员（员工、客户、股东等）的目标、责任、承诺等。这里重点介绍中法管理文化中不同的权威观。

　　（一）对权威的服从

　　中国人对权威的服从，在中文版的《拉法基之路》中体现得淋漓尽致。例如，《拉法基之路》有这样一句话："总部在为办事处制定目标方面扮演重要的角色。"而在"制定目标方面"，英文版对应的语句是"促进（challenge）（办事处）实现更佳业绩"，法文版的意思与英文版相同，却使用了更为中性的词汇——"entrainer"（在法文中有带领、训练的含义）来表达促进。从类似的表达方式可以体会到地区总部与所辖办事处的关系，在美国，犹如两个对等的敌手；在法国，酷似教练和运动员；在中国，两者的关系就像家长和孩子。显然，孩子的行动自主程度和自由程度要低得多。这种直接的、强有力的权威被广泛认为十分必要。对权威的服从也体现在对规章制度（尤其是有关安全生产的）的严格遵守和对违反者的严厉惩罚方面。

　　最能体现中国员工对权威服从态度的是他们对《拉法基之路》中"挑战权威"理念的反应。从观念的角度来看，"挑战权威"的观念对员工的思想确实产生了积极的影响；但是这只是一种观念上的变化，"道理是这样"，在现实中一切照旧。例如问到"如果上级的做法与《拉法基之路》的精神明显不符，你能不能拿着这个'尚方宝剑'（《拉法基之路》手册）去找上级讨个说法？"一位管理者听到这个后，表情立刻变得惊异无比，急忙连用了三个"no"。另一位人力资源经理也面带微笑地用力摇着手表示"不可能"，并补充道："这本册子（《拉法基之路》）就是传授集团文化的类似教材的东西，不是拿来作为质疑和抗议的依据的"。

　　（二）权威也有限度

　　对比一下《拉法基之路》的中、英、法版本，可以发现，在对员工提出各种要求时，美式的强烈的意志强加方式（want 的大量使用）和法式的直截了当方式（demander 在对应位置上的使用），在中文版中都变成了委婉的方式——中文版相应的位置使用了"希望"一

⊖ 段明明，《当法国管理理念碰到中国文化——企业中的权威观》，载于《华东经济管理》，2010 年第 7 期，第 91-95 页。

词。这体现了管理者对被管理者的态度。一位人力资源部的员工培训总监说:"上级管理者对下属员工的感受很重视,他们会尽一切可能让员工感到亲切、没有被压制的感觉。"

虽然下级对上级的决策几乎没有质疑和拒绝的可能,但是,这并不意味着下属没有让上司听到自己意见和想法的渠道。下属都有一套能让上司了解自己心思的办法,一种有效却不张扬的、巧妙的沟通方式。一个上司要想有效地管理他的下属,防止他们"跳槽",就必须学会及时、准确地揣摩员工的心思。

另一个扣在权威头上的"紧箍咒"是"以身作则"。《拉法基之路》中有较明确的、针对管理者的"以身作则"(leading by example)的要求,这与中国文化传统不谋而合。在中国文化中,"以身作则"主要起两个作用:一是教育,二是激励。虽然这两个作用密不可分,但也有主次轻重之别。管理者把教育的作用放在第一位,激励的作用对躬行的要求似乎更为具体。"领导一定要和工人在一起",这是一个维修工人对"以身作则"的直观感受。当一位车间主任被问及"'以身作则'对你来说意味着什么"时,他指了指自己身上满是油污的工作服说:"看看我这身衣服,你们就清楚了。"在很多基层员工的心目中,"和属下一起,在第一线干最苦、最累、最平凡简单的工作"或者"跟大伙儿一起拧螺丝"的领导才是以身作则的领导。

值得一提的是,不管是教育作用,还是激励作用,大家始终是把领导与基层员工分立对待的,最直接的表现就是在调研访谈中几乎没有出现"我们"这个称谓。这一点也体现在《拉法基之路》中、英文版本的差异中。例如,在"ability to mobilize people and inspire them"中inspire的位置上,中文版本使用了"组织"一词。英文中"inspire"指的是进入某人的内心世界,对其进行启发、感染的意思,而中文中的"组织"仅仅是停留在外部的简单安排。再如,在涉及人的思想深处的英文词汇"convictions""(good) will"的对应位置上,中文版本中出现的是只涉及人的外在行为的"创造力"和"建设性意见"。这些远非是用翻译问题能解释的现象。

三、企业的跨文化管理方法

一个跨文化经营的企业不仅要包容文化的多样性,而且应该能够利用文化多样性的价值。文化的差异性虽然会成为企业打开国际市场的障碍,但是文化的多样性对于跨国公司来说并非完全是"洪水猛兽",对其合理的利用反而能够为跨国经营提供新的竞争优势。但是,对文化差异性的合理利用是以采用合理的跨文化管理方法为前提的。企业通常采取的跨文化管理方法主要有四种:文化适应法、文化相容法、文化变迁法和文化规避法。

1. 文化适应法

文化适应法是跨文化管理中最基础的方法之一,也是企业进入国际市场、开展国际化经营活动时通常采用的方法。所谓文化适应,是指企业通过对目标市场文化环境的了解和把握,在制订战略和决策时,充分考虑目标市场的文化特质;在进行管理活动时,绝对尊重和适应当地的风俗习惯、文化传统和宗教信仰等,避免与其文化产生冲突,从而顺应目标市场上顾客的需求,将产品、服务、管理手段、管理人员等最大限度本地化的一种管理模式,即"入乡随俗"。

该方法宜在目标市场所在国文化开放性较差、变动性较弱,且企业自身文化与目标国文化差别较大，以及企业本身较弱小的情况下采用。

跨国公司实施文化适应策略，一方面有利于在新的国际市场上迅速站稳脚跟，巩固地位，拓展市场；另一方面也有利于与当地文化相融合，增强当地社会对外来资本的信任，减少敌对情绪，消除摩擦。

2. 文化相容法

文化相容法根据其程度可以细分为两个层次：文化的平行相容和文化的和平相容。

文化的平行相容是文化相容的最高形式，又叫作"文化互补"，即跨国公司的子公司不以母国或东道国中任何一方的文化为主流文化，而是使多国文化相互补充，并运用在公司的运营中。这样，母国文化与东道国文化之间虽然存在巨大差异，却不会相互排斥，反而互为补充，将文化差异造成的劣势转化为优势，不仅使一种文化的不足被另一种文化弥补，同时也可以改变单一文化造成的单调性。

文化的和平相容是指在跨国公司的日常经营中，管理者刻意忽视或模糊母国与东道国之间存在的巨大的文化差异，尽量隐去多种文化之间最容易导致冲突的部分，而将其中较平淡和无足轻重的部分加以保留，从而使得来自不同文化背景的员工不再受其主体文化对自身的影响，以便能够在同一企业中合作共事，即使发生意见分歧，也容易通过共同的努力协调解决。

3. 文化变迁法

跨国公司可以根据东道国文化特质，采用文化变迁法进行管理。文化变迁法是指在母国文化具有强大优势的前提下，把握住东道国文化变迁的时机，使子公司中东道国的文化顺应自身的需要，产生、发展和变迁，使新的企业文化在新的环境中成为主导文化，为企业在国际市场中的拓展清除文化方面的障碍。相对而言，开放性较强、亚文化类型较多或文化正处于重新形成阶段的地区的子公司较适于采用这种文化变迁的管理方法。但是，这种方法要以母国文化具有较大优势且企业本身有较强的经济实力为前提。

4. 文化规避法

在有的跨国公司，母国文化气氛非常浓烈，在整个公司中占主体地位。由于母国文化与东道国文化之间存在着巨大的差异，在母国文化的地位不可撼动，却也无法冷落或忽视东道国文化的存在时，母公司所派遣的管理者要特别注意在双方文化可能发生重大冲突之处进行规避，或借助第三方文化作为沟通的桥梁。

这种方法适用于母国文化与东道国文化之间存在巨大差异，而短期内子公司又无法接受母国文化的情况。采用这种策略，可以避免母国文化与东道国文化发生正面冲突。尤其在宗教势力强大的地区，更要特别注意尊重东道国的宗教信仰。

四、企业跨国并购中的文化整合

跨国并购是跨国兼并和跨国收购的总称，是指某家企业（又称并购企业）为了达到某种目标，通过一定的渠道和支付手段，将地处另一国的其他企业（又称被并购企业）的所有资产或足以行使运营权利的股份收买下来，从而对其经营管理实施实际的或完全的控制行为。㊀跨国并购需要面对各个国家文化中人们不同的行为方式，关键就是要了解其中的文化

㊀ 王朝晖，《国际企业管理原理与实务》，高等教育出版社，2019年版，第105页。

差异，因为文化或者亚文化也许是人们的行为产生差异与变化的最重要的原因。

1. 跨国并购面临双重文化差异

在跨国并购中，各类有形资源、无形资源和人力资源整合基本完成之后，并不意味着并购活动已经取得了成功。跨国并购成功的重要标志是母公司投入要素与子公司投入要素的有效结合，能够在共同的核心团队或共同文化协调下开展新的生产经营活动。但是，不同企业的成长经历和外部环境各不相同，它们在信仰和价值观、行为规范和经营风格方面都存在较大的差异，而跨国并购时文化差异会进一步扩大企业间的文化距离。因此，与同一文化背景下的企业文化整合相比，跨国并购面临因巨大的文化差异而造成的障碍，文化整合显得更加困难。

从企业文化差异角度分析，所在国家和地区、行业、企业在规模和发展历史等方面的差异，决定了企业之间在企业文化方面存在明显的差异。我们可以从企业文化的隐性层面和显性层面分析不同文化背景中企业的文化差异。

首先，从隐性层面分析，这种差异主要表现为企业信仰和价值观的差异。例如，不同企业的经营者对待经营风险的观念和态度就大不相同。在某些企业中，受产权残缺或所有者缺位等因素的影响，许多管理者对待企业风险的态度和经营理念表现出两种极端形态：一种是极度厌恶风险；另一种是极度偏好风险，或者说是毫无风险意识。这两种极端的对待企业风险的态度和经营理念就与某些西方市场经济文化中企业所强调的风险与收益匹配，与股东利益最大化或企业价值最大化的经营理念格格不入。

其次，从显性层面分析，这种差异主要表现为企业行为规范和经营风格的差异。这一层面的差异通常是一目了然或是较易察觉的。人们通过比较发现，东西方文化的差异往往造成东西方企业文化的不同。例如，东方企业文化强调集体主义和稳健，而西方企业文化则强调个体主义和创新。所以，对于跨国并购的企业来说，了解目标公司的文化背景、文化传统是非常必要的。这有助于跨国公司更有效地将自己文化的精髓与当地文化背景进行结合，建立起有本公司特色的、优秀的企业文化，最终提高跨国并购的绩效。

通常，显性层面的文化差异较易被识别，相对来说也较易改变；隐性层面的文化差异则难以察觉和改变。只有通过显性层面的行为规范和经营风格的变化，并购后管理者的模范带头作用，以及并购后企业经营活动的真正开展，才可能逐渐形成共同的信念和价值观；国家层面文化的内核基本上是无法改变的，必须了解和尊重彼此的文化传统，并努力吸收多种文化传统的优点，跨国并购才能取得成功。

案例 4-5

TCL 的跨国并购

TCL 成立于 1981 年，以生产录音磁带起家。此后，TCL 主要从事电话机与彩电的生产。1999 年，移动电话逐渐成为 TCL 的主导产品。[○]

从 1999 年开始，TCL 开始国际化战略，先后进入越南、印度、菲律宾、印度尼西亚和俄罗斯市场，并且在这一系列的跨国直接投资过程中取得了成功。然而，要想做一家更具有全球竞争力的跨国公司，还需要进入欧美国家的市场。也就恰恰是在这一过程中，TCL 的跨

[○] 苏立峰、张子龙，《TCL 的跨国并购：为国际化而国际化》，载于《经济与管理》，2007 年第 9 期。

国并购出现了问题。2002年9月，TCL以820万欧元全资收购了德国的破产企业——施奈德公司。但是，此次收购总体来说是不成功的。从2003年开始，施奈德公司的生产线就一直处于严重亏损状态。2004年1月，TCL和法国汤姆逊公司共同出资成立了TCL-汤姆逊电子有限公司，欲重组双方的彩电和DVD业务，结果也很不理想。同年6月，TCL与法国阿尔卡特公司合资组建TCL-阿尔卡特移动电话有限公司，不过仅4个月的时间即告亏损2.58亿港元。

经过了短时间内的三次并购之后，规模迅速扩张的TCL实际上经营绩效大幅滑坡。数据显示，海外投资业务的亏损是TCL巨额亏损的主要原因，尤其是欧洲市场和北美市场的亏损数额巨大。

放眼全世界，企业跨国并购的历程从来不是一帆风顺的。有调查显示，由于文化融合不当而产生的管理失败占所有并购失败的1/3。对于企业而言，完成对目标企业的并购仅仅是万里长征迈出的第一步；对被并购企业的治理，对组织结构、经营管理、资产负债、人力资源、企业文化等方面的进一步整合，才是实现两个企业真正融合、发挥协同优势、达到并购目的的关键。

从文化的角度看，企业并购既是旧的企业文化被打破的过程，又是新的企业文化形成和发展的过程，同时也是两种企业文化碰撞冲突、相互交融、整合优化的过程，是企业员工共同价值观的调整、再造的过程。这里的"文化"既包括企业文化，更被打上了民族文化的烙印。中国与西方的文化差异大大加大了中西方企业整合的难度。由于民族价值观念的不同，表面看似经营业务相同的两家公司实际上在经营理念等方面有着根本的区别。

从TCL的案例中，我们能分析出文化冲突对企业并购成功与否产生的重要影响。跨国并购过程中的文化冲突包含宏观层面上国家文化之间的差异和微观层面上企业文化之间的差异。

宏观上，中国人强调集体合作，共同承担风险与责任；而法国人、德国人则重视个人价值，提倡竞争。中国文化强调集体主义观念；而西方文化则强调以个人为核心，鼓励个性，崇尚个人成就。这样的文化差异在TCL具体的经营决策中得到体现。一方面，中方员工关注集体，而德方和法方员工则重视自我价值的实现，行事决策中无法适应中国企业遵从集体主义的观念。另一方面，被并购的施奈德公司和阿尔卡特公司相较于TCL具有更悠久的历史和成熟的企业环境，员工对自身民族文化的认同度高，具有很强的优越感，而且普遍对中国民族文化的认同度低。这就直接导致被并购企业员工的不合作，并购初期被并购企业高层管理者的离职率上升。

微观上，中西方文化的差异体现在以下几个方面：第一，管理模式。中国企业组织结构内部往往形成以管理者为中心的集权式管理。法国和德国企业的管理更加民主，这些必然与中国的管理模式发生冲突，导致并购初期被并购企业员工的不适应。第二，不确定性规避倾向，⊖不确定性规避即风险的规避。中西方对风险也有着截然相反的态度。在现代企业制度中，西方企业更善于控制风险，重视组织内部程序化和规范化并严格执行。中国企业则往往倾向于按经验办事，可能会忽略政策执行的精确性和规范性。"人治大于法治"的现象在中国较为普遍。这也是外方员工在初期的文化碰撞中难以理解的地方，他们总会认为这样的管

⊖ 苏立峰、张子龙，《TCL的跨国并购：为国际化而国际化》，载于《经济与管理》，2007年第9期。

理方式缺乏制度性，因而对政策的执行产生抵触情绪。

由此可见，中西方民族文化的差异对 TCL 并购结果无论在宏观上还是微观上均产生了直接的影响。

2. 企业跨国并购的文化整合模式

企业在跨国并购后进行整合的目的，是使并购双方"形神合一"，充分发挥协同效应，实现企业目标。所以，作为并购整合中最为关键一环的文化整合，就要更好地协助这一目标的达成。这就要求在理性的跨国并购中，必须按照并购双方企业文化的特点而不是单纯的力量对比构建新的企业文化。因为只有将新的企业文化建立在一种比较合适的文化基础上，或集两种文化之大成，才能体现出整合的优势，更好地促进新企业的发展。

跨国并购是一把"双刃剑"。一方面，有效的跨国并购有可能促使企业更快地走向国际市场，更有效地配置全球性资源，获取更多的利益；另一方面，跨国并购是否成功受到许多因素的影响，能否进行有效的文化整合，克服文化差异带来的管理困难非常重要。企业经常由于没有有效地实现文化整合而陷入并购困境，明基并购西门子手机业务部门就是一个例证。⊖

案例 4-6

6 亿欧元"学费"的并购

2006 年 9 月 28 日，著名 IT 企业明基电通股份有限公司（BenQ，以下简称明基）宣布，将不再继续投资其德国手机子公司，并将向当地法院申请无力清偿保护。从 2005 年 10 月明基正式并购西门子股份公司（Siemens，以下简称西门子）手机业务部门以来的短短 3 个季度内，明基的运营亏损累计达 6 亿欧元。与此同时，明基的股价从 35 元新台币一路滑落到 17 元新台币以下，总市值蒸发了约一半。明基并购西门子手机业务部门的案例被认为是明基走上品牌之路 5 年来的最大危机，迫使一向霸气的明基掌门人李焜耀"断臂求生"，不得不舍弃明基的德国手机子公司。

明基失败的原因究竟何在？众说纷纭。但是，不可否认，并购的失败与明基缺乏有效的文化整合有很大关系。

首先，明基没有对并购后的新企业文化进行有效的融合。这体现在：疏于对被并购方（德国西门子公司）人员的有效整合，在管理上并没有坚决介入，过于重视德方的想法和经验。明基认为原来的德方员工都是善于自我管理的，因而，并购后被最终派到德国的中国台湾主管只有两个人。

其次，工作和生活价值观不同。德方员工认为工作就是工作，生活就是生活，工作不应该过多干扰生活，每天习惯下班了就是再见，让他们周末做事情很困难。明基则相反，它鼓励员工为企业业务加班加点，认为工作和生活不应该分得太清。由于工作和生活价值观不同，中方明基员工遇到急事和周末业务时，难以联系到德方员工，影响了不少工作进程。

最后，德国人严谨、细致，同时又比较固执，坚持原则，效率不高。有德方员工认为，中方研发人员有任何想法，都必须通过德国总部的审核。而德方员工的审美观与中国市场的需求往往存在很大差异。德方员工的工作方式不仅体现在手机设计方面，从管理到市场策

⊖ 郑兴山，《跨文化管理》，中国人民大学出版社，2010 年版，第 5-6 页。

略，几乎都是如此。按照明基原来的规划，在2005年第4季度要推出数款新机型，但是这些被寄予厚望的新机型由于德方的工作方式而一直被拖延到2006年2月才面世。效率低下最终导致明基手机在激烈的市场竞争中处于劣势。

如果将企业文化的演变历程分为形成、发展、比较成熟和成熟四个阶段，那么我们可以将前两个阶段合称为企业文化的"低级阶段"，而把后两个阶段合称为企业文化的"高级阶段"。根据并购双方企业文化所处的不同发展阶段，能够运用的整合策略有同化、隔离、融合和引进四种模式。具体的对应关系是：当并购企业和目标企业的文化都处于低级阶段时，可以采取融合模式；当并购企业和目标企业的文化都处于高级阶段时，可以采取隔离模式；当并购企业的文化处于高级阶段而目标企业的文化处于低级阶段时，可以采取同化模式；当并购企业的文化处于低级阶段而目标企业的文化处于高级阶段时，可以采取引进模式。

(1) 同化模式　在同化条件下，目标企业将放弃它自己的文化而成为并购企业的一部分。当一个组织无法取得成功时，它的管理者和普通员工感到他们的文化和实践不仅无效，而且已成为业绩改善的障碍，该组织的成员往往会愿意采用他们认为是优秀的、能给他们带来业绩改善的外部文化。在这种情况下，他们就会欢迎新的母公司的到来。只要不是强制性的，同化产生的冲突会比较少，同化的过程就会相对容易。

在运用这种整合模式时，以下几方面应当引起注意：首先，并购企业要慎重地进行可行性分析，对两种文化进行全面的分析和权衡，确定自己能够担负企业文化重塑的重任，并能够充分适应和促进新公司的发展。其次，要充分考虑并购企业的文化同化目标企业的文化时可能遇到的阻力，尽可能地消除目标企业员工可能产生的仇视和对抗心理。比如，应避免由于目标企业的文化几乎被并购企业的文化所替代，而导致的目标企业为抵御"侵犯"而迸发的某种形式的自卫意识和行动。这就要求并购企业充分理解目标企业的现状，循序渐进地对其文化进行改造，绝不可急于求成、强制灌输。

一般说来，可以通过定期举办文化培训班，让企业全体员工都能获得一个全面、深入地认识和学习新企业文化的机会。在培训过程中，通过剖析目标企业文化的弊端以及充分展现并购企业文化的优越性，逐渐获得目标企业员工对新的企业文化的认同和支持。此外，还可以通过优秀员工的"示范效应"，加速新企业文化的传播，同时要努力"熨平"并购后目标企业员工可能存在的情感伤口。

(2) 融合模式　实施这种战略的具体做法是：首先，对两种企业文化进行科学、系统、客观、公正的评估，然后根据评估结果，坚决剔除两种文化中的不合理部分，而对精华部分进行科学的整合，并在此基础上进一步"培育"出一种全新的企业文化。通过运用融合模式而产生的新的企业文化，由于是站在两种文化的"肩膀"上，因而具有其中任何一种企业文化都无法比拟的优势，能更好地推动新企业的发展。这种整合模式不会使员工产生"文化殖民"或"文化掠夺"的不公平感，容易得到他们的理解和认同，从而大大减小了整合过程中可能遇到的阻力，使整合目标易于实现。

融合模式的一个重要特征是，在并购的双方组织之间会出现某些文化要素的相互渗透和共享。也就是说，并购双方都将改变自己文化的部分内容，同时又从对方吸收一定的文化要素。因此，在融合过程中，并购双方都要承担一定的风险，即它们一方面会失去对自己组织和文化的一部分控制，另一方面也会获得对对方组织和文化的一部分控制。

企业跨国并购的文化融合想要成功，关键在于：①并购企业必须了解文化融合真正的挑战不是找出彼此的不同之处，而是如何做到"求大同存小异"，共同为期待的新组织文化而努力；②必须系统地了解目标企业管理者的核心能力和行为风格，并对新的管理团队进行评估；③并购过程中有效的沟通，包括与谁沟通、沟通目的、如何沟通、何时沟通、由谁负责等；④激励制度整合，在跨国并购的重要阶段，让各部门主管参与，增强他们对新制度的了解，还可以使他们成为和员工沟通的"种子"。

（3）隔离模式　当跨国并购双方的企业文化都处于高级发展阶段时，对新企业的企业文化整合就适宜采取隔离模式。因为并购双方各自的企业文化在本企业中已经根深蒂固，并取得了巨大的成功，如果这种企业文化在并购后突然被一种全新的企业文化替换，就必然会使企业对这种异己的新鲜"血液"产生强烈的排斥反应，从而阻碍企业上升的势头；同时，整合后的新企业通过利用协同效应所能取得的成果也会由于这种内耗而化为乌有。所以，比较可行的方法是：在整合后的新企业中同时保留这两种优势文化，实行"一企两制"，即允许它们保持自己的特色、个性以及相互的独立性，也鼓励它们在承认彼此差异和合理性的基础上，进行最广泛的交流和合作，互补有无。

对于目标企业来说，隔离可能是最容易的一种文化整合模式。在隔离模式下，目标企业可以保留自己的文化并自主地进行生产和经营，因此可以自己控制自己的命运。文化与结构的变化也会很少，其成员很可能不需要在行为上做任何改变，至少在短期内会是如此。可见，运用这种文化整合模式的优点是：由于并购双方的文化基本上都得以保存，因而招致的非议会较少，整合过程一般会比较顺利，不会遇到太多、太大的阻力。

（4）引进模式　当并购企业通过资金优势或者运用某种策略而并购了某家目标企业时，自己的企业文化可能还处于低级阶段的水平；而目标企业虽被并购，但其企业文化可能已处于高级阶段的水平。在这种情形下，根据利益最大化的经济原则，并购企业就应当摒弃"王者"思想和"家长"作风，从整个企业的大局着眼，对目标企业的长处予以充分的肯定，尤其是对其优秀的企业文化资源要予以足够的重视。此外，还要将目标企业文化中的精华部分为己所用，使之成为并购企业"文化金字塔"中一个不可或缺的组成部分。

这种整合方式的特点是：虽然并购企业是并购的"胜利者"，但它非常尊重对方，能够放下架子，虚心向对方学习其文化的精华。这种做法必然也会赢得目标企业员工的满意和支持，为企业文化的全面整合奠定坚实的情感基础。不言而喻，这种整合方式的最大优点是：不仅能博采两家之长，实现并购企业的并购目标，而且并购过程中的文化冲突与纠纷也很少，从而将企业文化的整合风险降到最低。

虽然大部分跨国并购的文化整合离不开上面讨论的几种模式，但并不意味着这些模式是彼此孤立、相互隔离的。事实上，这些整合模式之间有着千丝万缕的联系。比如，这四种模式其实都包含了两种文化彼此交流、相互学习的精神实质。因此，这几种模式并没有十分明显的界限。在实际操作中，往往是将它们结合起来搭配使用，形成各种组合模式，以完成单个模式无法完成的使命。这在一些特征并不完全符合上述任何一种模式要求的跨文化整合实例中尤其明显。

总之，企业跨国并购的文化整合必须从大处着眼、小处着手。文化整合没有捷径可走，唯有充分认识和尊重不同国家和企业的文化差异，努力避免可能造成的文化冲突，吸收不同文化底蕴中的精华部分，真正达到多元统合的境界，才能构筑跨文化优势，实现跨国并购的战略目标。

第三节 跨文化团队的管理

一、跨文化团队的特点

跨文化团队由来自不同文化背景的人组成，这一特点决定了它与一般的团队，也就是单文化团队，有很大差别。面对"文化"这个"万花筒"式的概念，在考察跨文化团队的问题时，应该从多个角度认识跨文化团队的文化多样性，从而将形式各异的跨文化团队理出一个头绪。

1. 跨文化团队的类型

根据团队成员文化背景的不同，可以把跨文化团队分为三种基本类型：象征性文化团队、双文化团队和多文化团队。

（1）象征性文化团队 象征性文化团队指的是，一个团队中只有一名或两名成员来自不同的文化，其他成员全部来自同一种文化。在这种团队中工作的少数成员可以被称为"象征性成员"，他们比较容易处于某种困境中，例如常常感到自己的特殊性，觉得自己与多数成员并不平等，甚至孤独无援。由于象征性成员在团队中充当的角色是"象征"和"代表"，要实现与多数成员的平等交流相当困难，因此他们常常遭到多数成员的打击，或者被"戴上有色眼镜"看待，或者常被忽视。因此，在组队时应尽量避免有象征性成员。

（2）双文化团队 双文化团队指的是一个团队的成员基本来自两种文化，而且来自不同文化的成员数量相当。在双文化团队中，因为彼此势均力敌，双方都不害怕说出自己的观点，也不掩饰自己的文化特色，更加能够正视双方的差别，坦率地讨论问题，也就可能具备产生有创意的解决方案的潜力。

双文化团队与象征性文化团队最大的差别就是来自两种文化背景的成员数量是否相当。数量的变化导致质量的变化，并导致成员拥有截然不同的心态。在双文化团队中，双方完全平等，不存在一方主导、一方被压制的状态。当然，如果不能形成严格的数量对等，那么人数上的微弱优势通常足以转化为文化优势。双文化团队虽然在文化方面比较平衡，却是可能产生最多冲突的团队。这有两个方面的原因：首先，因为外貌、语言、生活习惯的不同，来自两种文化的成员容易产生明显的鸿沟，并将自己文化的成员视为"内群体成员"，而将对方文化的成员视为"外群体成员"。当形成内外群体的认知时，会有夸大双方文化差异并用成见判断对方的倾向。其次，来自两种文化的成员因为外貌和价值观念的不同，以及此前见面次数不多，非但不容易产生彼此间的人际吸引，而且容易产生"社会距离"。

美国学者坎贝尔（Campbell, 1967）曾发现，在这种情况下，对于同样的行为，内群体成员和外群体成员会做出不同的解释（见表4-4）。

表 4-4　内外群体认知对照表

内群体认知	外群体认知
自我描述	对外群体的刻板印象
我们自尊、自重，并珍视祖先留下的传统	他们自私自利，爱自己胜过爱别人
我们忠诚	他们拉帮结派，排除异己
我们和自己人在一起时诚实可信，且绝不上外人的当	他们总是设法欺骗我们，对待我们毫无道德诚信可言
我们勇敢、坚强，捍卫自己的权利，不被别人牵着鼻子走	他们是进攻性的扩张主义者，企图让我们吃亏
我们是和平、慈爱的民族，只恨我们的敌人	他们是有敌意的民族，憎恨我们
我们道德高尚	他们道德败坏，肮脏不堪

从这些例子可以看出，人们有将优良特征归于内群体而将不良特征归于外群体的倾向，这已被麦克阿瑟（McArthur）和费里德曼（Friedman，1980）的研究证实。当同样的恶劣行为发生时，如果是内群体成员所为，人们有将此行为归因于外在因素的倾向；而如果是外群体成员所为，则人们有将此行为归因于内在因素的倾向。相反，如果是值得称赞的行为，如果是内群体成员所为，人们就会把它归因于内在因素；如果是外群体成员所为，人们就会把它归因于外在因素（Pettigrew，1979）。

（3）多文化团队　多文化团队指的是，在一个团队中至少会有数量相当的来自三种或三种以上文化背景的成员。这时，团队内部互动的复杂程度增加了很多，许多问题和现象同时出现。人与人之间如何相识、沟通，从何处着眼分析问题，从何处着手处理问题等，都没有统一的规则和公认的方法。在这种情况下，常常出现两个误区：一是完全忽视文化差异，直接进入工作状态，找出解决问题的方案；二是认为多元文化会带来很多问题，人们常常能举出许多多文化团队失败的案例，却很少能想出成功的案例。

多文化团队最主要的一个特征就是多样性，这种多样性同时体现在团队管理者、普通成员以及团队管理模式上。团队管理者的管理风格和决策方式往往会带有比较鲜明的文化特色。团队中的普通成员也仍然保留着各自文化所特有的基本价值观，从而决定了他们会有截然不同的需求以及满足这种需求的不同的思考方式和行为表现；除了文化多样性外，团队各级成员由于各自接受的教育体制不同，在团队中所表现出来的知识结构与技能趋向也大相径庭。从管理模式上看，团队管理者来自于不同的文化环境，还决定了在管理方式上各自拥有的文化特性。

多文化团队的另一个主要特征是学习性。既然文化差异不可避免，那么融合文化差异就成为一条必经之路。因此，多文化团队必然是一个学习型组织。团队成员常常通过深度会谈与讨论，避开对于其他文化的习惯性防御，通过不断学习如何消除和抵制妨碍协调的无形力量，最大限度地保证由多元性所带来的创新性与多角度。在管理模式方面，双方利用多文化的优势，进一步补充和吸收管理能力和经验较强一方的文化。

2. 跨文化团队的作用

在全球化的巨大"洪流"中，国家之间的经济依存达到了前所未有的程度。作为经济全球化进程的主体，跨国公司的经营活动也不可避免地、或主动或被动、程度或深或浅、以直接或间接的方式与国际接轨。为了提高自身的竞争力，越来越多的企业实施"走出去，引进来"的战略，利用国际上的各种资源。虽然来自不同文化背景的人们在一起工作变得越来越普遍，但跨文化团队不会自然而然地形成。要组建一个真正意义上的跨文化团队，需要注意的问题有很多，跨文化团队的打造非常复杂和困难。因此，对企业来说，组建高质量的跨文化团队必然涉及高昂的成本。再者，比起单文化团队，跨文化团队有明显的"$1+1\neq 2$"效应。也就是说，在潜在收益巨大的同时，跨文化团队的潜在风险也很大。在这样的情况下，要不要组建跨文化团队是首先要思考的问题。

在被称为"信息时代"的 21 世纪，很少有企业能够完全置身于外来文化（思想、理念、观念等）的影响之外。文化多样性对不同类型的企业所产生的影响是不同的（见图 4-3）。根据经营活动的地域范围和发展战略，可以把企业大致分为四类：本土企业、多元本土企业、跨国企业和全球企业。

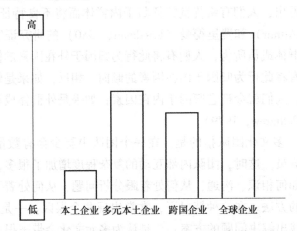

图 4-3　文化多元性对不同类型企业影响的比较

注：资料来自 Nancy J. Adler, International Dimensions of Organizational Behavior, 4th ed., Cincinnati: South-Western, 第 134 页。

（1）本土企业　本土企业的生产要素主要在本国获得，其产品或服务的市场位于本国内。除此之外，本土企业在中长期规划中也没有向国境以外拓展业务的发展战略。立足本土的发展战略，使得本土企业受到文化多样性的影响相对较弱。产品开发、市场拓展、营销策略等只需考虑本国文化的特征。

当然，本土文化会不断地受到外来文化的影响。但是，由于本土文化与外来文化要经历一个碰撞、融合的过程，因此本土企业的经营活动所要面对的不是外来文化，而是受到外来文化影响的本土文化。在这种情况下，企业对跨文化管理的需求不是很强烈。企业只是在需要学习、吸收先进的技术工艺和管理实践时，才可能引进具有外来文化背景的人力资源。这些以专家身份被引进的人通常扮演指导性角色，从事培训性质的工作，其使命一般是短暂的，并不深入参与企业的管理。因此，此时真正意义上的文化多样性影响几乎可以忽略不计。

（2）多元本土企业　多元本土企业是由出口导向型企业发展而来的。在西方大机器生产还有明显优势的时代，企业（主要是制造业）将在本土生产的产品输出到国际市场。很快，这些企业就认识到标准化策略的弊端，并根据每个市场的特殊之处对产品进行必要的改动。本土劳动力成本的大幅攀升而失去竞争优势后，企业就将生产转移到市场地。在每个市场地生产的产品都根据当地需求特征进行设计调整，并且仅仅供应当地。由于不同地区的经济特征、政策法规和文化习俗不同，那些以提供服务为主的企业更需要开发适合当地情况的服务产品。多元本土企业的经营活动受文化多样性的影响很大，它们的产品、服务和发展战略都必须与当地的文化特征相适应。这就要求企业大量雇用了解当地文化的本土员工，跨文化团队的管理问题由此成为这些企业需要面对的巨大挑战。

除了生产型和服务型企业之外，多元本土企业还包括技术输出型企业。这些企业多集中在交通、能源、通信、装备制造业等领域。由于掌握了先进的核心技术，又出于尽可能长期保持核心技术和竞争力的战略考虑，这些企业在出售装备和技术时，总是派出本国员工进行装配、调试、排障等具体工作，而不向外国客户提供技术培训，尤其是涉及核心技术的培训。但是，由于派出的工程技术人员必须得到客户方专业人员的支持与配合才能完成工作任务，因此不可避免地要组成跨文化团队来实施具体工作。由此，跨文化团队管理的问题成为决定这类企业成功的一个关键因素。

（3）跨国企业　跨国企业是那些掌握核心技术、具有压倒性竞争力、有能力制定行业标准、引领消费趋势、在全球开展业务的企业。这些企业往往在某一领域具有独一无二的竞争优势，尤其在产品的设计和工艺方面显示出不可替代性，因此无须过多地考虑当地市场的特征。这些企业的产品对任何一个市场来说都是前卫、新奇的，会引发消费习惯的革命性变化。这时，市场本土文化只能被动接受和适应。跨国企业大多通过实行"全球生产、全球配送、全球经销"的直管模式控制销售链，标准化的产品和管理模式大大减少了市场本土文化对企业经营活动的影响。当然，这并不是说跨国企业可以为所欲为，毕竟它们还要面临与本土生产商和经销商的合作问题，以确保其品质、营销和服务战略的落实。由此可见，跨国企业对跨文化团队的需求并不是很高。

（4）全球企业　全球企业最大的特征是在全球范围内对自己可以支配的资源进行优化，以夺取全球市场的领导地位为目标。全球企业大都存在于产品同质性高、容易被其他竞争对手复制、核心技术更新换代节奏快的制造业。在这些竞争极其激烈的领域，全球企业只有以全球视野制定发展战略，将全球市场看作一个整体，从全球范围内获取智力、技术、资金等各种资源，才能在从产品设计到售后服务的各个环节增强自己的竞争力。由于全球企业的战略目标主要是市场占有率，因此不会忽略任何一个市场"死角"。这种全方位、多角度、各层次的策略决定了全球企业会在全球统一战略方针指导下，面面俱到地对每个经营环节进行优化、整合，而不会采用标准化的模式。这种整合势必要考虑每个局部市场的特殊性，以扬长避短，从而实现局部市场的竞争优势。从局部市场的得失中获取的经验教训也会被认真地研究和分析，以优化企业的全球发展战略。

因此，全球企业受到文化多样性的影响是巨大的，而且是方方面面的。这就使建立跨文化团队成为一种必要，而不是选择。只有这样，企业的产品和服务才会挣脱某一种国家文化的束缚，成为真正意义上的世界产品，而拥有了世界产品和服务的企业才是名副其实的全球企业。

以上对四种类型企业的分析表明，即使在全球化进程如火如荼推进的今天，文化多样性对不同企业的影响也是不同的。跨国企业和全球企业尤其要重视文化多样性所带来的机遇和挑战。企业必须针对自身经营活动的特点，并根据企业的发展战略，制定针对跨文化团队的策略，决定以何种规模、何种形式、在何种范围内组建跨文化团队。简单说来，企业应该主要从以下三个方面考虑跨文化团队组建的问题：

1) 企业的目标是否是发展成为一家全球企业。如果企业的业务是跨国性的或全球性的，那么就有必要建立跨文化管理团队。

2) 企业员工的构成。如果企业的员工来自全世界，那么建立跨文化管理团队将非常有利于增强员工的凝聚力。

3) 企业把自己的客户放在一个什么位置。以客户为中心的企业必须采取一种"等距离"的观点，努力克服"总部主义"。建立跨文化管理团队有助于以平等的视角详细地了解世界各地的客户需求。

3. 跨文化团队的优势和劣势

文化多样性使得跨文化团队具有更好的解决复杂问题的能力。文化多样性的主要潜在优势之一，就是实现不同文化的协同效应，通过创意组合解决技术、商业和人力方面的问题。跨文化团队的优势和劣势见表4-5。

表4-5 跨文化团队的优势和劣势

优 势	劣 势
提高创造力 • 更宽的视野 • 更多、更好的想法 • 更少的小团体意识	破坏凝聚力 不信任 • 较弱的人际吸引力 • 不符合事实的刻板印象 • 更多同一文化内的交流
催生集中力，关注别人的 • 想法 • 视野 • 言行表达的意义 • 主张	交流障碍 • 讲话迟缓：使用外语表达和翻译的问题 • 表达的精确度弱
提高的创造力可以产生 • 更好的解决方案 • 更多的选择 • 更优的决定	紧张 • 对弄巧成拙的担心 • 增加内容分歧 • 紧张气氛
团队会变得 • 更有成效 • 更高产	缺乏以下能力导致的凝聚力减弱 • 对想法和人的认同 • 形势需要时达成一致 • 做出决定 • 协调行动
	团队会变得 • 成效降低 • 效率降低 • 产能降低

注：资料来自Nancy J. Adler, International Dimensions of Organizational Behavior, 4th Ed., Cincinnati: South Western, 第143页。

由于跨文化团队的成员来自不同的文化背景，有着不同的思维方式，整个团队认识问题、分析问题的角度就会比单文化团队多，能够找到的解决问题的方案也就相应增多。企业从跨文化团队中受益最大的方面是创新。正是在不同文化的思维方式针锋相对的碰撞过程中，才产生了许多新事物、新思想，才有了更多产品和服务的创意。

文化多样性固然能赋予团队多元化的思维方式，但是同时也会使团队面临一系列挥之不去的管理难题。文化多样性对于跨国公司的不利影响体现在组织的决策和团队的凝聚力等方面。来自不同文化背景的团队成员将不同的价值观和行为方式带到团队中来，这些文化因素会造成决策标准的多样化，增加每位成员的压力，使得整个团队的绩效受到影响。

跨文化团队的成员来自不同的文化背景，文化影响根深蒂固，成员之间的价值观可能会有相当大的差别。一般来说，共享某种信念或态度的人彼此相吸，而对相同问题有不同看法的人就很难产生好感。由于这些原因，跨文化团队成员需要花更长的时间去了解他人的观点、文化背景和性格特征，更容易产生误解，导致团队成员之间难以有效沟通，常常处于关系紧张的状态。团队成员之间的认同感弱，整个团队的凝聚力就弱，就难以达成共识、步调一致。

4. 跨文化团队有效运作的条件

通过对跨文化团队优势和劣势的分析，可以发现跨文化团队的有效运作需要满足一定的条件。跨文化团队的产出率取决于其任务、发展阶段和处理文化多样性的方式（见表4-6）。总体而言，对达成一致的需求低于对创造性解决方案的需求时，文化多样性更有价值。因此，跨文化团队的管理者需要在日常任务与团队创新目标之间进行平衡。

表4-6　文化多样性对跨文化团队的价值

	文化多样性的有效条件	文化多样性的无效条件
任务	创新	日常
发展阶段	分歧	一致
处理文化多样性的方式	承认差异	忽略差异
	依据能力挑选成员	依据文化背景挑选成员
	相互尊重	民族中心主义
	权力对等	文化压迫
	上位（团体）目标	个体目标
	外部反馈	无反馈（自治）

注：资料来自 Nancy J. Adler, International Dimensions of Organizational Behavior, 4th Ed., Cincinnati: South Western, 第149页。

二、跨文化团队的建设

1. 打造优秀的跨文化团队

（1）打造优秀的象征性文化团队　在必须创建象征性文化团队的情况下，作为象征性成员，必须：

1）认识到自己需要承受的压力，并想办法使自己放松。

2）与其他象征性成员沟通，分享自己的感受，得到他们的支持。

3）发展自己的技术专长，并宣传自己的技术和能力，而不是突出自己与他人不同的文化特征。

4) 清楚地让别人知道自己是来一起帮助解决问题的,并努力寻找各种机会表现自己的能力。

5) 主动与多数成员沟通,向他们请教问题,把他们当成专家和自己学习的资源。

6) 学会一些人际交往技巧,以应对令人尴尬的情形。

7) 培养自己的幽默感,避免把每件事情都看得过于严重。

8) 寻找机会与多数成员建立个人联系,以免自己每次都要面对一个群体。

9) 强调自己与多数成员之间的共同之处,避免总是充当少数成员的代表。

多数成员为了使象征性文化团队的工作更有效,应该:

1) 理解身为象征性成员的难处,并经常检讨自己对待他们的行为。

2) 给象征性成员提供与多数成员一起工作的机会。

3) 不强迫象征性成员之间交往,他们虽来自同一文化,但也可能具有不同的价值观。

4) 敢于面对尴尬处境,指出象征性成员行为的欠妥之处。

5) 公平分配资源,确信每位成员都能得到取得成功所需要的支持和信息。

6) 帮助象征性成员与多数成员搞好关系。

7) 让象征性成员与资历深的多数成员搭档,以便他们学到自身发展所需要的方法。

8) 意识到象征性成员之间也是有不同的,不轻易将他们归成一类。

除此之外,团队应建立公开的程序,让象征性成员有与他人一样的发言权。如果不建立公开的程序,没有专门留给象征性成员说话的时间,他们也许就没有表达想法的机会,而其他团队成员还可能怪他们不愿为团队的讨论做贡献。

(2) 打造优秀的双文化团队　打造优秀的双文化团队,必须冲破内外群体的隔阂,消除社会距离的空间。这可以从两个方面着手:

1) 增加双方文化群体成员之间的接触,尤其是正面、积极的接触,这对淡化彼此之间存在的成见会很有益处。

双方应该主动创造社交机会,让大家在非工作状态下放松、自如地交往。大家一起吃饭、看电影、去酒吧,在轻松愉快的场合展露真实的个性特征。结果可能发现,事实与你的想象并不同,或者对方文化中的某位成员事实上与你有很多共同的兴趣爱好,甚至相似的个性特征。这样,随着了解慢慢加深,成见就会越来越少,人们开始把每个人看成独特的个体,而不只是某个群体中的一员。同时,彼此的接触也可能导致文化的渗透,而使彼此变得相像。

2) 让双方关注团队和公司的目标,即所谓的"超常目标"(Sherif,1965)。

在双文化团队中,这个超常目标就是所在组织的成长和发展,而不是小群体的目标。双方都应明确认识到,整个企业的发展对大家都有极大的好处。这样,大家就会有努力的共同方向,就更可能积极地想办法解决由于文化不同而带来的冲突,从而实现文化融合。

(3) 打造优秀的多文化团队　打造优秀的多文化团队要注意以下几点:

1) 了解其他团队成员。对每位成员的文化背景、技术特长、性格特征、兴趣爱好以及家庭状况做尽可能全面的了解,而不是只了解与工作有关的层面。

2) 对团队成员的民族构成有所意识,即对每位成员的文化导向有一个大致的意识,采取尊重的态度对待不同的文化。

3）确定团队具有合适的资源、权威和必要的训练去达到目标。对团队面临的工作任务做比较全面的分析，同时分析每位成员的技能水平，思考可能得到资源的方法。

4）开好第一次会议。第一次会议之所以重要，原因在于这会定下整个团队未来合作的基调。在许多亚洲国家，因为重视人际关系和长期导向，所以第一次会议一般都不谈具体工作，而是提供机会让大家相识。

2. 合资企业的双文化团队管理

（1）合资企业的概念　合资企业是指由外国投资者与东道国投资者为共同经营一项事业，联合出资，依东道国法律在境内设立的企业。[1] 相对于普通企业，合资企业是由双方共同投资成立的，企业的管理就需要由双方共同协作，企业经营的盈亏也需要由投资双方按一定比例分摊。

合资企业之所以能够成为一种重要且有效的经营模式，是因为它有诸多独特的吸引力。从外国投资者的角度来说，市场上一些极具吸引力且生产成本较低的东道国，政策上对外国投资者有诸多的限制，使许多外国投资者望而却步。合资帮助打破了这些限制，迅速优化了全球生产体系与销售体系。从东道国投资者的角度来说，合资可以帮助引入其缺乏的发展资金、人才资本、先进的生产技术、管理方式与经验，也让这些毫无经验的东道国企业通过跨国公司成熟的渠道和经验快速进入国际市场。

绝对成功的经营模式是不可能存在的。合资企业也有它的弊端。首先，合资双方在管理上无法轻易划分，导致管理混乱并存在许多矛盾。其次，合资双方在投资目标上可能存在不一致，从而影响效率。最后，也是最重要的，传统文化上的差异使双方的很多基本观念不一致，可能导致文化冲突或管理决策方面的困难。

案例 4-7

东风日产的双文化团队管理

东风日产乘用车公司（以下简称东风日产）的前身是 2000 年问世的风神汽车公司，当初只是东风汽车集团股份有限公司（以下简称东风）与裕隆汽车制造股份有限公司（日产汽车公司拥有部分股份，以下将日产汽车公司简称为日产）无心插柳的合作试验品。风神汽车公司在短短三年的时间内，创造了汽车行业前所未有的发展奇迹。2003 年，日产与东风全面合资，风神汽车公司被收入其中，更名为"东风日产乘用车公司"。[2] 这个由风神汽车公司、东风和日产三强结合而成的公司，成立伊始就备受瞩目。

但是，在 2004 年，东风日产销量大幅下降，东风和日产合资过程中存在的问题逐渐暴露出来。由于日产与东风都拥有自己的成功模式与经验，导致在管理决策权上的分配难以达到平衡。以营销团队为例，当时东风日产营销团队的管理层完全以日方管理者为班底，中日双方在营销观念上有很大差别：中方讲究快速灵活，强调敏锐的市场洞察力；日方的营销方式追求一种计划性，要求营销部门严格按照年初的计划执行。

在不确定性相当大的中国市场，营销计划往往是不准确的。一方面，由于当时市场不景气，竞争产品也有很多，中方希望营销团队紧跟市场节奏、调整价格策略。日方却坚持按年

---

[1] 卢进勇，《海外投资要注意科学地选择企业组织形式》，载于《山东对外经贸》，1994 年第 9 期。
[2] 贾永轩，东风日产断点续传，载于《商界·中国商业评论》，2006 年第 10 期。

初的计划执行，而这种坚持直接导致当年销量大跌，产生大量库存。另一方面，由于不熟悉中国市场，日方管理层在产品定位上也发生了偏差，定位被拔高了的"阳光"系列车冲击着自己的低端"蓝鸟"系列车市场，而后推出的"天籁"系列车又冲击着自己同样被拔高定位的高端"蓝鸟"系列车市场，以至于再优秀的研发生产水平也拯救不了产品组合的自相矛盾。2004年，东风日产低迷的市场表现甚至在一定程度上危及合资双方母公司的相互信任。

事实表明，日产的管理方式在某些方面并不适用于中国市场。2004年的挫败让双方冷静下来，开始共同探讨解决方案。在探讨与合作中，一个融合了日方计划性与中方灵活性特点的《东风日产共同行动纲领》诞生了。纲领分析了企业各职能部门存在的问题，以及问题背后文化理念与管理行为的差异，找到了解决问题的具体原则。其中一个重要的改变就是，中方管理者开始主管市场，日方则更多关注研发与生产环节。

2005年上半年的统计数据表明，在中国整个乘用车市场销量同比增长48.66%、利润下降50%的情况下，东风日产销量同比增长超过220%。[⊖]《东风日产共同行动纲领》的出台产生了十分显著的效果。

（2）合资企业双文化团队的管理手段　合资企业可以在双文化团队中挖掘出文化差异所在，从不同方面寻找适应自身企业特点的团队管理方法。以下就从管理的五个职能角度阐述双文化团队的管理方法：

1）计划。在计划职能方面，合资企业确定统一的使命、目标、战略、政策、程序、规则、规划及预算，是减小文化差异影响的一个途径。团队通过充分交换意见，使双方共同做出符合双方利益的让步，让持有不同管理理念的双方统一在一个行动原则下，共同按原则开展工作，并安排专门人员对准则实施进行监督，制约双方的行为。这种方法能帮助双文化团队顺利度过文化融合阶段。

2）组织。组织职能中的分权与授权在双文化团队中相当重要。如果对不同文化成员的授权不恰当，可能抑制弱势文化成员的参与和贡献，并可能进一步抑制多元创意，在管理方面也会产生诸多不必要的麻烦。双文化团队的管理者不能预设文化的相对优劣，应按每位成员的能力分配权力。

3）人事。人事职能强调的是人员甄选。在双文化团队管理者的选择上，除了必要的知识技能储备、管理经验储备和管理能力储备之外，冲突的处理技能和双文化的沟通能力也同样重要。在团队成员的选择上，首要考虑的应当是对两种文化价值的理解和接受程度。同时，应保证以最少的成员数量掌握团队所需的全部知识与技能，组织规模的缩小能减少跨文化沟通的障碍。在人员甄选方面，一般无法做到尽善尽美，因而员工培训就显得尤为重要，使双文化团队成为一个学习型组织将会很有帮助。

4）领导。领导职能中最重要的是沟通。双文化团队中容易出现一种以自己所在群体为中心，对其他人都以此为参照进行分类评价的倾向。这种倾向易引发跨文化沟通障碍。作为团队管理者，应减少团队中基于文化的轻率判断。双文化团队成员间的平等沟通和对目标的共同努力，将有助于弱化这些文化偏见。

5）控制。管理控制的过程是通过反馈系统完成的。反馈同样可以帮助融合双文化团

⊖ 杨云龙、傅强，《整合把问题消灭在根源》，载于《科技智囊》，2005年第8期。

队。一方面，在团队建立早期，可以多向团队成员提供正面反馈，鼓励团队积极运作。另一方面，来自团队以外管理者或高层管理者的反馈可以帮助团队成员将自己的团队看成一个整体，鼓励同在一个团队的伙伴协调合作，完成团队的共同目标。

3. 跨国公司的多文化团队管理

（1）跨国公司多文化团队的优缺点　当国际商务活动的范围不断扩大，企业的业务变得更加复杂，产品和技术更加成熟时，员工之间的有效合作变得更加重要，企业内部需要协调各方，通过彼此共享感受、洞察力与知识，达到使工作更加有效的目的。通过对各区域竞争优势的整合，多文化团队不仅为跨国公司创造了利益，还缩减了成本，并带来了巨大的边际效益。㊀

例如，波音 777 飞机从设计到交货的全部过程，要用比以前机型更短的时间完成，要以更低的造价满足客户的需要，要让飞行人员和乘客感到舒适，更要比任何其他飞机节省燃料。因此，两百多个小组参加了波音 777 的设计、制造和装配工作。在这些小组中，不同部门、单位和国家的工程师在一起有效合作，是成功的关键。

对于所有向外扩张的跨国公司来说，保留优秀本土人才的同时，吸纳国外的业界精英是多文化团队成功与发展的关键。只有实现合理的市场战略、综合的国际人力资源配置及有效的资源利用，才能发挥出多文化团队的全部作用。

跨国公司多文化团队的出现顺应了经济全球化时代背景的要求，其最大优点在于，以不同的专业和教育背景、工作经验和经历、民族文化和国家文化所形成的感知差异，使群体创造性地解决问题和取得成就的基础得以扩大，可以联合各方优势解决问题。㊁实现跨国公司战略目标的重点在于，如何运用科学的方法扬长补短，使文化差异的积极影响作用于团队的整体表现。

由于不同形态的文化或者文化要素之间相互对立、相互排斥，不可避免地产生跨文化冲突是多文化团队最突出的缺点。该冲突体现为跨国公司在其他国家经营时与东道国的文化观念不同而产生的冲突，或者企业内部由于员工分属不同文化背景的国家而产生的冲突。如何有效管理跨文化团队，减少冲突的产生，是跨国公司管理的重要课题之一。

在多文化团队中，由于文化对管理模式的影响，跨文化冲突主要表现在协调组织、考核机制、团队激励等方面。㊂

1）协调组织。由于外籍员工一般来自不同的地区，生活习惯和工作习惯差异很大，对事务的理解也各不相同，很难遵从同一组织运作模式，对于工作纪律的自我约束性也各有相异，由此给管理带来一定的难度。

2）考核机制。来自不同文化背景的团队成员不容易对特定的绩效目标达成统一的认识，需要管理者深层次地沟通、了解，因此对绩效考核标准的灵活性和能动性有更高的要求。

3）团队激励。由于价值观不同，看待激励的关键因素相应也有所不同。由于文化背景不同，有些成员将薪酬、季度奖和期权视为激励的关键因素，而有些成员则更看重职位的晋升和工作的挑战性。这一点除了与性格相关外，还与文化底蕴和生活环境有一定关系。

㊀ 谌岈，《国际企业的跨文化团队管理研究》，载于《环球企业家》，第 2004 年第 8 期。
㊁ 孙静、马彩云，《构建高效的跨文化团队》，载于《商业文化》，2007 年第 7 期。
㊂ 杨钦，《跨国项目的跨文化管理研究》，载于《经济管理》，2001 年第 10 期。

(2) 多文化团队管理的目标和原则　　多文化团队是有明确的任务和分工的正式群体，拥有所有成员一致认可的组织目标，由不同国籍、不同文化背景、不同沟通交流方式、不同工作风格及不同价值取向的员工汇聚在一起，为共同的目标而相互协作的队伍。[⊖]现实生活中，跨国公司充当了推行经济全球化战略的重要角色。因此，跨国公司多文化团队的出现不是人们主观上的一厢情愿，而是客观世界的一种产物。企业多文化团队管理就是要使企业文化与当地文化相融合，克服企业在国际化进程中遇到的文化差异，实现价值观认同与工作效率的提升。处理多文化团队管理问题的指导思想如下：

1) 有效协作是多文化团队管理的目标。美国语言哲学家格莱斯（H. P. Grice）在1967年提出："有效协作是跨文化管理的目标"。管理者的首要任务就是采取有效的激励方式，激发团队成员的工作热情，同时通过协调组织，实现所有成员的有效合作。尽管文化背景不同，但团队成员若经过有效的引导，其信心也会增强，并具有更高的热情。激情是对团队成员最基本的要求，不是表面张扬或表情夸张，而是源自内心的，即真正执着于工作，执着于每件事的成功。开发出每一款产品的目的不在于能否成为业界最好的产品，而是为了最好地满足客户需求；做业务技术规划时，是否追求这个产品出来后能给公司带来更多价值。这才是真正的激情，也是团队最需要的。将信心、激情以及协作融合起来，就是一致的、积极向上的团队精神，是团队保持生命力的关键因素。

2) 敏感和尊重是多文化团队管理的原则。对一个多文化团队而言，最基本的管理就是对所有文化的敏感和尊重，感知每一种文化的存在。一个文化悠久、底蕴深厚的国家或民族，往往会对别的国家或民族的文化不敏感甚至忽略；而在跨国公司的团队管理中，对此方面的要求会非常高。不同文化背景下，价值观、态度和行为的表现均不相同。比如，日本公司的电梯里，大家保持沉默，因为日本人认为在封闭空间里要保持和谐；但是，美国人认为这样很尴尬。由于文化理念不同，对于很多问题的处理都需要因人而异、因文化而异。

3) 给跨国公司多文化团队管理的建议。跨国公司多文化团队管理所秉持的一贯原则为包容、理解，这是最根本的出发点和核心。欲合理运用多文化团队管理技巧，以达到企业的经营目的，需要从多方面考虑。

团队文化多元化、空间扩大化，大大增加了跨文化团队管理的复杂性、风险性和不确定性。在跨国公司内部，东道国和母国之间、来自不同国家的管理者和员工之间的文化传统差距越大，东道国文化和母国文化相互交叉结合时需要解决的问题也就越多。对于一个跨国公司来讲，跨文化管理的难度是可想而知的，其管理需要表现出高度的柔性，确定合适的战略目标，建立完善的沟通及培训机制，选择恰当的整合方式。

跨国公司多文化团队正呈现横向与纵向的双向发展趋势。一方面，横向跨越地域、国界的限制，将团队任务合理分配，利用团队成员各自的优势解决问题，并最终达到最理想的总目标。例如，上文提到的波音777的制造流程，由各国的相应部门组成地域分开的团队，利用各自技术、劳动力、原料等方面的优势完成任务。另一方面，纵向协调利用跨国公司内部资源，根据不同市场运用不同策略、计划，以任务为导向，灵活组建针对性较强的多文化团队，不同的市场需求决定了多文化团队的构成。

⊖ 孙静、马彩云，《构建高效的跨文化团队》，载于《商业文化》，2007年第7期。

跨国公司多文化团队管理中，很重要的一点是差异化管理，相信未来也将延续这种基本的管理方法。多文化团队成员将会在培训与指导下，自然而然地以工作为导向。通过协同关系发挥整体优势，从而提高效率，增强团队的整体实力。在民主法律制度越来越受各国重视的情况下，文化平等、尊重文化多样性与文化自由成为多文化团队壮大的基础和前提。日本员工的执行力、中国员工的决策力、美国员工的创造力、欧洲员工的协调力都能合理地被管理者有效利用。当然，沟通是其中最重要的桥梁。跨文化沟通是未来多文化团队合作的重要途径。

在微观方面，多文化团队管理者与团队成员的选择将是整体成败的关键之一。从团队的发展历程来看，团队管理者要担任激励者、协调者、整合者、参与者的角色，一个成功的管理者决定了一个多文化团队的成功。然而，团队管理者的任用必须以澄清目标和对所处环境的评估为前提。在团队的不同发展阶段，对管理者的素质要求是不一样的。团队管理者需要在不同的阶段扮演不同的角色，如在早期是团队的倡导者、资源调配者，在后期则可能是整合的推动者。没有任何一个单独的个体能完全适合所有阶段的工作。因此，对团队管理者的选择、再选择及持续不断地培训和发展支持者，需要采用权变的方式进行。

同样，多文化团队不是一个管理者和几个下属随意组成的，好的将领也需要有好的士兵作为其打仗的辅佐力量。在多文化团队中，团队管理者不可能具备多文化团队所需的全部品质和技术能力，团队成员的选择应慎重对待。

首先，既然是多元化的、异质性的团队，那么团队成员的多元化就成为首要考虑的因素。在挑选过程中，除了要注意考察团队成员的文化特性外，还要考察其对多元化价值观的理解和接受程度。其次，要想使跨国项目能够在低成本的情况下有效地运作，一个卓有成效的原则就是用最少的人掌握团队所需的全部知识和技能。这就要求对团队的规模有一个合理的界定，既能保证团队具备所需的知识和技能，又能减少管理和沟通的障碍。解决的办法是：可以先建立一个核心工作小组，再根据需要随时对这个小组进行补充。再次，考察团队成员对专业知识的理解和实际运用的经验，这是对其最基本的素质要求。这三点正是未来多文化团队选择成员或者组建团队的重要原则。

案例 4-8

跨国公司多文化团队管理

一、微软公司

微软公司产品开发团队的成员大多来自不同的国家，这些成员对自己原来的文化非常熟悉，这使得公司具有能使各种软件适应不同文化习惯和价值观的优势。公司成立了多元化部门，专门整合、利用员工资源。迄今为止，员工的文化多样性在产品设计、销售、翻译等各个方面已为公司带来了巨大的价值。比如，在设计 X-Box 这款游戏控制器的时候，公司起初只打算以美国中、青年男性群体为主要客户样本，然后向全世界发行。由于美国男性普遍比亚洲男性高大，因此如果这些产品远销亚洲国家，肯定会有很多人觉得控制器不好用。当时 X-Box 项目团队中正好有几位来自日本的成员，他们看了产品后迅速觉察到了这一问题。于是，项目组在产品问世之前对控制器进行了重新设计。显然，如果没有来自日本的团队成员的跨文化视角，市场占有率将大打折扣。跨文化团队的优势在这里得以体现。⊖

⊖ 陈晓萍，《跨文化管理》（第二版），清华大学出版社，2009 年版，第 215-216 页。

二、百得公司

世界著名五金公司百得（Black & Decker）为了开发新产品，组建了一个跨文化团队，队名叫"Quantum Team"（量子团队）。85位成员分别来自美国、英国、德国、意大利和瑞典等国家，专业背景涉及工程、财务、设计、营销等。团队组建后，在短短12个月内就设计开发出新产品"量子工具"（Quantum Tools）。㊀由于成员文化背景和专业背景的不同，公司提出了各种在单一文化团队中无法实现的想法和方案。结果，新产品切合市场，富有创新，立即成为畅销产品，并荣获许多奖项，包括来自沃尔玛等大零售商的年度奖，为企业带来了巨大的经济利益。

三、NEC通讯（中国）有限公司

如今的跨国公司不同以往，愿意由不同国家的成员共同组建管理团队，不再局限于将核心指挥权掌握在跨国公司本部高层手中，这无疑是经济全球化的一大进步。2004年5月，NEC通讯（中国）有限公司大胆起用了此前一直供职于欧美企业的职业经理人卢雷担任公司总裁，并且组建了一支跨文化管理团队。NEC通讯（中国）有限公司的管理团队就是一个比较标准的跨文化管理团队，一共有16位高层管理者，其中3位是美国籍、加拿大籍，5位是来自NEC本部的日籍人员，其他8位都是中国人。NEC公司一直想求变，它在日资企业中是一个比较注重革新的企业。由技术导向转向市场导向的一个关键问题，就是必须搭配好管理者团队。实现以客户为中心最便捷的办法也是建立跨文化管理团队。㊁

本章小结

文化差异给跨国经营带来了挑战，跨国公司处理文化差异的战略方法有忽略文化差异、最小化处理文化差异、利用文化差异中形成竞争优势等。跨国公司企业文化的特点包括价值观和信念的多元性、行为方式上的冲突性、经营环境的复杂性、文化认同和融合的过程性。企业的跨文化管理方法有文化适应、文化相容、文化变迁、文化规避。企业跨国并购的文化整合模式主要包括同化、融合、隔离、引进。跨文化团队包括象征性文化团队、双文化团队和多文化团队。

思考题

1. 企业常用的跨文化管理方法有哪些？
2. 企业跨国并购的文化整合模式包括哪些？
3. 如何管理跨文化团队？

章后案例

"勤恳实干"对比"精明灵活"——法国人与瑞士人之间的误会㊂

在中国人的印象里，法国与瑞士这两个国家的差别应该不大：它们不仅国土相接，生活

㊀ 徐明、张骏生，《为不同的文化搭起管理之桥》，载于《人力资源》，2006年第18期。
㊁ 俞斐、段进东，《跨国经营中的跨文化管理策略探析》，载于《商业研究》，2005年第23期。
㊂ CHEVRIER S. Culture et mondialisation：Gérer par-delà les frontiers [M]. Paris：Seuil, 2002：139-163.

习惯也很相近。法语是瑞士使用范围最广的官方语言之一，而且法语区主要分布在瑞士西部的政治、经济、文化中心地区。就连瑞士的货币也被称为"法郎"。当你进出法瑞国境时，几乎感受不到任何差别。所有这些似乎足以让我们认为法国人与瑞士人的合作是毫无障碍的，甚至是天衣无缝的。可现实却并非如此。下面的案例就能充分体现这一点。

我们所考察的是一家位于瑞士的企业。自1900年诞生之日起，该企业就一直从事电力设备的制造。几经起伏，企业在20世纪80年代初发展成为在多个国家拥有子公司、雇员超过500人的现代化企业集团。1985年10月，员工突然获悉集团2/3的业务将被一家更大规模的法国企业收购。收购之后，除了原有的来自不同国家的员工（奥地利人、加拿大人、巴西人、印度人等）外，大量法国人来到这家企业工作，包括并购企业任命的各级别管理者、工程人员、技术人员、操作人员及实习人员。几年时间里，随着业务的发展，企业内建立了大大小小的项目团队，它们承担了从排险除障到难题攻关的各种各样的工作。这些团队由不同国家的员工组成，以法国人和瑞士人为主。

在与这些团队的接触中，我们深深地体会到了文化差异的存在。几乎所有受访者都抱怨沟通不畅、不同部门之间的冲突，以及紧张的私人关系。乍一看，这些问题与我们在几乎所有企业中能够观察到的，诸如不同职业之间的协作、信息流动及人员关系等常见的管理难题如出一辙，没有大的区别。例如，在谈到生产部门与营销部门的隔阂时，我们听到这样的牢骚："我们这里销售部的人都是外向性格，其他人是另外一种性格。销售的目的是'卡住'竞争对手，而技术人员有自己的'开关'。如果要求他们把'开关'旋转180度（即改变技术方案），这简直是惨剧。"销售人员则认为："技术人员找到的'最佳方案'通常不考虑给销售带来的影响"。

人与人合作的质量似乎取决于私人关系的好坏。在谈到合作不顺利的原因时，一位瑞士工程师说道："个性不同，相处就有问题。这就像一个家一样，家里人也不可能总是相处得很融洽。""我们不争吵，平静地解决争端。"一位马来西亚工程师说道："但是，这也取决于私人关系。"被蒙在鼓里的感觉也是摩擦的导火线。一些工程技术人员对难以获得准确信息颇有微词："获得信息太难了。要提出要求，却不知道到哪里去提要求。有的人掌握着对别人有用的信息，却一声不吭。"抱怨过后，我们的受访者，尤其是瑞士人，又都强调这些现象的普遍性，不值得"大惊小怪"，而且用"每个人""人们"等泛指且中性的词汇尽量避免将上述问题与具体国家的某些员工联系起来。但是，这是否能够使我们得出结论——在这些团队中不存在源于文化多样性的管理问题呢？

团队的例行工作会议充满了友好的气氛。但是，在这种表象下面，却是法国人与瑞士人之间建立在老套、刻板、成见之上的相互批评与攻击。相同国家的团队成员通常会在休息和用餐的时候聚集在一起，发泄心中的不满。他们在这种非正式场合所说的话和在官方场合所说的话大相径庭。只有在法国人或瑞士人单独在一起时，他们才会公开地用"法国人"和"瑞士人"的叫法。瑞士人说："法国人自以为了不起，在我们瑞士人面前耀武扬威，好像他们比谁都懂……"法国人则说："瑞士人总以为自己比别人强，比别人做得好，他们是自恋狂……"这些赤裸裸的攻击性言论除了能使我们感受到跨文化冲突的激烈程度外，也可反映出彼此之间的成见很深。在法国人批评瑞士人缺少全局观念、节奏迟缓并拘泥于程序上的细枝末节时，瑞士人则指责法国人忽视细节、不现实并且不遵守规则。这些带有明显文化标记的成见（瑞士式的缓慢、法国式的随便等）表明，团队合作中遇到的困难已经不再是简单的职业关系和人际关系了。很显然，尽管团队成员天天在一起共事，他们之间的文化距离却很大。成见是一个群体在另一个群体眼中的固有形象（通常为负面）。它不仅从一个侧面体现了客体（成见的对象群体）的文化特征，更重要的是反映了主体（形成成见的群体）的意义世界。透过这个意义世界，我们可以管中窥豹地了解主体的世界观。这对深入认识文化冲突的本质，从根源上消除成见、化解误会、促进交流、增进了解、提高合作效率至关重要。通过对法国和瑞士两边的受访者心声的仔细解读，我们发现双方文化传统对"质量"这一概念的理解存在重大分歧。

一、瑞士质量

1. 技术质量：可靠性、高端（产品）和对细节的关注

瑞士人对"质量"这个词情有独钟，他们甚至认为瑞士即代表质量，质量即代表瑞士。一位瑞士工程师自豪地说道："我们有质量的形象，因为我们是在瑞士。"对他而言，质量首先体现在材料的可靠性上，而且瑞士工厂在这方面一直以来都领先于集团（收购前）分布在欧洲其他国家的工厂。他说："（收购前）我们的产品是领先的，以质量可靠而著称。法国人看中的就是我们的质量"。

为了达到可靠性的要求，瑞士工程师总是选用市场上能找到的最高端的原材料，而被迫使用质次、价低的材料是他们最难以接受的事情之一。一位瑞士工程师说："卡拉奇（巴基斯坦）当地供应商的价格低，但质量也差。要让一个（瑞士）工程师对他不认可的东西承担责任，似乎有些强人所难。"用便宜的原材料或以低价转包工程，对瑞士人来说就形同放弃了质量。其他国家的团队成员对此有目共睹，但是却将其视为一种竞争劣势。一位马来西亚的技术人员说："我的瑞士同事非常在乎质量问题，他们喜欢把活儿做得非常好。可是，大多数时候，我们的产品是要卖到发展中国家的，瑞士的质量有点太贵了。"

瑞士质量不仅要求高端的材料，而且十分注重产品的细节，追求精致和完美。一位瑞士工程师如是说："一边是精益求精甚至是吹毛求疵的瑞士人和德国人，一边是有另一种截然不同哲学的法国人，两者差别很大。瑞士人和德国人的观念相同。法国人更'宏观'一些，缺乏细节观念，在细微之处通常做得不好。尽管我们相信法国人有思路、有创意，但他们不能把自己的思路像瑞士人一样很好地付诸实施。比如，法国人会造很好的汽车，但如果掀开前车盖……我们造的车绝不会生锈。"瑞士人对细节的注重不仅体现在成品上，而是从每个环节入手，包括劳动的组织方式，甚至是生产环境。一个团队负责人（瑞士人）这样说："一次我们应邀到××工厂（集团位于法国的一个工厂）参观。工厂很破旧，车间简直就是一个'集贸市场'（chnee，瑞士方言），甚至连通道都没有，乱七八糟……现在××工厂干净了，有人管了，设备之间也设立了通道，我可以带着瑞士客户去参观一下工厂。它和我们这儿的厂子几乎一样了，还不错。"从这一点上看，甚至法国人工作记录上潦草的笔迹都是不符合瑞士质量标准的。很显然，井井有条的生产环境是瑞士企业向客户所作质量承诺中不可或缺的要素。低端材料和混乱不堪不仅会直接影响工艺水平，还导致了团队中工作关系的困难。

2. 工作质量：努力、和睦和辅助

瑞士质量同样体现在与客户和谐的关系上。另一位团队负责人（瑞士人）说："我们的

工艺是一流的,这从客户的投诉数量上就可以看出。我们从来没有客户投诉,这与那边(法国)可不同。"质量在关系层面绝不仅仅体现在与客户的来往方面,团队内部的社会关系也处处有质量的痕迹。在瑞士人看来,优质的产品与优质的工作密不可分。优质的工作不仅是努力完成自己的分内工作,更重要的是通过互助实现高质量的合作。"技术工作进行得很顺利,因为大伙儿都对问题胸有成竹,都相互推一把",一位瑞士工程师如是说。"有时间(给别人解忧)""能指望得上"是瑞士人对社会关系——不管是平级还是上下级——的最大期待。"一个好的管理者应该准备足够的时间倾听(下属),帮助解决问题",一位瑞士团队负责人这样评价自己:"我给出的时间就不够,我承认。我会努力改进"。"从来没有时间"的销售部人员在采访过程中不止一次地被指责。

"帮助"还有一层更为重要的含义,那就是在出现利益冲突时通过和解达到和睦。"每个人都抬抬手,帮个忙,没有过不去的坎儿。"一个瑞士工程师如是说,他认为瑞士的工作质量恰恰体现在这种强烈的合作愿望中。他说:"起初,瑞士联邦只有靠输出劳动力才能生存,工作质量由《劳动和平条约》(1937年瑞士冶金行业雇主和工会达成的一项旨在和平解决劳资冲突的协议)保障。"这种说法,与认为瑞士的国家繁荣在很大程度上受益于瑞士特有的利益协调方式,以及至今还十分流行的劳动附加值的观点遥相呼应。达成共识成为最高境界的行动原则。

然而,利益的协调并不是以牺牲每个人的自主为代价的。瑞士人对自主是极其重视的,不仅包括各个等级的自主,而且包括子公司面对集团的自主。在这一点上,瑞士人很遗憾自己的工厂被法国人收购。一位瑞士工程师坦言:"我们失去了自主权,失去了做决定的权力。从此,我们再也不能独立工作了。我并不是说那边(法国)的决定都不好,只是它们不再在我们这儿做出。现在,我们是被远程遥控了。"甚至定期提交工作报告也被视为对自主权的侵犯。一位瑞士操作人员对此很抵触:"你只要来问我干了这个没有,干了那个没有,就完了嘛!何必……(写报告呢)?"显然,在瑞士人看来,想要了解情况,就必须花费时间,即使管理者也不能例外。

这种在社会关系中对自主的追求与上面的情节是对应的。如果每个环节、每个人的声音都能体现在产品中,那么它就能够成为一件无可挑剔的精品,这是很好理解的。但是,瑞士的自主绝对不是各自为政,随心所欲,它是以严格遵守规则的高度专业化为前提的。每一项工作的职责和任务都规定得十分明确,每个人都在自己的专业范围内行事,绝不越俎代庖。一位部门负责人(瑞士人)介绍说:"我们正在为很宽泛的规定制订实施细则,以免有不同的理解。虽然每个部门的业务范围都规定得很明确了,但还有一些真空区域需要再协商。新规定应该能覆盖90%的问题。"在这种条状分割、泾渭分明、各负其责的组织方式中,经验化和专业化是受到尊重的,这样才能"深入细节"。相反,专业化的缺失以及上面提到的"没有时间"则是工作质量的大敌。一位瑞士技术人员对此颇有微词:"销售部那边没有专业人士,上面的人也缺乏经验,再加上他们从来没有时间。他们只知道下达指令,并坐等工作完成。这些人不会深入细节,实际上什么也不会干。"但是,瑞士人的这些观念和做法被法国人视为"缺乏大局意识和整体观念"。一个法国工程师这样评价:"这里的人(瑞士人)都只关注自己的事儿,很少看别处。"法国人对质量有着自己的理解。

二、法国质量

1. 全局眼光

在法国人看来,一个"好的解决方案"只能通过整体观念下的系统思考才能找到。一位法国工程师这样说道:"在法国,我们从环境、系统着手;而瑞士人看的多是小处,注重细枝末节,很少通盘考虑。"瑞士人对这样的评价似乎也予以认可。一位瑞士团队负责人如是说:"在瑞士,我们试图找到能立竿见影的办法,并不太在意将来有什么(后果)。我们只专注要解决的手头问题,不管其他的。法国人看问题就比较远一些。"全局的眼光就自然要求技能超越某一个十分精确的专业范围,而不是局限于"头痛医头,脚痛医脚"。提高自身职业素质就是尽可能成为"通才""全才"。为此,要能够"跳出"纯技术的范畴,这样才能进步。"我可不打算泡在技术里",一位法国工程师这样说,并指出:"那些能够应付客户各种各样问题的人,都是有15年的经历并打算花一辈子的时间在上面的。"成为一个"专家"绝对不是法国人所追求的。

为了全局是可以牺牲细节的。法国工程人员甚至曾经把一份颠三倒四、装订粗糙并有大量拼写错误的实验报告给了客户。对他们来说,作为细节的形式远没有作为实质的内容重要。一位法国工程师的话使我们对这一问题有了更深的认识,他说:"攻克技术难题,我们感兴趣。给客户画设计图样,我们不感兴趣。"根据技术工作技术含量的多少、是否体面,法国人表现出的工作热情大相径庭。拒绝"跑龙套",承担最有难度的工作,成为法国人体现自我价值的方式。法国人对质量的理解包含在这种对创造性技术的追求中。

2. 精巧的创造

法国人认为一个"好的解决方案"一定是"巧妙的"。问题越复杂,越能激发法国人的兴趣。客户的一些附加要求通常被瑞士人认为是"过分的",而在法国人这里却被愉快地接受。不仅如此,法国人甚至还主动给客户提出改进建议,而这通常会增加技术难度。但是,这并不意味着法国人处处为客户着想,而是他们认为"应该这样做"。在一次变电站的施工中,由于地势限制,法国工程师决定将一段原本应架空的电缆改为暗埋地下。因为地下空间为他用而预留,所以客户对这一方案表示反对。但是,法国工程师依然我行我素,将电缆暗埋。最终,问题得到了解决。法国人从不拘泥于条条框框的限制,只要认为是合理的就会去做。一位法国技术员说:"虽然我解决问题的方法不一样,但这样更快,而且结果是一样的。"突破常规被认为是个人聪明才智的发挥和精巧的创造。

对法国人大胆创新、不拘一格的精神,瑞士人是能够感觉到的。但是,他们认为法国人对自己精巧创意的自信使其忽略了与客户的关系,而在瑞士人那里与客户的关系是应放在突出位置的。然而,法国人认为不拘一格不但不代表业务不精、缺乏职业素养,反而是他们追求真理的品质的体现。

3. 追求真理

与瑞士人强调"共识"不同,法国人始终把"真理"作为行动的准则。瑞士的质量产生于调节利益纷争的社会过程中,而法国的质量则永远要符合技术真理。那么,对法国人来说,质量是呈现出来的,而绝不是协商得来的;这种呈现可不是所有人都能看出来的,因为它不是通过细节,也不是通过精致的工艺体现出来的——只有专家、内行才能感受到法国的质量。法国的工程技术人员似乎也不在乎客户是否明白他们高深的创意。一位法国工程师说："我们都是内行对内行，我们觉得客户也都是内行，他们明白我们在说什么。"因此，即使是在给客户的设计报告里，也充斥着大量专业术语。这些做法在瑞士人看来是不利于与客户发展良好的合作关系的。

三、结语：一枚银币的两面

瑞士人和法国人对质量的理解是不同的，他们从不同的角度思考问题。瑞士人对质量的认识遵循一条因果逻辑：只有努力地工作（不管是个人还是集体），才能创造出优质的产品。瑞士人认为，正是优质的产品保障了瑞士人能享受别人都羡慕的生活。一位公关部负责人（瑞士人）这样说："有谁不愿意来瑞士生活？可又有谁愿意像我们瑞士人一样工作呢？"

法国人则认为质量是在遵循技术规律的基础上，靠巧妙的构思、大胆的创造实现的。为此，不仅可以牺牲没有技术含量的细节与工艺，而且也不必过于注重各种各样纷繁复杂的社会关系（工作关系、与客户的关系等）。因为每个人都是遵循真理而行事的，在这种情况下，每个人的决定、行动都是站得住脚的、有理的和合法的，自然也就没有向任何力量妥协让步的可能。

在这种从不同角度思考问题的互动中，交流与沟通就发生了障碍。一位瑞士的项目负责人说："当我跟法国人谈事情的时候，要比跟瑞士人谈事情多花一倍的时间。"由于瑞士人和法国人不是在同一事务上花费时间和精力——瑞士人将时间用在达成共识上，法国人则把时间用在说明解决方案的合理性上，因而双方都认为对方效率低下。

说到这里，我们现在似乎会自然地把事情的发展美好化：如果法国人和瑞士人能够相互学习，取长补短，那么整个企业的运作就会近乎完美。可是，在促使他们相互学习之前，我们首先要解决一个问题：在他们为了捍卫各自的立场而相持不下，并因此使协作难以进行下去时，如何形成一种双方都可以接受的行动方式。尤其需要强调，这种接受不是迫于压力的接受。也就是说，在接受时没有一方会感觉到自己作了让步和妥协。

在比较了众多可能的选择（引入"对事不对人"的标准化管理，要求自我克制等）后，"让上级拍板"似乎是一个较好的、打破僵局的出路。这个办法看上去并不新奇，也许有人会说这就是"孩子打架，家长断是非"的管理模式。可事实上，事情没有这么简单。只要把它与瑞士人和法国人的行动逻辑做一下对比分析，我们就可以发现"让上级拍板"对他们具有不同的意义：对瑞士人而言，因为请示上级本身就是达成的共识，所以请示上级是为了帮助达成共识；而在法国人看来，上级是合理决策的（最后）保障，所以请示上级是为了形成理性的解决方案。这样，双方在同一个过程中都达到了自己的目的。当然，"让上级拍板"肯定不是唯一促成协作的方式。但是，无论选择什么样的方式，都必须首先理解行为在特定文化背景下的意义。

思考题：
1. 对于质量，瑞士人和法国人的看法有何不同？
2. 谈谈如何促进瑞士和法国两国员工的理解与合作。
3. 中国企业更偏向瑞士和法国请示上级的哪一种方式？

第五章

跨文化营销

教学目的和要求：

1. 了解跨文化营销和国内营销的区别。
2. 熟悉跨文化营销的市场调研和市场细分。
3. 掌握跨文化产品、定价、促销、分销策略。

营销是对各种理念、产品和服务实行构想、定价、促销和分销等的活动，使其通过交换实现满足个人和组织目的的整个策划和实施过程。[1]跨文化营销是指企业在两种或两种以上的文化环境中进行的营销活动，包括跨文化需求分析和市场调研、跨文化产品开发及定价、跨文化促销、跨文化分销渠道管理等内容。

跨文化营销是国内营销的延续与发展。与国内营销相比，跨文化营销更复杂，影响其成败的因素更多，主要原因在于跨文化营销的环境与国内营销的环境存在很大差别。企业开展跨文化营销的关键在于，考虑文化因素对营销的影响，使自己的营销规划和活动与这些不同的环境特征相适应。

第一节 跨文化市场调研

市场调研在跨文化营销中具有十分重要的作用。首先，跨文化营销大部分是跨越国界的市场营销活动，其根本宗旨是从国际市场中获得利润。[2]其次，市场调研直接影响跨文化营销的成败。当前，各国企业所面临的国际环境空前严峻。政治上，意识形态之间的、民族之

---

[1] AMA. Board Approved New Marketing Definition [J]. Marketing News. 1985, 3 (1): 1.
[2] 伊恩江、马速帆，《国际市场调研是搞好国际营销的前提》，载于《佳木斯大学学报》（自然科学版），1995年第1期。

间的、宗教之间的、国家之间的关系错综复杂，瞬息万变；经济上，各国企业经营范围的地理分布持续调整，而且市场供求关系不断变化，使国际经济环境变化的速度加快，大大缩短了产品的平均寿命。最后，市场调研是做好跨文化营销的前提和基础。"适者生存"是从事跨文化营销的原则，营销管理者的任务就是研究国际市场环境，时时进行调查、预测、分析，使自己的营销战略和战术与不断变化的市场环境相适应。只有这样，才能在国际市场中立于不败之地。

一、文化因素在市场调研中的重要性

在跨文化营销的诸多环境因素中，文化因素至关重要。营销是一项满足消费者不同需求的活动，并且消费者的这些需求在很大程度上又基于文化而产生。因此，了解各国之间存在的文化差异，并根据这些差异制订相应的市场调研策略和方法，直接关系到企业跨文化营销的效果。

1. 文化影响人类的欲望和行为

文化的各种要素往往相互交织，共同影响着人们的消费欲望和购买行为。文化对社会成员的思维和活动具有直接的调控作用和规范功能，并决定人们的生活方式和消费方式。一方面，文化左右人们的思维方式、思维过程，决定人们的思维联想，容易形成思维定势。人们生活在某种特定的环境之中，长期受这种文化的熏陶，就会把文化内化为自己的信念，作为判断某种行为是否合理的标准。另一方面，文化为人们提供行为指令和行为模式，人们在决定什么可以做、什么不可以做、应该按照怎样的程序和要求做的时候，都要受到所属社会文化体系的规范和影响。例如，有些国家的人在摆放床铺时，往往要求床头朝东或西方向放置，不能朝南或北方向放置。这里的"要求"和"不能"，就是这些国家的文化所产生的行为指令作用。社会文化的这种规范作用，必然会对人们的消费心理和消费行为产生影响。因此，消费者在产生消费需求、选择产品、采取购买行动等过程中，都会不自觉地受到所属社会文化体系的指引。企业在市场营销活动中必须对文化要素加以关注。

案例 5-1

圣彼得堡的"中国城"

2005年，上海实业（集团）有限公司等企业在俄罗斯圣彼得堡市投资建设面积达2平方公里的大型综合社区。该建设项目起初命名为"新中国城"。消息一经公布，遭到了当地市民和媒体的抵制。一方面，在某些俄罗斯人的心目中，全世界的"中国城"是华人集中居住的地方；另一方面，俄罗斯的政治文化中排外情绪比较严重，反对中国企业在俄罗斯集中开发如此大的项目。于是，民众通过游行、示威等多种方式向政府施压，并对中方投资者加以威胁。针对这场危机，中方投资者经过深入、细致的调研分析，及时将项目更名为"波罗的海明珠"，意在表明对本地社会的融入，并对未来居住主体为俄罗斯本国居民等当地民众关注的问题进行澄清和宣传，最终平息了风波。

2. 文化渗透到跨文化营销活动的各个环节

企业在跨文化营销的市场调研、市场细分、市场定位，产品、价格、促销和渠道策略的决策，以及人员管理中，都要受到所在社会文化环境的影响和制约。跨文化营销能否顺利进行，在很大程度上取决于国际市场的文化特性。与目标市场的文化差异越小，或者东道国文

化的开放性和稳定性越强，企业遇到的文化障碍就越少，跨文化营销的过程就越顺利。国际性杂志《电子世界》在20世纪90年代曾就"什么是全球市场经营的最大障碍"这个问题调查全球范围内的营销人员，在文化差异、法律法规、价格竞争、信息、语言、交货、外汇和时差等诸多因素中，文化差异被列在榜首，并被美国、欧洲、日本和其他亚洲地区的营销人员普遍认为是跨文化营销的最大障碍（见表5-1）。

表5-1 国际市场经营障碍排序

国际市场中的经营障碍 （从高到低）	跨文化营销人员所在地区			
	美 国	欧 洲	日 本	亚洲其他地区
文化差异	1	1	1	1
法律法规	2	1	1	6
价格竞争	4	3	1	1
信息	4	5	5	3
语言	4	5	6	4
交货	6	5	4	5
外汇	7	7	7	7
时差	8	8	8	8

注：资料来自段宗雷，《国际营销禁忌研究》，中国营销传播网，http：//www.emkt.com.cn。

3. 文化因素在跨文化营销中的地位越来越重要

一方面，以文化吸引消费者，将是企业跨文化营销活动中重要的竞争手段。经济全球化程度的进一步提高和全球市场一体化的逐步形成，使各国之间的技术差距越来越小，而文化往往是无法被他人模仿和借鉴的。企业需要通过投入无形资源，形成差异化，提升产品的附加值，增强竞争力，而这些投入中文化含量的多少对其是否有效起着重要的作用。

另一方面，未来企业跨文化营销的重点是如何满足人们文化心理的需要。现代消费行为的一个重要特征，就是越来越重视产品和服务中体现的情感等文化心理因素。阿尔文·托夫勒（Alvin Toffler）认为，随着消费者的基本物质需要被满足，更多的经济能量将用于解决消费者对产品的美感、快感和独特性等方面的要求。⊖因此，企业将越来越重视消费者的心理因素，突出消费者的情感和个性，契合文化的精神层面。

二、跨文化市场调研的主要内容

国际市场是一个复杂的市场，具有社会结构不同、生活方式差异较大、语言和风俗民情多样等特点。跨文化市场调研的目的和内容，从理论上讲与普通市场调研是一样的，即摸清市场行情，减少决策失误。但是，由于人们对其他文化中的市场了解有限，使得跨文化市场调研与普通调研相比，有许多明显的差别。具体来说，跨文化市场调研需要考虑许多新变量，其中很多变量都是营销人员原来不熟悉的，因此会产生许多意想不到的问题。

1. 客户需求特征

这类调研侧重于国外客户的经济状况、购买动机、购买地点、购买方式和习惯，他们的

⊖ 李健宏、王娜，《企业文化营销浅议》，载于《大众科学·科学研究与实践》，2007年第6期。

数量、构成和地区分布，对特定产品品牌或特定商店产生偏好的条件和原因，对本企业产品或服务的满意程度等。其主要内容有：

（1）需求习惯　跨国公司的产品如果是最终消费品，那么要明确是以生活、生理属性为主的消费品，还是以社会、心理属性为主的消费品。如果是前者，可能与其他消费品具有许多相似之处；如果是后者，则要考虑文化、习惯等因素对产品使用和销售的影响。以工业用品为例，要分析某产品对客户来说，是一种关键的生产经营用品，还是一般辅助配套的用品。如果是前者，客户会非常重视产品的有效供给。

（2）需求稳定性　如果产品是一种日常生活必需品，受季节性影响很小，那么市场需求较稳定，可能有较大的市场潜力；如果是一种高档奢侈品或艺术欣赏品，那么市场需求可能不大，而且受偏好的影响很大；如果是季节性产品，则市场需求的波动一般较大。

（3）尚未被满足的需求和欲望　跨国公司还应了解市场发展的可能性，市场存在哪些未得到满足的需求和欲望，以及其迫切程度如何等。这对企业识别市场机会和确认其经营方向很有用。除了从总体上了解市场现状外，还要识别和把握市场机会。

案例 5-2

澳大利亚为中国游客提供的服务营销⊖

每逢节假日，许多中国人为避免国内旅游景点人满为患的情况，纷纷到澳大利亚游玩、休闲，澳大利亚旅游行业对此也给予热烈的欢迎。例如春节期间，不少澳大利亚旅游景点在通往旅游景点的路上挂着大红的"恭贺新禧"的招牌，为中国游客增添过年的气氛。在凯恩斯的库兰达雨林乘坐缆车，来自中国的服务人员会用普通话跟中国游客打招呼。有的服务人员虽然是典型的西方人，也用不太流利的中文跟游客说"您好"，有的甚至还从口袋里掏出一个小本子，上面手写了一些中英文对照的日常用语。他们都在努力学习中文，以便更好地与中国游客交流、提供服务。

澳大利亚的宾馆对中国顾客的服务也很得体，提供的配套设施相当齐全。例如澳大利亚最大的酒店集团之一——雅高（Accor）酒店集团推出了中国式服务，给人以宾至如归的感觉。他们重视第一印象对中国顾客的影响，雇用讲普通话的职员，安装中国电视频道。再比如，巧克力条是澳大利亚人很喜欢吃的零食，但是在澳大利亚很多的酒店客房中，巧克力条被方便面和牛肉干取代，中国人熟悉的点心和食品也被放置在餐柜内，这些举措赢得了中国游客的肯定和赞叹。

2. 市场环境因素

营销学家杰罗姆·麦卡锡（Jerome McCarthy）在 1964 年首先提出了"4P"（产品、价格、促销和分销）营销理论。该理论一直被全球的学术界和营销人员广泛采用，历久不衰。麦卡锡认为，企业应以生产优质的产品为主，同时采用合理的价格，通过适当的分销渠道，再加上必要的促销手段，实现企业的预期目标。在跨文化环境中，企业应针对目标市场的文化特征和消费偏好，选择适当的营销方式，使其发挥最大的作用。跨国公司需要考虑的市场环境因素很多，其中市场营销四要素——产品、价格、促销和分销，对于企业能否成功进入国外市场至关重要，必须进行认真、仔细的调研。

⊖　王朝晖、周霞，《基于中国游客的澳大利亚旅游业观察和启示》，载于《生态经济》（学术版），2014 年第 1 期。

（1）产品调研　这类调研的主要内容有：产品设计、功能、用途及维修，产品品牌设计与使用，产品外观与包装，不同国家的消费者对产品的要求和偏好及存在的差异，产品的生命周期，本企业在国外市场的知名度，本企业的产品质量和性能是否符合国外消费者的要求等。

（2）价格调研　在国际市场中，产品定价比在国内市场中定价复杂，价格调研的内容也较多，其中包括不同国家的市场中影响价格变化的主要因素，如商品供求弹性、产品的现行价格、提价或降价的方法、各类客户对本企业产品价格的反应、不同分销渠道的产品价格加成等。

（3）促销调研　这类调研主要包括：进入目标市场可选择的促销方案，国外广告代理商情况，目标市场所在地的广告媒介情况，国外中间商在广告宣传上能起多大协助作用，达到预期促销效果所需的费用等。

（4）分销调研　这类调研主要包括：企业国际化经营中可供选择的分销渠道类型，各种类型中间商的职能和作用，主要经销商的规模、经营范围、推销能力、服务、储运条件和资信情况，以及国际分销渠道的变动情况等。

三、跨文化营销中的市场细分

市场细分是指企业在市场营销调研的基础上，先按照一定的因素把整体市场划分成若干个小市场，即细分市场或子市场，然后从中选择营销对象。市场细分的思想被广泛运用于营销实践中。所谓"跨文化市场细分"，是指企业按照一定的细分变量，把整个国际市场划分为具有不同营销组合特征的小市场或分市场。跨文化市场细分是企业进入国际市场的一种有效的手段。

1. 跨文化市场细分的作用

大多数跨国公司，其目标往往是为世界某一区域的某一部分客户提供服务。市场细分的意义在于，明确市场的差异性，确定市场特点，以便企业根据细分市场的特点和自身的比较优势，确定市场目标和进行市场定位，制订正确的营销战略和策略。因此，跨文化市场细分能够提高企业进入国际市场的效益。

市场细分对于企业的跨文化营销十分重要。例如，日本市场曾长期被认为是同质的、不可细分的。其依据是：日本民族单一，宗教和文化一元化程度高，大多数日本人都认为自己是中产阶级。但是，一些跨国公司通过深入研究发现，日本人的收入水平和生活方式其实存在较大差异。这些都为日本市场细分和不同产品的销售对象定位奠定了基础。

2. 跨文化市场细分的方法

企业对国际市场进行细分时，主要有两种做法：一是根据消费者特征细分市场，即以地理因素、人口因素与心理因素作为细分变量，然后看同一群体的客户是否对产品有相似的反应，进而得出不同群体对同一产品的不同态度；二是通过观察消费者的购买行为，把他们购买时追求的利益、使用频率、使用场合、对产品的态度等作为细分变量，以考察每个细分市场是否有相似的消费者特征。企业细分消费者市场所依据的变量很多，根据上述两种做法，可以概括为以下四类：

（1）地理变量　企业可按不同的地理位置把国际市场分成不同的区域，如北美、西欧、东亚、南非等。企业可选择其中某些国家、地区从事经营活动，但必须注意它们在需求和偏好方面的差异。这些差异可能是由于地理区域、自然气候、地形地貌、经济发展、收入水平、传统文化的不同而造成的。因此，有些产品可能在很多国家畅销，有些产品可能只在某一国的部分地区受欢迎。例如，冰箱和制冷设备制造商可基于经济发达程度细分国际市场：高档大冰室冰箱可倾向于经济发达程度高的那些国家，而小冰箱和小制冷设备则重点看好发展中国家。

（2）人口统计变量　人口统计变量很久以来一直是细分市场的重要变量，并得到最广泛的使用，因为消费者的欲望、偏好和产品使用率往往与人口因素高度相关。人口统计变量包括年龄、性别、家庭、收入、职业、教育、宗教、种族、国籍等。这些变量比其他变量更易测量，数据收集更方便，来源也更可靠。跨国公司如果先使用其他变量进行细分，然后再将细分的结果与人口统计变量结合起来分析，那么就能更清楚地得出细分市场的特征。

值得注意的是，很多人口统计变量正在发生变化。因此，跨国公司不能用老眼光看待新事物。例如，在考虑用性别作为细分市场的变量时，应该注意到性别作用的变化，不同国家、地区性别作用的差异性，以及性别对营销工作的影响。一般来说，男性与女性在购买家庭用品的分工上有所不同。女性多负责购买家庭日用品和儿童用品。因此，生产这些产品的企业在设计产品和推销策略时，应注意符合女性购买者的喜好；选择广告媒体也要选择女性爱看的报刊和电视节目。当然，家庭内传统的购买分工也在变化，这也是跨国公司必须注意到的。例如，现在不少国家的男性在家庭生活和家务方面扮演了更重要的角色，出现了越来越多的"家庭主夫"，他们会花许多时间照料孩子、购物、做饭、整理居室等。这些变化使一些商家把次目标市场对准婚后男性消费者，调整商场布局，把男性比较频繁购买的商品放在通道旁或触手可及的地方，以符合男性购买者的购物习惯。

（3）心理变量　心理变量指的是一个市场内消费者的生活方式、个人特性和态度。其中，生活方式是一个十分重要的因素，在国际市场细分中有着很高的应用率。消费者购买的产品，实际上就反映了他们的生活方式与观念。生活方式变量是以生活方式对人们购买行为的影响来区别消费者群体。为了识别不同生活方式的消费者，可以从消费者的活动类型与范围、兴趣爱好的种类、对外部事物与现象的观点和意见等方面进行调查、分析。有些国家生活水平较高，人们普遍有着享受生活的心态；而在有些发展中国家，大多数人还处于劳作型生活中。随着经济的发展和收入的提高，现在越来越多的人追求娱乐与休闲，生活观念从"我为工作而活着"转向"我为生活而工作"，生活方式发生了明显的变化。

在当代西方国家，企业按心理变量细分市场，主要考虑社会阶层、生活方式与个性形象，以迎合相应的客户群体。一般认为，汽车、服装、娱乐活动等的需求受心理变量影响较大。比如，女性时装的生产商分别为"纯朴女性""时髦女郎"和"职业女士"设计不同款式的服装；烟草公司为"不顾一切的吸烟者""偶然的吸烟者"和"谨慎的吸烟者"提供不同品牌的卷烟；汽车制造公司更是别出心裁地为具有各种不同个性的客户推出形象各异的汽车品牌。

案例 5-3

星巴克的体验营销⊖

一些跨国公司注意将体验融入产品和服务，用体验营销赢得顾客的青睐，星巴克咖啡就

⊖ 王朝晖、周霞，《基于跨文化消费的体验营销研究》，载于《商业时代》，2009 年第 33 期。

是其中的杰出代表。通常速溶咖啡的售价是每小袋（一杯）1元，而要享受普通咖啡店里的服务就得付5～20元一杯。在星巴克咖啡店，价格却是几十元一杯。通过突破价格障碍，星巴克品牌似乎成了高端咖啡的代名词，其咖啡的利润约是行业平均利润的5倍。星巴克以"体验营销"的方式引导顾客领略到一种新的生活形态，在环境布置、气氛渲染上，努力使自己的咖啡店成为"第三空间"，即家庭和工作以外的一个舒服的去处。星巴克的体验营销，有3方面的成功经验：

一、感官体验：从"3S"入手

顾客可以从视觉（sense of sight）、听觉（sense of listening）、味觉（sense of taste）3个方面感受星巴克展现的西方文化氛围：

视觉方面，从起居室风格的装修，到仔细挑选的饰物，星巴克都匠心独具。星巴克幽雅独特的环境、木质的桌椅、考究的咖啡制作器具，为消费者营造出一种典雅、悠闲的氛围。

听觉方面，煮咖啡时的"嘶嘶"声，将咖啡粉末从过滤器敲击下来时发出的"啪啪"声，用金属勺子铲出咖啡豆时的"沙沙"声，以及清雅的音乐，都营造出一种"星巴克情调"。

味觉方面，星巴克咖啡具有一流且纯正的口味，其品种繁多，既有原味的，也有调味的；既有意大利口味的，也有拉美口味的；既有活泼香醇风味的，也有粗犷浓郁风味的。

二、情感体验：感受浪漫

星巴克将自己定位为一间顾客至上的咖啡店，把满足客户情感放在第一位。从销售咖啡到销售咖啡文化，星巴克实现了以产品为中心到以顾客体验为中心的转换，这正是新经济的一个核心特征。星巴克认为自己的咖啡只是一种载体，通过这种载体把一种独特的格调传送给顾客。这种格调就是"浪漫"。星巴克努力把客户在店内的体验化作一种内心的享受——让咖啡豆浪漫化，让顾客浪漫化，让所有感觉都浪漫化。星巴克首席执行官霍华德·舒尔茨（Howard Schultz）说："我们追求的不是最大的销售规模，而是试图让我们的顾客体会品味咖啡时的浪漫。"

三、社会特性体验：体现顾客品位

在体验营销中，企业应该摸准顾客对商品或服务的消费心理，形成一种独特而又吸引人的社会文化气氛，有效地影响顾客的消费观念，进而促使顾客自觉地接近与文化相关的商品或服务，促进消费行为的发生，甚至形成一种消费习惯。星巴克的价值主张之一是：星巴克出售的不是咖啡，而是人们对咖啡的体验。星巴克塑造品牌，特别强调它的文化品位。星巴克咖啡的名称暗含其对顾客的定位：并非普通的大众，而是有一定社会地位、有较高收入、有一定生活情调的人群。星巴克的成功在于它创造出"咖啡之道"，让有品位的人喝有文化内涵的咖啡。

（4）行为变量　行为变量包括消费者所寻求的利益，对品牌的偏好，对产品、价格、促销和分销变化的敏感性。跨国公司可以根据这些因素细分消费者市场。

消费者往往因为具有不同的购买动机、追求不同的利益，所以选择不同的产品和品牌。消费者所追求的利益，就是消费者希望从购买中获得的满足。行为变量是一种十分有效的细分变量，甚至比人口学变量更能准确把握消费者的需求。比如，牙膏市场可按利益细分为四个子市场：一是注重经济实惠，二是希望能防病治病，三是关心洁齿效果，四是喜欢某种味道。生产牙膏的跨国公司可根据这一情况，确定自己的产品最适合哪个细分市场；也可将消费者追求的两种或两种以上的利益结合起来，用同一种商品去满足消费者的需求，如推出能同时洁齿、防蛀和使口腔清香的牙膏。

跨国公司还可以按照消费者对品牌的忠诚度，把所有消费者细分为四类不同的消费者群体：第一，单一品牌忠诚者，即任何时候都只买某一种品牌的商品；第二，多品牌忠诚者，即同时忠实于两三种品牌的产品；第三，"见异思迁"者，即时常由对一种品牌的喜爱转向另一种品牌；第四，游离者，即从不忠于任何品牌，购买的随意性极大。每个市场都包括这四种类型的顾客。跨国公司应研究对本公司产品持忠诚态度的顾客的特点，从而认准自己的目标市场；研究对本公司产品持不稳定的忠诚态度的顾客，发现哪些品牌是本公司产品最强有力的竞争者；研究放弃本公司品牌的顾客的情况，了解自己的不足之处。

总之，对消费者市场进行细分的变量有很多，跨国公司究竟选择哪一个，或同时选择哪几个变量进行市场细分，还要视具体情况灵活运用，并随时间推移做必要的调整。

第二节 跨文化产品和定价

从文化的角度看，产品不仅仅是一种具有外在属性的有形实体，更具有无形的内在文化成分。产品的外在属性主要是指其质量、包装、品牌等；有形实体体现的是一种物质文化，在市场上出售，供人们消费，是为了满足人们的基本需要。产品的形象、安装和售后服务等无形特性则已超越了基本需要的满足，是社会文化在产品概念上的沉淀和深化。通常，人们总是比较重视产品的外在属性，而忽视包含在其中的内在文化成分。这正是跨文化产品策略的常见误区。人们消费来自异文化环境的产品的动机正是由于对异于自身的文化环境充满好奇与向往。对消费者来讲，异文化的产品是相对稀缺的，因而具有较高的稀缺价值。跨文化营销只有把握住产品的文化属性，才有可能在不同的文化环境中拓展市场。由于处在错综复杂的国际市场环境中，跨文化产品策略面临着国内产品策略中从未遇到过的问题，具体内容包括跨文化产品标准化策略、差异化策略、品牌策略、包装策略和定价策略等。

一、跨文化产品

一般来讲，跨文化产品的设计应遵循三个原则：

第一，把握差异度。这是跨文化产品设计的核心原则，即站在目标顾客的角度，将产品定位在介于熟悉与陌生之间的一个合理位置。如前所述，人们存在着"求异心理"，异文化产品带给人们新鲜感，充满了诱惑。但是，陌生和差异同样能给人们带来不安、不确定甚至是恐惧感。因此，异文化产品中不能完全没有熟悉的要素。产品的设计必须把握好二者之间的差异度，努力做到相异的东西在深层结构上存在共性。

第二，从他人的视角看待异文化产品。在设计异文化产品时，必须站在对方的文化立场看待问题，而不能用自己的眼光诠释异文化，否则无法达到预期目的。

第三，发掘新"异"。"异"和"己"并不是恒定不变的，陌生的也会逐渐成为熟悉的。久而久之异文化产品也会成为本文化产品。要保持异文化产品的吸引力，就要不断地发掘异文化产品更深层的文化内涵。

跨国公司经过市场调研和细分，确定了目标市场，选择了合适的进入方式后，必须向海外客户提供合适的产品。但是，跨国公司面对的是各国或地区不同的市场环境。因此，向全世界市场提供标准化产品，还是为适应每一特殊市场设计差异化产品，是跨国公司要做出的重要决策，即所谓的跨文化产品标准化策略与差异化策略。

1. 跨文化产品标准化策略

跨文化产品标准化策略是指在世界各地市场上，企业都提供统一标准的产品。例如，在很多国家和地区，消费者可以喝到品牌、口味都相同的可口可乐，也可以买到规格、型号一样的苹果手机。

（1）实行跨文化产品标准化策略的意义　在经济全球化步伐日益加快的今天，跨国公司实行产品标准化策略，对其获取和利用全球竞争优势具有重要的意义。首先，产品标准化可使跨国公司实现规模经济，大幅度降低产品研发、生产和销售等各个环节的成本，从而提高利润；其次，在全球范围内销售标准化的产品，有利于树立产品在世界上的统一形象，有助于消费者对其产品的识别，强化跨国公司的声誉；最后，产品标准化可以使跨国公司集中营销资源，一方面降低了跨文化营销管理的难度，另一方面加强了对跨文化营销活动的控制。

美国学者保罗·A. 赫比格（Paul A. Herbig）指出，跨文化产品标准化策略只可应用于某些品牌、某些地方和某些时候（见表5-2）。

表5-2　跨文化产品标准化策略适用条件

1	跨文化适应的成本高
2	主要用于工业化产品、高档耐用消费品（如宝马汽车、奔驰汽车）、廉价产品（如麦当劳的汉堡）、具有较好形象的非耐用品（如巴黎水牌矿泉水）、新产品
3	高层次全球服务（美国运通金卡），服务社会精英的全球零售商（如蒂芙尼珠宝）
4	不同国家的市场有相同或相似的口味和品位
5	集中式管理
6	生产、研究与开发、市场营销中采用规模经济
7	当竞争者也生产标准化产品时，能应付竞争
8	消费者具有流动性
9	有积极的宗主国（起源国）效应存在

注：资料来自（美）Paul A. Herbig，《跨文化营销》，芮建伟等译，机械工业出版社，2000年，第50页。

（2）跨文化产品标准化要考虑的因素　跨国公司是否选择产品标准化策略，一般要考虑以下几个方面的因素：

第一，跨文化产品的需求特点。从国际消费者的角度看，需求可分为两大类：一类是全球消费者与国别无关的共性需求，另一类则是各国消费者与具体环境相关的个性需求。对无差别共性需求占主导地位的跨文化产品，宜采取跨文化产品标准化策略。例如，一般工业品，如各种原材料、生产设备、零部件等；某些日用消费品，如软饮料、洗涤用品、化妆品、保健品、体育用品等；具有地方和民族特色的产品，如中国的丝绸、法国的香水、古巴的雪茄等。

此外，全球政治、经济、文化的交流使世界人口流动越来越频繁。消费者在国外工作和生活时，希望接触到与本国相同的、规格统一的产品，如计算机产品等。这样，不仅可以得到心理上的认同，而且为工作和生活带来了更多方便。同时，企业也可以赢得消费者更多的产品和品牌忠诚。

第二，跨文化产品的成本因素。从生产的角度看，在研发、采购、制造和分销等方面能够获得较大规模经济效益的产品，适宜于标准化策略。例如，技术标准化的产品，如电视机、录像机、音响等；技术密集型产品，对这类产品实行全球标准化，可以补偿产品研究与开发的巨额投资。

第三，国际竞争条件。如果在目标市场上没有竞争对手出现，或者市场竞争不激烈，或者市场竞争虽很激烈但本公司拥有独特的生产技能，且是其他公司无法效仿的，则可考虑采用产品标准化策略。

2. 跨文化产品差异化策略

跨文化产品差异化策略是指企业在不同的国家和地区，对产品做出适当的调整，以适应当地情况或偏好。实际上，尽管人类存在着某些普遍的共性需求，但在国际市场上，不同国家或地区消费者的需求差异也很普遍。在某些领域，特别是与社会文化关联性强的行业，消费者对跨文化产品的需求差异更加突出。

差异化策略因不同国家和地区经济、文化、地理等差别而异，向当地消费者提供适合其口味的产品。一个较为典型的差异化案例来自通用食品公司，该公司根据详细的市场调研结果了解到，英国人习惯喝加牛奶的咖啡，法国人喝咖啡时不加牛奶，而拉丁美洲人喜欢喝有巧克力味道的咖啡等，据此设计了各种不同口味的咖啡，成功地赢得了国际消费者的喜爱。

美国学者保罗·A. 赫比格的研究表明，在以下几种情形下（见表 5-3），可酌情使用跨文化产品差异化策略。

表 5-3 跨文化产品差异化策略适用条件

1	技术标准存在差异
2	主要用于消费者产品和个人用品
3	消费者的需求是不同的
4	使用条件是变化的
5	消费者的购买力不同，收入水平也有差异
6	消费者的技巧水平和技术熟练程度存在差异
7	存在较大的文化差异
8	当地环境在战略原材料的可用性、政府的法规和制度等方面存在差异
9	竞争者采用这一策略
10	各国消费者的习俗不同（比如，在美国，人们洗衣服的时间间隔要长些；在欧洲的一些国家，人们用蒸汽洗浴）
11	在目标国家或地区，文化开放性弱、变动性小、文化的对应性差，而跨文化营销企业较弱小的情况下多采用此种模式

注：资料来自（美）Paul A. Herbig，《跨文化营销》，芮建伟等译，机械工业出版社，2000 年，第 42 页。

案例 5-4
麦当劳等食品公司的差异化营销策略[⊖]

"金拱门"（McDonald's，以下称为麦当劳）已成功跨越了文化鸿沟几十年。20 世纪 90 年代，当麦当劳在印度尼西亚雅加达开办第一家分店时，就看不到汉堡包的字样，且只有巨无霸牛肉饼。原来，在这里任何有关"火腿"的字样都可能会冒犯某些顾客。

在印度的麦当劳，汉堡一词也不存在。因为大多数印度人不能够容忍把牛肉作为菜，也不允许早餐食用猪肉香肠。因此，能够食用的就只有羊肉汉堡了。今天，印度的麦当劳餐馆中最普遍的是素食汉堡，一种以西红柿为主料的汉堡。这些产品在厨房中单独放置，以免沾上猪肉，而且印度的蛋黄汉堡也不是用鸡蛋做成的。麦当劳的产品已经很好地与当地习俗接轨。

在新加坡，麦当劳早餐是辛辣鸡肉香肠而不是猪肉。因为这里很多人是穆斯林。

在日本，第一家麦当劳不像在美国一样靠近超市，而是在靠近火车站和汽车站的低星级饭店附近，满足顾客打包带走的需求，而且肯德基经常出现在麦当劳的旁边。为了打败当地强劲的竞争对手，麦当劳不时地增加咖喱酱、米饭、米团等产品，以满足日本人的口味。

在俄罗斯的莫斯科，雇员必须经过专门培训，展示麦当劳特有的微笑，因为对陌生人微笑，俄罗斯人会觉得不舒服。

在以色列，麦当劳提供犹太教允许的食品。

在沙特阿拉伯的麦加，麦当劳只提供伊斯兰教允许的食品，还要按当地法律进行屠宰。

除了麦当劳以外，其他跨国食品公司也为了迎合当地人的习惯进行了改革。例如：

1) 印度的意大利多米诺比萨提供香辣蔬菜调料，而且目前印度出售的 60% 的比萨是蔬菜的，而在其他地方仅有 15% 的蔬菜比萨。

2) 汉堡王调整了它们的新加坡菜单，加入了咖喱酱鸡肉和仁当（Rendang）肉饼（就是将切成薄片的牛肉在热汤中炖）。

3) 温迪士公司给日本顾客提供夹有烤猪肉片的三明治和一碗米饭。

4) 日本的肯德基减少了番茄汁和肉汁的量，增加了米饭中法式油煎和鸡肉酱的用量，并且把蔬菜沙拉中醋的用量减少了一半。

5) 新加坡的比萨店提供几种特殊的浇头，如牛肉加洋葱和辣椒片、沙丁鱼加洋葱和鲜椒。泰国人用菠萝汁作为浇头，并在桌上放一小碗热调料。

一般而言，一家跨国公司在决定其产品是否实施差异化策略时，要考虑以下三个重要因素：

（1）使用条件的差异 气候、地形、文化习俗、资源、生产技术发展水平等，对在国际市场上销售的产品有重大影响，使得所销售产品的使用条件有较大不同，并使消费者产生不同的购买心态或排斥心理，对产品的接受程度有所差异。全球市场虽有一定程度的趋同，但巨大的差异是客观存在的，因此跨国公司不宜盲目采用标准化策略。例如，出口到英国的汽车必须将方向盘移到右边，以适应英国靠左边行驶的交通规则。

（2）市场差异 市场差异首先表现为各市场的经济发展水平不平衡，因此消费者收入

[⊖] （丹麦）理查德·R. 盖斯特兰德，《跨文化商业行为——40 国商务风格》，李东等译，企业管理出版社，2004年版。

水平不同，从而导致消费者的购买力水平有所不同。跨文化营销人员应在产品特色、质量及营销手段和策略等若干方面实行差异化，使其适应所在市场的经济发展水平。例如，对经济发展水平较低的市场来说，实用性强、价格便宜的产品会较受欢迎；而高收入的购买者可能会更注重产品的款式、性能、特色，而且可能会被大量广告和销售推广活动所影响。

（3）政府的作用　当地政府的政策及法律法规有时在市场上起到强制性作用。因此，跨文化营销人员在他国市场推广其产品时，需仔细研究该国的政策及法律法规，包括贸易保护政策、税收政策、卫生检查标准、包装要求等。例如，某国生产的一款食品虽然符合本国的食品卫生标准，但是出口到其他国家时，却达不到目标国的食品卫生标准。在这种情况下，跨国公司必须入乡随俗，对自己的产品进行一些改造，才能够成功进入他国市场。

案例 5-5

中国功夫电影国际化营销策略[⊖]

从 20 世纪 70 年代开始，李小龙、成龙、李连杰等功夫巨星先后涌现，让世界爱上了中国功夫，为中国功夫电影走向世界做出了积极贡献。进入 21 世纪，中国功夫电影在国际舞台上更是大放异彩。李安导演的《卧虎藏龙》、张艺谋导演的《英雄》及甄子丹主演的《叶问》系列等的影响都不小，中国功夫电影的名声也大幅提高。近年来《功夫熊猫》《功夫瑜伽》再一次引起了功夫热潮，跨国合拍功夫电影以及热门动画 IP 电影，成为中国功夫电影国际化发展的新趋势。

一、中外联合制片，满足国际受众观影需求

国际受众观影需求包括强大的功夫明星阵容，以及多国联合制片产生的共同视角等。功夫明星阵容不仅需要带有国际标签的中国功夫巨星的加盟，更需要其他国家巨星的助阵，比如印度的阿米尔·汗和泰国的托尼·贾等明星，他们的加入不仅可以拉近受众观影时的文化距离，更可以为中国功夫电影的对外宣传造势。

与其他国家联合制片，充分了解其他国家的文化，选择最优拍摄视角，避免拍摄中产生的文化差异，可以减小文化距离带来的负面影响。如印度、土耳其、巴基斯坦等国家，电影产业都比较发达，而且好莱坞电影在这些国家的市场份额相对较低，同时这些国家所生产的电影也需要销往海外，而中国市场是增长最快且最有潜力的"海外市场"。中国的电影制作人可以与这些国家的电影制作人联合制片，共同生产反映两国文化的文化产品。

二、提高语言翻译与受众的文化契合度

中国功夫电影采用传神的配音翻译、准确的字幕翻译，能够传达出作品母语中的"精义"和"神采"，有助于缩短文化距离。以中美合拍的《功夫熊猫3》为例，无论是英语中文字幕版本，还是中文配音版本都被各界称赞，被称为"良心翻译"。

提高语言翻译与受众的文化契合度，对促进中国功夫电影对外出口有积极作用。中国功夫电影在他国上映，翻译时要考虑如何确保当地观众获得近似于它在原语观众中所取得的反应。这就要求译者不仅要精通两种语言，还要熟悉两国的文化背景。翻译既要求个性化，要符合片中人物性格和身份地位等特征，人物语言与人物形象要协调一致，以此塑造鲜明的人物形象；又要注意受众的文化层次与语言风格，应当简单明了、通俗易懂，能够满足不同受

[⊖] 陈成琳、王朝晖，《"一带一路"视角下中国功夫电影走出去新探》，载于《中国电影市场》，2018 第 6 期。

众的需求；还可以适当加入网络流行语，或者是本土俗语，这样可以增强影片娱乐效果，拉近影片与受众的距离。

三、洞悉各国文化背景，采取差异化营销模式

中国功夫电影在海外进行推广和宣传，要洞悉当地文化背景，采取适合当地受众的营销方案，进行差异化宣传。例如，功夫电影营销"战役"中的重头戏——有功夫巨星站台的发布会和首映礼，具有重要作用，它会影响到功夫电影公映的开局。因此，发布会和首映礼要尽量将功夫电影的主题与当地文化特色相结合、呈现，促进电影信息广泛传播，助推功夫电影排片和上座。另外，在电影主题展等线下活动中也要融入当地文化特色，如在印度巡演时可将中国功夫与印度舞相结合，在泰国可以举行中华传统武术与泰拳的比拼较量等具有本土特色的活动。通过功夫巡演与各种互动，让目标受众与功夫电影近距离接触，以刺激受众走进影院观看功夫电影的欲望。

二、跨文化品牌

"品牌"是一个多维的概念，它不仅仅是一种商业名称，更代表着卖方对买方所消费产品或服务的特性和质量的一贯性承诺。美国市场营销协会（AMA）认为，品牌是一个名称、术语、符号或图案设计，或者是它们的不同组合，用以识别某个或某群消费者的产品或服务，使之与竞争对手的产品或服务相区别。当今国际市场的竞争已经跨越了产品竞争阶段，进入品牌竞争时代。可口可乐公司前董事长罗伯特·伍德拉夫（Robert W. Woodruff）就曾说："如果有一天，公司在大火中化为灰烬，那么第二天早上，全世界新闻媒体的头条消息就是各大银行争着向'可口可乐'公司贷款。"这正说明了一个好的品牌是企业巨大的、宝贵的无形资产。

品牌的外在表现很容易被竞争者模仿，只有个性和文化才是品牌最持久的价值，它们构成了品牌的实质和精髓。在跨文化营销时，应高度重视品牌在不同国家、不同语言中的含义，避免存在与产品或服务特性相违背的含义。但是，由于各地域的文化差异较大，因而全球化营销的产品很难采用单一品牌。一个品牌在某个国家很受欢迎，而在另一个国家受到消费者的冷落甚至谴责时，文化因素通常是问题根源所在。显然，针对文化不同的目标市场采用不同的品牌不失为良策，即品牌差异化策略。品牌从内到外都积累和体现着文化，品牌的树立除了要靠科技、管理、营销的技巧外，更要靠广泛吸收各种文化营养，从本土文化走向世界文化，从地方品牌成长为世界名牌。

1. 跨文化品牌设计的原则

成功的跨文化品牌设计，要求设计者正确选择和构思，并将理念和构思转换为消费者欣赏的图案、文字和符号。在设计中，应遵循以下原则：

第一，品牌名称和标志必须遵守当地政府相关的法律法规，才能获得注册登记。

第二，品牌名称一定要符合市场所在地区的文化传统和背景，否则很难在当地营销。

第三，品牌名称、图案设计应能促使消费者产生与其消费心理、消费习惯相吻合的联想，形成对品牌的良好印象。

2. 跨文化品牌策略的类型

企业在将产品销往国际市场时，首先应考虑是否使用品牌；其次，对于需要使用品牌的

产品，企业既可以使用中间商或零售商的品牌，也可以使用自己的品牌；最后，如果企业选择使用自己的品牌，则需要考虑采用何种品牌策略。具体说来，跨国公司的品牌策略大致有以下几种：

（1）无品牌策略　使用品牌和商标有助于对跨文化产品的宣传，帮助消费者识别该企业产品，但同时也会增加跨国公司相应的成本。跨文化产品是否采用品牌，主要应根据产品的性质、消费者购买习惯及权衡使用品牌的得失来决定。下列产品通常可采用无品牌策略：农、牧、矿业初级产品；电力、煤炭等不会因生产经营者不同而形成不同特点的产品；当地消费者的购买习惯是不辨认品牌或消费者认为没必要选择品牌的产品，如盐、糖，以及品种繁多的、技术含量不高的小商品等。

值得注意的是，近几年随着国际市场竞争的不断加剧，西方一些企业为了促进销售、吸引顾客，对一些传统上无须使用品牌的产品也开始使用品牌，成本虽增加了，但的确起到了好的促销效果。

（2）采用生产商或中间商品牌策略　跨国公司进入国际市场的产品可采用自己的品牌，亦可采用中间商的品牌。采用生产商的品牌，其好处是可以建立起生产企业的国际信誉，培养消费者对本企业产品的忠诚，为以后扩大销售打下基础。但是，生产商常常会面临着如何迅速打开国际市场的难题，许多知名度不高、实力不雄厚的企业为使产品能迅速、顺利地进入目标国市场，更倾向于选择采用中间商的品牌。许多著名的大型批发商、经销商都使用自己的品牌。借助于中间商的品牌信誉，虽然可以迅速打开产品的销路，但"抹杀"了生产企业的功绩，不利于生产企业在国际市场上的进一步发展。

总之，跨国公司在选择品牌时，应衡量生产者品牌和经销商品牌的声誉、费用开支、公司的未来发展以及进入国际市场的方式等因素。如果跨国公司以出口方式进入国际市场，通常面临的选择是采用本企业的品牌还是经销商的品牌；以许可证贸易方式进入国际市场的跨国公司，则是由许可方向国外的受证方提供生产制造技术的使用权、专利使用权，同时提供其品牌的使用权。

如果跨国公司采用合资和直接投资方式进入国际市场，其跨文化产品的品牌策略则面临以下选择：采用本企业的品牌，采用合作伙伴的品牌，采用合资双方的共同品牌，合资双方根据目标国的法规及消费偏好共同设计新的品牌。

（3）统一品牌策略　这是指跨国公司生产的各种产品都采用同一品牌。采用此策略的跨国公司常常具有较强的竞争实力，且该品牌在国际市场上已获得一定的知名度和美誉度。采用这一策略给跨国公司在全球范围内进行广告宣传带来方便和经济利益，有利于节省品牌设计费用和广告费用；可以建立品牌信誉，带动产品销售，尤其是新产品的上市推广；有助于树立跨国公司的市场形象，提高消费者的品牌忠诚度。采用这一策略的前提条件是，该品牌在市场上已获得相当高的声誉，使用该品牌的各种产品质量水平相当。否则，产品质量参差不齐时使用同一品牌，就会影响其中高质量产品的市场形象，甚至影响整个跨国公司的形象。

（4）多品牌策略　这是指跨国公司在国际市场上对同一类产品使用多种不同的品牌。采用多品牌策略的优点是：多种不同的品牌可以适应不同国家的文化，只要被目标国经销商接受，就会占用较多的货架面积，而使其他竞争产品的陈列空间相对减少；采用多种品牌，可以吸引目标国更多的品牌转换者，提高本公司产品在目标国的市场占有率；发展多种不同的品牌，还有利于在跨国公司内部形成激励，提高效率。采用这一策略的前提条件是：跨国公司有设计多种品牌并为之宣传的实力，且能为各种品牌找到适当的细分市场。

但是，跨国公司的品牌并不是多多益善。跨国公司推出多种品牌时，可能每种品牌都只有极低的市场占有率，而没有市场占有率和利润率很高的品牌。这样，跨国公司的资源就会过于分散，而不能集中于较成功的品牌。这时，跨国公司就必须放弃一些较弱的品牌，将资源优势集中在保留下来的品牌上，以期夺取竞争对手的市场，而不是内部竞争。

（5）品牌扩展策略 跨国公司可以利用其成功品牌的声誉推出改良产品或新产品，也可以推出具有不同功能特点、不同质量水平、不同规格甚至不同造型的产品。跨国公司采用这一策略，可以节省新品牌的促销费用，使新产品能迅速、顺利地进入市场。例如，国际知名企业海尔集团借助海尔冰箱在国内市场上的成功信誉，将彩电、空调、洗衣机等家电都以"海尔"品牌推向国际市场，取得了较大成功。但是，如果使用的品牌已在国际市场上有较高的声誉，则推出的新产品也必须与之前产品有同样良好的质量、服务等，否则不仅会影响新产品的销售，还会降低已有品牌的声誉。

（6）品牌再定位策略 即跨国公司因国际市场上某些因素发生变化而对品牌进行重新定位。在下列情况下，跨国公司需要重新定位品牌：某些国家的消费者偏好发生了变化，形成了具有某一特定偏好的消费群体，而已有品牌不能满足这部分消费群体的需求；国际竞争激烈，一些竞争对手将品牌定位在本企业品牌附近，并夺取部分市场，使本企业品牌的市场占有率减少。

跨国公司在进行品牌重新定位时，必须考虑两方面因素：一是品牌转移的费用。一般来说，新定位离原位置距离越远，变化越大，则所需费用越高。二是品牌重新定位所能获得的收益大小。收益的大小取决于选定的细分市场中消费者的数量、平均购买率、自己的实力以及竞争对手的数量等因素。跨国公司管理者必须先对品牌重新定位的费用和收益进行权衡，然后再从中选定较优的方案。

三、跨文化包装

包装是跨文化产品决策中重要的组成部分。所谓"包装"，是指设计并生产容器或包扎物的一系列活动。这种容器或包扎物本身也被称为"包装"。产品包装的目的是保护和美化产品，便于运输、储存和销售，而且也有促销和增加产品价值的功能。

1. 跨文化包装的基本要求

跨文化包装是一项技术性和艺术性很强的工作，应做到美观、实用、经济。其具体要求如下：

（1）准确传递商品信息 世界各国一般都对产品包装上应标识的内容有明确的规定，如生产日期、重量、保质期等，企业应如实注明。另外，包装上的文字、图案、色彩均应与商品的特色和风格相一致。包装物上的说明、彩色图片等切忌夸大商品的性能、质量，对"金玉其外，败絮其中"的包装要严格禁止。

（2）包装应与商品价格相适应 包装的价值应与商品价值相配套。例如，高级珠宝应配以高档包装，以烘托商品的名贵。如果包装的价值超过商品本身的价值，则会引起消费者反感，从而影响销售。

（3）考虑目标市场的需求　进入国际市场的产品包装要考虑各个国家和地区的储运条件、分销时间的长短、气候状况、消费偏好、销售条件、环境保护、风俗习惯、审美观、收入水平以及法律规定等。例如，在非洲和拉丁美洲一些国家，由于道路状况不太理想，用玻璃作为包装材料就不太适合。在一些发展中国家，包装后的产品在分销渠道中滞留的时间可长达六个多月，而在美国只需两三个月，因此对包装的质量要求不同。出口到热带国家的食品，其包装则重点要考虑产品的保质问题，以避免因炎热的气候环境而导致产品变质。包装规格也要因国而异，如在低收入的国家，消费者更习惯于成本低的包装。

（4）符合目标市场的政策法规　世界各国为规范商品包装，减少包装对社会的不良影响，都先后制定了一系列有关包装的法规。例如，美国的《真实包装和标签法》规定，产品包装和标签要符合产品的实际。目前，包装的国际趋势是将包装与环境保护挂钩。很多国家都对包装提出了环保方面的要求，要求产品包装不污染环境、能够回收利用，或要求控制废弃包装物对环境的污染。例如，德国禁止一切使用聚氯乙烯或聚苯乙烯制成的包装物。又如，美国1998年以可能产生虫害为由，要求中国销售商品的木质包装须进行熏蒸处理，否则就地销毁或不予进口。这使很多中国出口商遭受了极大的损失。可见，从事国际经营的企业对此应予以密切关注。

案例5-6

雀巢咖啡的包装营销

咖啡作为舶来品，要在中国这个喝茶的国度打开市场难度不小。既然得不到消费者第一眼的偏好，就需要有其他手段作为销售业绩的保障。1992年，东莞雀巢咖啡有限公司的成立，拉开了速溶咖啡对抗传统茶道的序幕。"味道好极了"这句经典广告语一经面世就广为人知。随着耐高温玻璃瓶包装的咖啡伴侣的迅速走俏，大江南北一时间浓香四起。由于在容器这个包装细节上下了功夫，因而雀巢的产品被很多中国人认为是附带赠送实惠的时髦：在各种场合和地点，人们甚至用雀巢的玻璃瓶泡茶。可是，随着雀巢渐渐深入人心，咖啡的销量直追茶叶，连热饮料的一次标准饮用量也缩小到了随着各种促销活动派送的红色"1+1"瓷杯的尺寸。雀巢咖啡悄悄地打开了中国市场，除了咖啡本身的特质以外，容器竟然成为改变消费习惯的主要手段，实在是出乎意料之外，却又在情理之中。

2. 跨文化包装策略的类型

在国际市场上，产品包装策略主要有以下几种：

（1）统一包装策略　统一包装是指企业生产的各种产品在包装上采用相同或相似的图案、色彩和标识，使消费者在不同国家也能很容易地识别出同一家企业的产品。统一包装的优点是：可以形成视觉强化，加深消费者对品牌的印象，树立企业形象。随着国际人口流动的日趋频繁，人们每到一处都会看到某企业的产品或类似的标识，由此感受到企业的竞争实力，增强了对其产品的信任度。此外，统一包装还可以节省包装设计费用和印刷费用。

（2）差异包装策略　差异包装是指企业对销往不同国家和地区的产品采用不同的设计图案、色彩和包装材料。差异包装会增加包装设计费和新产品的促销费，但是可以避免因个别产品声誉下降而影响其他产品销售的情况。

（3）配套包装策略　配套包装是指按各国消费者的消费习惯，将数种有关联的产品配套包装在一起，成套供应。配套包装便于消费者购买、携带和使用，还可以扩大产品的销售。

（4）再使用包装策略　不同国家的消费者对包装的要求不同，有些国家的消费者希望包装也有其特殊的用途。

（5）改变包装策略　当一款包装在某一个国家获得消费者的青睐时，有些跨国公司会因此将此包装引入到其他国家，但是由于消费者的文化差异，此包装不被其他国家的消费者接受。这时，跨国公司就必须在目标国进行市场调查，改变原有包装的设计，采用新的包装。跨国公司在改变包装的同时，必须配合做好宣传工作，以消除该国消费者的误解，如以为产品质量下降或其他。

四、跨文化定价

定价策略是企业在规定和调整产品价格的过程中，为了实现营销目标所采取的某种定价艺术和技巧。产品价格的高低，直接决定着企业的收益水平，也影响到产品在市场上的竞争力。因为价格是营销组合中最为敏感的因素，内、外部环境的微小变化都有可能引起价格的巨大调整，从而影响到整个营销组合的实施效果。在跨文化营销中，这种影响更为明显。当一种产品在不同的国家进行销售时，企业所面临的环境更加复杂多变，价格的形成也比单一国家市场复杂。因此，跨国公司的定价策略尤为重要。

产品的定价受诸如细分市场、需求条件、竞争对手定价、成本、渠道策略等因素的影响。常见的定价方法包括成本加成定价、市场导向定价、利润法等。在跨文化营销的环境中，以上方法各有其优缺点。每一种文化对定价策略的运用都与其文化偏好、消费者需求和消费文化有关。不同的经济状况和文化环境使得消费者对于同一种产品有着不同的需求水平，不同文化的消费者对于品质的评价也是不尽相同的，因此目标市场所处的文化也成为价格的最终决定因素之一。

1. 理解目标市场的文化价值及其判断标准

面对多变的市场需求，在定价时，企业不仅要考虑自己的成本因素，还要分析市场的供求平衡状况、消费者收入水平、当地的消费心理及许多有关价值取向的因素。这些因素对消费者价值期望的影响，直接影响着消费者能否接受异文化产品的价格。最为常见的现象之一是"产出地效应"，即经济较落后的国家和地区的消费者会认为经济较发达的国家和地区制造的产品比本地生产的要好。

2. 在做定价决策时避免受自我心理的干扰

不同文化环境中，人们的价值观有很大差异。在定价时不能站在自己的角度思考，而要从对方的视角看问题。例如，在经济较发达的国家和地区，消费者对价格不太敏感；而在经济发展相对落后的国家和地区，消费者对价格的变化相对较为敏感。因此，一家跨国公司在美国市场上采用的价格策略和在非洲市场上采用的价格策略大相径庭。

案例 5-7

中国茶叶在美国超市的定价[⊖]

某美国超市从某中国茶商那里进口了一种红茶，准备圣诞节前上架。茶叶的品质很好，

⊖ 胡玲燕，《跨文化人力资源管理》，武汉大学出版社，2018 年版，第 23 页。

但首批订单的数量不够大,导致单瓶茶叶的成本较高。为了这笔订单能获取合理的利润,美国超市准备将此茶叶的价位定得略高于其他同类茶叶。中国茶商建议,茶叶定价还是跟同类产品一样,先争取顾客和市场,后期通过增加大批量订单来减少边际成本,获得长期利润。这一提议被美国超市否决了,结果这种茶叶因为价格略高而销量不佳,美国超市也因为这笔订单的亏损而终止了与中国茶商的后续交易。

3. 深入了解目标市场对数字的偏好心理

由于数字有着不同的写法和发音,人们对不同的数字总是抱有不同的态度,而且不同文化中人们的喜好也有很大差异。例如,据某国市场调查发现,在中国生意兴隆的商场和超级市场的商品销售价格中,8、5 等最常出现,而 1、4、7 等出现的次数少得多。究其根源,是顾客消费心理的作用:带有弧形线条的数字似乎更易被顾客接受;而不带有弧形的数字相比较而言则不太受欢迎。再如,中国消费者对 8 和 6 的喜欢,都会影响消费者潜意识里对产品价格的接受程度。商家在了解了目标市场对数字的喜好后,就可以根据目标市场的文化背景采用相应的定价技术,如尾数定价法、奇数定价法、整数定价法等。

第三节 跨文化促销

跨国公司进入海外市场,除了要有良好的产品和服务、合适的定价及畅通的分销渠道之外,还必须能够与他国的消费者以及潜在消费者进行良好的沟通。促销意即"促进销售",是指企业为了让消费者购买其产品或者服务,将有关信息通过某种传播方式传递给消费者,以使其了解、信赖直至购买本企业的产品或者服务。

任何企业都可以根据自己的产品生命周期等因素,对广告、销售促进、人员推销和公共关系四种促销手段进行任意选择和任意组合。但是,不同文化环境中,不同文化和法律环境对不同促销方式的限制和认识是不同的,人们对促销方式也持有不同的态度,有不同的偏爱程度。在本国适用的促销方式在其他国家可能会一败涂地,在发达城市有效的促销方式在不发达的农村不一定同样有效,因而并不存在放之四海都适用的促销方式。每一种促销方式都有其适用性。由于不同文化背景下的消费群体对促销形式的反应存在明显的差异,因此促销方式和促销工具的选择对于跨文化营销尤为重要。

一、跨文化广告

广告是指由企业支付一定费用,选择一些媒体,传播公司或产品的相关信息,以引起消费者的注意,并促进销售的一种形式。广告作为大多数跨国公司进入他国时都要选择的促销工具,具有帮助消费者认识企业及其产品、服务的功能,同时可以激发消费者的购买兴趣,提升产品的知名度和美誉度,塑造跨国公司的良好的形象。

1. 跨文化广告的目标

跨文化广告策略的第一步就是制定广告目标。广告目标的制定必须充分考虑目标市场、市场定位和营销组合等营销策略并与之相吻合。这一点决定了国际广告促销手段在整体营销规划中必须完成的任务。也就是说,在特定的时期内和特定的国际市场上,对于广告目标对象,企业是否取得了应有的沟通效果和销售业绩。按企业的沟通目的,可以将广告目标分为三种,即告知信息、劝导购买和巩固使用。

(1) 告知信息　在产品初期开拓阶段,跨国公司一般可以采用告知信息型广告,其主要目的在于提高消费者对企业及其产品各方面情况的知晓率,如名称和性能等,建立消费者对产品的初步需求,并吸引其早期购买。跨国公司作为一家新进入的国外企业,很少受到当地消费者的关注,消费者对跨国公司的产品和服务也不是很了解。通过广告信息的传播,跨国公司的产品可以迅速被消费者认可,并在国际上赢得声誉,尽快打入并扩大跨国公司海外市场。跨文化广告尤其在产品进入海外市场初期起着相当重要的开拓性作用,是跨文化营销的先锋。

(2) 劝导购买　劝导购买型广告在竞争阶段,特别是在产品生命周期的成长阶段,尤为重要,其目的在于介绍产品的实际使用效果,如产品特色和用途等,以使消费者建立对某一特定品牌的选择性需求。许多跨国公司采用比较性广告,将企业的产品与竞争对手的产品相比较,突出自身产品的优势。例如,百事可乐广告中的常用语为"年轻人的选择",暗示其竞争对手的"陈旧"形象。

(3) 巩固使用　在国际市场上,各国产品之间的竞争相当激烈。在改变消费者消费观念和习惯的过程中,跨国公司也面临着一个风险:作为市场开拓先锋的跨国公司,花了很多广告费用和其他促销费用,使消费者开始使用某种产品,其销售额却被后继者超过了。巩固使用型广告在产品成熟期或衰退期作用十分关键,目的在于维持或继续加深消费者对企业产品的印象,鼓励和刺激他们继续使用其产品。

2. 跨文化广告媒体的选择

跨文化广告媒体主要有电视、杂志、报纸、互联网、邮寄广告、灯箱、墙体广告等,各种媒体的表现力不同,各有优缺点。跨国公司应该根据产品的特性,选择最合适的媒体。跨国公司在选择媒体时,应该考虑以下问题:

(1) 媒体的可用性　各国媒体的发展程度不一样,跨国公司必须根据各国的具体情况选择媒体。有些国家的广告媒体很少,有些国家的选择余地则较大。很多国家都制定了与广告等促销活动相关的法律和政策,有些国家还就广告时间长短做出了相应规定。

(2) 广告的费用　所在国家不同,产品的广告费用差别很大。跨国公司在做出广告媒体的选择之前,一定要考虑自己的预算,最好是把预期广告效果和自己的财力结合起来考虑。

(3) 媒体的覆盖面　媒体要尽可能覆盖到跨国公司产品潜在消费者所在的地区和人群,提高潜在消费者接触广告的次数。在国际市场上,往往要通过多种广告媒体才能将信息传播给广大用户。另外,媒体在社会上的可信度也是跨国公司应该考虑的。消费者一般愿意相信在声望较高的媒体中出现的广告内容。

(4) 各国消费者接触媒体的习惯　不同国家的消费者由于风俗习惯的不同,其接触媒体的方式和倾向也会有所差别。跨国公司必须研究当地消费者接触媒体的习惯,才能做出正确的选择,以免造成广告费用的浪费。

3. 跨文化广告的类型

跨文化广告可分为国际标准化广告和地区差异化广告。每一家跨国公司在决定广告策略的时候,都会面临这个问题。

（1）国际标准化广告　国际标准化广告指的是一家企业在各国所做的广告中内容、基调、主题都大致相同，甚至连媒体的选择都是一样的。一般来说，在各国消费者购买动机相同或者类似的情况下，运用国际标准化广告的跨国公司较多。如美国万宝路香烟、麦当劳，它们在全球都采用类似的广告策略。标准化广告的优点是：可以节约广告设计的费用，有利于树立企业产品全球一致的形象，而且能达到一致的广告效果。然而，标准化广告有一个致命的缺点，那就是没有或者极少考虑到各国不同的国情。当各国消费者之间的差异性远远大于一致性的时候，标准化广告就失效了。

（2）地区差异化广告　地区差异化广告考虑了各地消费者在购买动机、民族文化、消费习惯等方面的巨大差异，采用不一样的广告主题，以迎合消费者不同的需求。地区差异化广告克服了国际标准化广告的不足，针对各地消费者的具体差异，并做出适合各国法律的适当的修改，可以更好地被各地消费者理解。在地区差异化广告策略中，跨国公司应该尽量保持不变的商标和其他特有的产品形象。同时，在广告商的选择上也应该尽量本土化，因为本土的广告公司对当地消费者的习惯和接受程度有着更深刻的理解。雀巢公司雇用了150多家广告代理商，为其在40多个国家做各种主题的咖啡广告宣传。地区差异化广告的缺点是花费较多，也不利于跨国公司塑造全球统一的形象。

许多跨国公司将标准化和差异化结合起来，采取模式化广告策略。这种策略要求广告设计在世界各地都采用统一的模式，在具体运用时允许某种程度的变化。母公司设计和勾勒出广告活动的轮廓，要求子公司采用其基本主题，同时允许子公司根据实际情况创造性地表现这个主题。例如，可适当改变语言、名称或颜色，以适应不同国家的禁忌（如紫色在拉丁美洲象征着死亡，而白色在日本是哀悼的颜色）。有时，在保持相同主题的同时，适当做些变动以适应各国文化的价值观是必要的。在美国，Camay 肥皂的商业广告上画着一个美丽的妇人在洗澡；在委内瑞拉，这种广告变成一个男人在洗澡间；在意大利和法国，画面上只能看到一个男人的手；在日本，则是一个男人在洗澡间外面等候。

二、跨文化公共关系

随着国际交流和科学技术（包括通信技术）的高度发展，国际竞争日趋激烈，并从形式和内容上都朝着新的方向转变。企业的社会关系和所处的国际经营环境越来越复杂，这一切都要求企业在国际市场上具有强大的适应和应对能力。从这种意义上讲，建立、维持和协调与国际社会公众之间的关系，缓和与国际社会的摩擦，依靠公共关系为自身的进一步发展创造有利的经营环境与和谐的社会氛围，比以往任何时候都重要。

1. 跨文化公共关系的概念

跨文化公共关系指的是跨国公司为增进各国公众对本企业的了解和支持，设计和利用适当的信息，帮助企业建立良好的企业形象，搞好与当地媒体、政府部门、投资者、消费者、同行其他企业的关系。跨国公司的公关对象一般有现有消费者、潜在消费者、社区群众、政府部门、投资者、各级中间商、金融机构、媒体，以及各种对企业感兴趣或者有影响力的社会团体，如环保组织等。

2. 跨文化公共关系的作用

公共关系作为跨国公司的一种促销手段，具有成本低、影响广、可信度高等特点。例如，美国福特公司在向国际市场推出"野马"新型轿车的前 4 天，邀请各地记者参加 70 辆"野马"轿车大赛，结果一炮打响。世界各地数百家报纸和杂志宣传了这次大赛，"野马"轿车的销售额创当时的历史最高纪录。

由于国际市场范围广、竞争激烈，且参与企业的实力与管理水平都很高，因而公共关系在跨文化营销中的意义比在国内营销中更为突出。雀巢公司与 IBFAN（国际婴儿食品行动网络）的博弈是一个成功范例。IBFAN 指责雀巢公司劝服发展中国家的母亲们放弃母乳而用瓶装配方食品喂养婴儿。虽然出售婴儿配方食品的跨国公司有 17 家，但是因为雀巢公司的市场份额最大，所以 IBFAN 独点了雀巢公司的名。对此，雀巢公司后来在公共关系方面采取了两大行动：一是执行 1981 年世界卫生组织关于销售母乳替代品的准则；二是组织了一个半独立的审查小组，检查公司的销售和严格执行该准则的情况。这两个行动使 IBFAN 最后取消了抵制雀巢的活动。

考虑到海外经营的特殊条件，跨国公司在开展公关活动时，应充分考虑行业类型、公司规模、所处的成长阶段及拥有的经验。跨国公司所属的行业不同，其引起的敏感性问题也有所不同。从公司规模和所处成长阶段看，跨国公司规模大，对东道国经济和社会都会造成微妙影响，其一举一动引人注目。此外，跨国公司处于不同成长阶段，其公关任务不一。初始进入东道国阶段，问题多，公关任务繁重。尔后，进入营运阶段，就要关注东道国政局与政策动向，以及公司利润汇回母国的风险等问题。最后，在撤出阶段，也要注意与东道国保持良好关系，以维护其他方面的投资利益。

3. 跨文化公共关系的主要内容

跨文化公共关系的主要内容包括：

（1）与媒体的关系　媒体作为传播公共信息的主体，受到人们的广泛关注。跨国公司除了通过有偿的商业广告宣传自己的产品之外，还可以通过策划一些新闻事件宣传企业及其产品。跨国公司在新闻的策划过程中，为了吸引媒体的注意，一定要重视新闻事件的可报道性，以及是否能够吸引广大公众的注意力。同时，跨国公司还应该与媒体记者建立良好关系，积极回答他们的提问，正确引导媒体记者对本企业的认识。

好的媒体关系在跨国公司的危机公关中相当有效。在信息传播相当迅速的今天，信息几乎可以同时传遍世界的各个角落。如果跨国公司在某国出现了负面新闻，这些新闻就会迅速传到其他国家，影响到该跨国公司在其他国家的销售。跨国公司应对这些负面新闻时，必须相当迅速，除了要使信息传播渠道保持畅通之外，还应该迅速澄清事实，向消费者道歉以争取他们的谅解，并做进一步的打算。

（2）与消费者的关系　跨国公司还必须通过各种信息的传播，使消费者对企业及其产品产生信赖。对于消费者的投诉，跨国公司一定要认真对待。因为一个消费者愿意花费宝贵的时间投诉，在某种程度上意味着他还是很信赖这家企业的。跨国公司及时、迅速地处理消费者的投诉，很有可能因此挽回一个即将失去的顾客。但是，如果处理不好，那么就非常可能永远失去了这个顾客。可见，跨国公司要想长久地获得消费者的信任，就必须处理好与消费者之间的关系。

（3）与政府部门的关系　跨国公司要在一个国家打开市场并迅速发展，就必须搞好与当地政府部门的关系。因为企业的生存总是在特定的政治、法律环境之下的，所以跨国公司应该让当地政府部门更加了解自己的企业制度、产品和服务，游说政府官员支持自己的发展，制订对自己或所在行业有利的政策，使政府部门批准自己进入该国的特定行业，甚至获得政府的采购订单。

三、跨文化营业推广

与跨文化广告相比，跨文化营业推广的功能不在于向消费者提供信息或建立消费者长期的忠诚，而是一种刺激消费者需求、以扩大短期销售为目的的促销手段。近年来，由于竞争日益激烈以及国际市场中产品的品种和数量不断增加，跨文化营业推广得到越来越广泛的运用，其总体费用的增长速度大大超过了广告费用的增长速度。

1. 跨文化营业推广的概念和特点

跨文化营业推广指的是企业为了直接促进消费者购买本企业产品、提升推销员的积极性，以及鼓励经销商和代理商更加努力地工作，而采取的不同于人员推销、广告和公共关系的短期促销活动。营业推广有多种形式，如赠送样品、奖品、优惠券，举办展销，进行商品示范等。在某些情况下，跨国公司可能不能充分运用广告手段，此时营业推广就能发挥其良好的替代作用。运用营业推广也应注意要因地制宜，主要是遵守当地法律。许多国家对营业推广活动有各种不同的法律限制，因此要事先检查每项促销措施是否符合当地的法规。例如，有的国家禁止发放彩票或纪念品，有的国家则对零售的数量和折扣有限制，还有的国家规定营业推广活动必须获得许可。

2. 跨文化营业推广的类型

跨国公司在制订营业推广方案的时候，必须考虑营业推广面向的对象。根据市场特点、销售目标与推广目的的不同，一般可以把跨文化营业推广分为三种类型：

（1）针对各国消费者的营业推广　针对各国消费者的营业推广，其目的是提高产品知名度，吸引消费者到店里去，诱导他们试用新商品，刺激他们的购买热情。它的形式有免费赠送样品、折扣和减价、有奖销售、产品示范和现场表演等。这种直接引导消费者做出购买行为的方法，与广告和公共关系不同：广告对购买行为产生间接的影响，而公共关系则以整个企业形象吸引公众。但是，跨国公司必须考虑到各国法律对于营业推广的限制。比如，德国禁止使用折价券和赠品，法国禁止抽奖，等等。不同的营业推广方式在不同国家有不一样的效果。比如，巴西人非常喜欢赠送礼品；而在法国，销售折让非常有效。

（2）针对国外中间商的营业推广　针对国外中间商的营业推广，其目的是增加国外中间商销售产品的热情，建立与他们的长期联系，并通过各种优惠条件促进协议的达成和提高效率。它的主要形式有提供商品陈列的设计资料，提供陈列津贴、广告津贴以及推销奖励，举办展览会、展销会等。对零售商来说，营业推广活动旨在鼓励他们陈列该企业的产品，吸引他们积极进货和推销。在拉丁美洲一些国家和地区，百事可乐和可口可乐公司利用"游艺巡回车"到边远村落去推销产品。巡回车一到村庄，就放映电影，组织各种娱乐活动。人们只要在零售商那里买一瓶没有开瓶的饮料，就可以入场观看。这种促销方法有利于零售商多进货。

（3）针对推销员的营业推广　针对推销员的营业推广，其目的是鼓励推销员积极工作，发展新客户，开拓潜在市场，扩大现有市场。针对推销员的营业推广方式有：高额补助、销售竞赛、超额分成等。对于外派、当地和来自其他国的推销员，最有效的营业推广方式肯定不一样。跨国公司应该根据推销员的需求分别制订营业推广计划。

四、跨文化人员推销

在国际市场的营销组合活动中，人员推销通过个人接触和"推"的作用，将企业信息直接传递给消费者，从而达到劝说消费者购买、扩大销售的目的。

1. 跨文化人员推销的概念和作用

跨文化人员推销指的是跨国公司派出专职的或者兼职的推销员直接与国外消费者接触，向他们介绍产品，最后实现销售目的。作为促销手段之一，人员推销有其独特的效用。无论是在发达国家市场还是在欠发达国家市场，人员推销都能起到广告难以达到的效果。企业在国际市场的营销活动中，常会遇到不尽如人意之处，如政府对广告和销售促进活动的种种限制、缺乏合适的广告媒体等，使企业的产品宣传受到很大限制。

因此，人员推销越来越受到企业的重视。特别是在一些生产资料的销售过程中，比如大型机械、医疗设备的销售，人员推销相当重要。因为面对面的推销可以让客户更加了解跨国公司的产品，必要的时候还可以做展示以便获取其信任。推销员与客户之间建立良好的关系，有利于跨国公司与客户之间长久的联系，也有利于收集客户信息，及时做出反应。

2. 跨文化人员推销的目标

企业在设计跨文化人员推销活动时，必须充分考虑到不同目标市场所在的国家或地区，在文化、习俗、价值观、审美观等许多方面存在巨大差异，让管理者和推销员有充分的思想准备，使他们对这种差异有足够的认识。在这种面对面的促销过程中，推销员应很好地理解目标市场中消费者的各种消费心理，消除因不同文化、风俗和习惯造成的距离和障碍，培养与目标市场客户之间的良好关系，以取得客户的信任。这样，企业便能消除客户对异国人员推销活动及其所推销产品可能存有的疑虑或偏见，顺利地向客户传递有关企业及其产品的信息，了解并满足他们的需求，最终实现企业的销售目标和国际市场开拓目标。

3. 跨文化人员推销的注意事项

生活在不同文化背景下的人们，性格、喜好等有着天壤之别，而人员推销又需要与客户直接沟通。不同文化环境中，客户对推销过程的期望和要求是不同的。在人们性格开朗、外向的地区，销售过程很容易完成；而在人们性格谨慎、保守的地区，推销员则会觉得销售过程异常艰难。为了成功销售产品，掌握目标市场中客户的消费心理，以及熟悉不同的文化环境是对推销员最基本的要求。此外，跨文化人员推销还应该注意以下几点：

（1）了解目标市场的经济状况　一般来说，经济发达地区多采用传真、电子邮件等手段，而经济不发达地区则多需要面对面交流。另外，经济不发达地区的法律体系通常不健全，与具有决策权的人加强关系会使推销事半功倍。

（2）了解目标市场的文化习俗，尤其是宗教信仰　熟悉客户的礼仪习惯和文化习俗是推销员不可忽视的素质要求，否则会带来不可估量的损失。了解客户的宗教及其他信仰可以避免触及敏感地带或禁忌。

（3）保持文化中立　能够承认、理解并利用文化差异进行推销是对推销员的要求之一。推销员应避免以自我文化为中心，更不要试图将自身文化强加给他人。

五、跨文化促销组合的考虑因素

促销组合指的是企业灵活选择人员推销、公共关系、营业推广、广告这几种手段并搭配组合，以达到有效沟通的目的。跨文化促销组合的选择要考虑产品特性、产品生命周期、促销成本及各国的国情等多方面因素。

1. 产品特性

跨文化促销组合首先应该考虑企业要促销的产品。如果是日常消费品，一般用广告配合营业推广、公共关系进行促销。因为日常消费品的用户数量大，分布又比较分散，用人员推销的企业比较少。不过，也有例外，如雅芳就是采用营业代表进行推销的模式。

对于工业用品，由于其采购量一般都比较大，而且属于专家采购，弹性较小，因而用人员推销的比较多，也可采用公共关系塑造企业的可信形象，再辅以广告和营业推广。

2. 产品生命周期

促销组合还应该根据产品的生命周期进行适当的调整。在产品生命周期的引入期，新产品的介绍广告特别重要，也可以适当采用公共关系，而人员推销和营业推广用得比较少。随着产品进入成熟期，广告应该从常规介绍转为侧重于介绍产品特性，配以人员推销和营业推广，公共关系也要进一步跟上。在产品进入衰退期以后，营业推广就超越了广告而成为主要的促销手段，跨国公司可以大量运用打折、"买一赠一"等形式促使消费者购买，以延长产品的生命周期。

值得注意的是，跨国公司是在不同的国家进行运营，它的产品在其中一个国家市场中是衰退期，可能在其他国家市场中正是成熟期。跨国公司还可以利用产品在不同国家市场中的生命周期的差异，尽可能地延长产品的生命周期。

3. 促销成本

促销成本也是跨国公司应该考虑的问题。相同的促销结果，应该选择成本较低的促销方式进行促销。对于经济实力较为雄厚的大型跨国公司来说，可以选择多种促销方式的组合，以求达到最好的效果；而对于经济实力有限的中小型跨国公司来说，应尽可能选择最适合自己的一种促销方式，集中力量进行促销。

4. 各国的国情

由于各国文化、风俗等不同，跨国公司在选择促销方式的时候，一定要考虑各国具体的国情，以及消费者对于不同促销方式的接受程度。有的国家对某些促销方式进行了限制，跨国公司应该遵循这些规则，这样才能获得政府部门的认可。

只有对那些与本国风土人情、政治、法律相似的国家，跨国公司才可以运用与本国市场相同或相似的促销手段；否则，不能照搬本国模式，而应该具体情况具体分析。

第四节　跨文化分销

分销是使产品或服务到达有需求的消费者或用户的过程。分销最关心的是，如何确保产品以最直接和最具成本效益的方式到达目标消费者或用户。分销渠道是一组相互依赖的市场参与者（包括批发商、零售商、中间商等，在国际市场中还会有进口商），使产品或服务通过它们到达最终消费者⊖。

随着技术的进步和政府法律、监管的变化，分销渠道的特点和相对重要性也会发生变化。比如说，如今线上销售的重要性是 10 年前无法想象的；再比如在澳大利亚和新西兰，随着禁止超市销售药品的法律要求放宽后，购买轻微镇痛剂、咳嗽和感冒药品、维生素和食物营养补充剂的消费者逐渐从药店转向超市。因此，跨国公司必须监控分销渠道的绩效，并在必要时调整分销渠道以保持或提高绩效。

一、文化与营销渠道的选择

产品和服务到达消费者的渠道通常可以是多样的。特别是面向终端消费者（B2C）的产品和服务，由于消费群体数量巨大，渠道分化现象比较明显，通常会有对应不同消费群体的不同分销渠道。伦敦（T. London）和哈特（S. L. Hart）研究了一家跨国公司在海外市场失败的营销案例：这家公司在原有的高端产品成功推广之后，推出了针对低收入细分市场的产品；通过现有的渠道合作伙伴在目标国销售，却没有成功。原因是现有合作伙伴的渠道主要是在大城市，针对相对富裕的消费者，而在中小城市没有销售网络，更不要说更广大的农村地区了。另外，这些渠道合作伙伴也缺乏面向中低端消费者的销售知识、经验和积极性。⊜

特定的产品可能需要特定的分销渠道，但在想开拓的目标市场也可能尚不存在适合该企业的分销渠道。1996 年，一家意大利公司曾和中国的双汇集团成立了一家合资公司，计划生产和销售西式熟火腿。由于西式熟火腿是在 80℃ 以下加工成熟的，而且运输和销售需要全程冷链，但在那时候的中国，冷藏运输较难找，在很多中小城市都还没有出现超市，不存在合适的分销渠道来销售西式熟火腿，最后该合资公司只能转产，靠生产可以在常温条件下运输和销售的火腿肠来维持经营。

文化影响人们的消费习惯，也影响其对消费渠道的选择。问卷调查显示，日本学生不喜欢电话营销，并希望政府能有更严厉的法律制度来规范约束它。对于集体主义较强的日本人，群体内与群体外的人际关系区别很大，而且他们处于高语境的文化中，不像拥有个人主义文化的美国人，日本人很难接受陌生人的电话推销并信任他。研究者认为中国、韩国、西班牙和葡萄牙也拥有类似的强集体主义文化和高语境文化，也可能对直销渠道抱有不信任和厌恶的态度。⊜

近年来的中国市场，微商和网红开店异军突起，反映了中国消费者乐于接受熟人和意见领袖（key opinion leader, KOL）的推荐。由此，消费者迅速建立了对产品、服务和品牌的信任，并触发了购买行为，这从另外一个侧面印证了上述研究结论。但是舒曼（Jan H. Schumann）等人研究了澳大利亚、德国、印度、墨西哥、荷兰、波兰、俄罗斯、泰国、美国及中国等国家的人，对熟人口口相传推荐的销售方式的认知，发现熟人推荐能增加消费者对公司服务及服务水平的正面感知。在这中间起着调节作用的，是不确定性规避这一文化维

⊖ 苏珊·C. 施奈德、张刚峰，《跨文化管理》（原书第三版），机械工业出版社，2019 年版，第 227-241 页。

⊜ LONDON T, HART S L. Reinventing Strategies for Emerging Markets: Beyond the Transnational Model [J]. Journal of International Business Studies. 2004, 35 (5): 350-370.

⊜ TAYLOR C R, FRANKE G R, MAYNARD M L. Attitudes Toward Direct Marketing and Its Regulation: A Comparison of the United States and Japan [J]. Journal of Public Policy & Marketing. 2000, 19 (2): 228-237.

度,即不确定性规避的强弱影响着口口相传推荐的销售方式在不同国家和地区的有效性。[1]

案例 5-8

薇姿和理肤泉在中国的营销渠道的变革

活性健康化妆品部（Active Costmelics Division）是法国欧莱雅集团下四个事业部之一,负责由皮肤科医生或美容医生开发和认可、满足敏感和瑕疵以及正常肌肤的不同护肤需求、在全球医疗保健网点（通过药店和医生处方）销售的产品,人们常把这些化妆品称作"药妆"。目前,活性健康化妆品部拥有薇姿（Vichy）、理肤泉（La Roche-Posay）、修丽可（SkinCeuticals）、圣芙兰（Sanoflore）、香邂格蕾（Roger & Gallet）和适乐肤（CeraVe）等品牌,这些品牌的产品与其他化妆品形成差异化互补。该部门是欧莱雅最小的一个事业部,按照2017年年报,活性健康化妆品部的销售收入只占全公司的8%,而大众化妆品部占到46.6%,奢侈品化妆品部占32.5%。

创建于1931年的薇姿品牌,利用法国薇姿小镇上来自地下4000米深处、包含15种有益矿物质的天然温泉对皮肤的治疗和保健作用,宣称将严谨的医学和皮肤学原理应用于健康皮肤的日常护理。[2]薇姿是世界上第一个进入药店销售的化妆品品牌,也曾是完全通过药店销售的"药妆"品牌。理肤泉品牌则可以追溯到1928年成立的利用理肤泉小镇的温泉水治疗皮肤病的理肤泉医药实验室。欧莱雅集团在1989年收购了这个实验室,并在20世纪90年代推出了理肤泉品牌的"药妆"产品。修丽可是在皮肤科、整容外科、医疗美容和护肤领域享有盛誉的美国品牌,于2005年被欧莱雅收购。欧莱雅还分别在2006年、2008年和2017年收购了圣芙兰、香邂格蕾和适乐肤。

薇姿在1989年进入中国市场后,延续了在法国和其他国家的营销模式,在大型药房和高档商场内的药房设立专柜,以这种方式销售,先进驻北京、上海、广州等一线城市,随后逐步渗透到二、三线城市。两年间,全国200多家大型药房开设了薇姿护肤专柜。2000年后,薇姿的市场潜力爆发,销售业绩迅猛提升,2001年成为药房渠道护肤品销量冠军。借助其先入者优势（first-mover advantage）和强劲的销售,薇姿和主要药房签订了独家产品销售协议,并于2001年引入理肤泉这一新的产品线,以全面巩固其在中国市场的领先地位。公开信息显示,巅峰时期薇姿在中国药店的专柜数量达3000个,年销售额曾突破15亿元。在那些年,中国活性健康化妆品事业部的负责人被法国总部的同事戏称为"Mr. 50",因为每年该事业部的销售额都增长50%,一时风光无限。

但是到了2007年,欧莱雅（中国）活性健康化妆品团队发现销售增长乏力,原来是各地政府陆续规范了医保卡的使用范围,消费者不能在药房使用医保卡购买类似于薇姿和理肤泉这样的护肤产品。由此,薇姿和理肤泉的销量开始停滞、然后下降。有消息称,2009年薇姿在药店渠道的销售额同比下滑30%;此时,2003年1月进入中国市场的另外一个法国"药妆"品牌雅漾（Avene）却发展得非常好。

与薇姿和理肤泉类似,雅漾也是个专注于敏感肌肤护理和皮肤问题（祛痘）的化妆品牌,其母公司皮尔法伯集团（Pierre Fabre）是世界第二大药妆品研发公司。雅漾在欧洲市

---

[1] SCHUMANN J H. Cross Cultural Difference in the Effect of Received Word-of-Mouth Referral in Relational Service Exchange [J]. Journal of International Marketing. 2010, 18 (3): 62-80.

[2] See http://www.lorealusa.com/brand/active-cosmetics-division/vichy.

场也只在药店渠道销售,因此雅漾在初入中国市场时,也选择了中国的药店渠道,但由于先入者薇姿与很多药店签订了独家产品协议,雅漾能得到的药店渠道就比较少。于是,雅漾只能另辟蹊径,除了药房渠道,还与个人护理连锁店——屈臣氏深入合作,结果业绩增长非常迅速,仅5年时间就紧逼"老大"薇姿的市场地位。

面对药房渠道短期内不可能逆转的颓势,以及雅漾在屈臣氏的成长,薇姿在2008年也开始进入屈臣氏,同时请求法国总部允许其进入百货商店销售。百货商场专柜是当时中国女性选购化妆品的主渠道,占据了80%左右的市场份额。但法国总部的管理者拒绝了中国团队的要求,他们的反对意见主要基于以下两点:

1)在药店渠道销售是薇姿和理肤泉这一品类的基因,公司不能放弃和改变它。

2)薇姿和理肤泉在全球都通过药房这个渠道销售,而且都卖得很好,为什么在中国就不能通过这个渠道销售?也许中国目前的销售下降只是一时的,只要加大营销力度和创新营销方法就能恢复。

中国团队反复和法国总部沟通,希望将渠道切换到百货商场。而直到两年后,总部才迫于惨淡的销售业绩,同意了中国团队的请求,于是薇姿和理肤泉的产品开始以品牌专柜的形式进入百货商场销售。2013年,百货商场成为该部门最大的销售集道,最终形成了今天在中国市场药店、个人护理(化妆品)店、百货商场、网上电商多渠道销售的布局。图5-1是2008—2015年薇姿和理肤泉在百货商场的销售额在其中国市场销售总额中的占比变化。

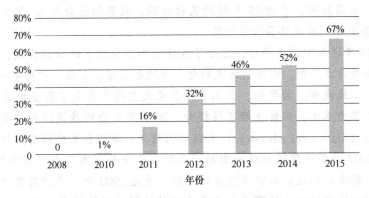

图5-1 薇姿和理肤泉在百货商场的销售额占中国销售总额的比重

注:资料来自欧莱雅(中国)公司。

二、文化与营销渠道的管理

分销渠道上各个环节的合作伙伴通过各自关键性的功能和努力,将产品或服务推向市场,使其成为企业价值创造的重要组成部分。跨国公司可以通过海外子公司,建立完全属于自己的分销渠道,也可以通过与其他运营商合作建立分销渠道。母国与东道国之间的文化差异会影响分销渠道的建立方式及所有权水平,导致沟通和协调问题,并增加转移和组织实践的成本和难度。

格里菲斯(Griffith)等人检视了加拿大、智利、墨西哥和美国分销商与其美国生产商之间的渠道关系,研究了全球标准化的渠道关系管理过程在同一种文化内和在不同文化环境中的适用性。美国和加拿大属于同类文化,有着"强个人主义、小权力距离、弱不确定性规避"的特点，智利和墨西哥则属于"强集体主义、大权力距离、强不确定性规避"文化。结果表明，在美国或加拿大文化中构建出信任和承诺的渠道关系和维护策略，可以转移到同一文化类型的其他国家，但不适合完全移植到其他文化类型的国家。在个人主义较强的文化里可以用来建立信任和承诺的做法，对于集体主义文化的人来说可能远远不足以建立同样的关系，因为集体主义往往意味着更加亲密的关系。因此，美国生产商在管理来自拉美文化的合作伙伴的关系时，可能需要更加殷勤，或提供更多的信息和服务，或使用其他非强制性影响策略，使其更加符合拉美文化的特点。㊀

文化塑造了人们对时间和计划的不同态度，而这些不同的态度将影响生产商和分销商之间的关系与合作。比如说，盎格鲁-撒克逊文化将时间看作单向流走的珍贵资源，因此非常重视计划和计划执行时的每一个时间节点，时间观念很强，也非常守时。在拉丁文化中，意识中的生命是循环的，没有开始也没有结束，是可以延伸的，因此守时观念比较弱。当你和拉美人确定约会时间时，如果你和他比较熟而他也比较国际化，你可以笑着问一下"la hora Inglés 还是 la lora español"（是英语中的时间还是西班牙语中的时间）。另外，东亚、中东和拉丁文化更加注重关系，因此，生意是建立在良好的个人友谊和相互信任的基础之上的，他们需要花时间去深入了解合作伙伴。盎格鲁-撒克逊文化则更倾向于避免把工作关系与私人关系搅和在一起，因此也就不愿意在商务活动中建立个人关系，不愿意在这上面花费时间。在这样的文化背景差异之下，如果一家美国生产商在墨西哥开展业务，无论是美国公司还是墨西哥分销商或零售商都需要做出某些调整来建立和维护良好的渠道关系。美国生产商需要花比在美国国内更多的时间以适应墨西哥合作伙伴对时间和规则的态度与执行情况；而墨西哥分销商必须认识到遵守美国生产商习惯的付款时间表的重要性，也许还需要安排足够的营运资金以满足美国生产商对存货数量的期望。㊁

有些研究者认为不同国家之间在商业实践上的这些差异对渠道管理的影响较为突出，但其实所有这些商业实践上的差异都是公司在其母国市场经营中塑造而成的㊂，在这个过程中，市场环境、法律制度及文化都是塑造它们的影响因素。

按照常规的营销渠道管理理论，对渠道成员的影响力和控制力与渠道的绩效成正比。渠道成员试图控制它们的渠道合作伙伴，不仅是要在渠道内最大化自己的地位，还要将营销渠道协调成一个高效的分销系统，这有助于确保强大的渠道能力，以及与其他渠道竞争时保持优势。影响与控制渠道的策略和方法有两类：一类叫强制性影响策略，如使用奖励承诺，威胁进行惩罚或负面制裁，呼吁遵守具有法律约束力的正式协议等；另一类叫非强制性影响策略，通过沟通交换信息、请求和建议等方法来施加影响和控制，一般不会明确提出对对方行为的要求和具体的惩罚或制裁。

约翰逊（J. L. Johnson）等人研究了美国企业在企图影响和控制日本分销渠道商时所采取

㊀ GRIFFITH D A, HU M Y, PYANS J K JR. Process Standardization Across Intra-and InterCultural Relationships [J]. Journal of International Business Studies. 2000, 31 (2): 303-324.

㊁ LABAHN, DOUGLAS W, HARICH K R. Sensitivity to National Business Culture: Effects on U. S. -Mexican Channel Relationship Performance [J]. Journal of International Marketing. 1997, 5 (4): 29-51.

㊂ KRAFT F B, CHUNG K H. Korean Importer Perceptions of U. S. and Japanese Industrial Goods Exporters [J]. International Marketing Review. 1992, 9 (2): 59-73.

的策略，以及日本渠道合作伙伴对此的反应。美国生产商既使用强制性影响策略，也使用非强制性影响策略，但在影响日本渠道合作伙伴方面均收效甚微。强制性和非强制性影响策略都会影响跨文化渠道关系，只不过扮演着不同的角色。由于日本人厌恶明显的、激进的、甚至带有侵略性的强制性影响策略，使用强制性影响策略实际上会削弱对日本渠道合作伙伴的控制。尽管强制性影响策略产生负面影响，但它并不一定会损害渠道关系，因为强制性影响策略并未增加冲突。日本人在商业合作中对潜在冲突的容忍以及对激进的公开对抗的厌恶，也许可以用来解释强制性影响策略与冲突之间缺乏关联的原因。

数据显示，美国生产商使用非强制性影响策略没能实现对日本渠道的控制，不过也没削弱自己的控制权，这意味着非强制性影响策略减少了美日渠道的冲突。这表明非强制性影响策略可以提供一种有效的机制来管理冲突，并使其在跨文化渠道管理中不会让冲突升级到损害渠道功能、导致失调的水平。

关于分销渠道之间的冲突，研究发现日本经销商与西方经销商对控制的反应方式大致相同，即抵抗或怨恨，这增加了冲突。这一发现意味着，尽管日本人容忍冲突，但如果对日本渠道合作伙伴进行高度控制则可能会加剧冲突，从而导致渠道的失能。集中式管理和协调渠道活动的益处无论在日本还是在西方可能都是一样的，似乎日本公司与所有公司一样不愿意放弃独立自主。正如另外一个研究所揭示的那样，带有强制性的合同可能会增加跨国公司的市场竞争力，但也会降低跨国公司与其经销商之间的信任程度。

由于日本人强调信任、承诺、关系和避免冲突的文化，我们似乎应该看到强制性影响策略对美日分销渠道关系的影响要小于其对西方文化中运作的渠道关系的影响，而非强制性影响策略在日本文化中的作用会更大一些；再者，有些人预期美国式的渠道控制方式可能不会导致与日本渠道合作伙伴的明显冲突，但是约翰逊等人的研究结果并未完全支持这些预期。这说明文化对渠道管理存在着影响，但是其真正的机制比我们今天所知道的要复杂得多。

本章小结

跨文化营销是指企业在两种或两种以上的文化环境中进行的营销活动，包括跨文化需求分析和市场调研、跨文化产品开发及定价、跨文化促销、跨文化分销渠道管理等内容。

跨国公司对目标市场做出科学、慎重的比较和选择，需要进行市场调研和市场细分。跨文化市场调研的主要内容包括客户需求特征、市场环境因素等。跨文化市场细分的依据有地理变量、人口统计变量、心理变量和行为变量。

跨文化产品策略包括标准化策略、差异化策略、品牌策略和包装策略。跨文化产品定价需要理解目标市场的文化价值及其判断标准，在做定价决策时避免受自我心理的干扰，要深入了解目标市场对数字的心理偏好等。跨文化促销方法有广告、公共关系、营业推广和人员

- JOHNSON J L, SAKANO T, ONZO N. Behavioral Relations in Across Culture Distribution Systems: Influence, Control and Conflict in U. S. -Japanese Marketing Channels [J]. Journal of International Business Studies. 1990, 21 (4): 639-655.
- WU F, SINKOVICES R R, CAVUSGIL S T, et al. Overcoming Export Manufacturers' Dilemma in International Expansion [J]. Journal of International Business Studies. 2007, 38 (2): 283-302.

推销四种。跨文化促销组合应该考虑产品特性、产品生命周期、促销成本、各国的国情等因素。跨文化分销要重视文化与分销渠道的选择与管理。

思考题

1. 跨文化营销市场调研的主要内容有哪些？
2. 什么是跨文化产品的标准化策略和差异化策略？
3. 影响跨文化产品定价的因素有哪些？
4. 跨文化促销组合应该考虑的因素包括哪些？

章后案例

肯德基在中国入乡随俗

美国百胜餐饮集团旗下的肯德基，是一家全球闻名的美式快餐连锁餐厅。自从1987年中国第一家肯德基在北京前门落下"脚跟"，短短30多年，这个来自美国的快餐大亨在中国"攻城略地"。到2018年为止，肯德基已在中国1000多个城市，开设了5000多家连锁餐厅，遍及中国除西藏以外的所有省、自治区和直辖市。一时间，在欧美市场并不如意的肯德基，却在中国市场上将全球快餐业老大麦当劳压得喘不过气。

一、香港市场的失而复得

其实，肯德基的中国之路并非一帆风顺。在香港，肯德基就曾有过惨重的失败。

被誉为"东方之珠"的香港，可谓享誉全球，因此很早就吸引了肯德基的目光。1973年，肯德基在香港的第一家店——"家乡鸡"开业。到第二年，香港已经有11家分店。

其实，肯德基在当时推出的基本上都是它在欧美主营的一些产品。不过，配合其声势浩大的广告攻势，当时的肯德基还是很快吸引了大家的目光。"好味到舔手指"，这几乎成了当时家喻户晓的一句广告语。肯德基凭借其独特的配方和香港人对美式快餐的好奇，一时间生意兴隆、门庭若市。

但是，万万没想到，到了1975年，首批进入香港的肯德基不得不全部关门停业。原来，虽然肯德基为了适应香港人的口味，以本地土鸡为原料，但仍然沿用了欧美的饲养方法（即用鱼肉喂鸡），使鸡肉失去了中国鸡特有的味道，以至于众多香港人无法适应。

在餐厅设计上，香港的肯德基店采用的是无座位店铺，即只提供外卖。这些都是完全照搬欧美模式，而中国人的餐饮习惯是喜欢几个人边吃边聊。因此，在尝过了肯德基的味道后，香港人很难再次光临。

在遭遇过一次"滑铁卢"后，肯德基并没有一蹶不振，1985年又重新进入香港市场。此次肯德基颇为谨慎，按香港的情况对营销策略进行了适当调整。

首先，此次肯德基使用的鸡都是从美国进口的，而不是本地土鸡。所有食品都是新鲜烹制的，并规定炸鸡若在45分钟内仍未售出便不再售，以此保证食品的新鲜。

其次，肯德基放弃了原来无座位的模式，而是尽量开设在人流量较大的地方，并设置座位，扩大营业面积以改变消费者拥挤的状况；同时，增加了菜的种类，给消费者更多的选择。

最后，肯德基在市场定位、定价以及广告策略方面又进行了多次贴近香港人的调整。通过这些针对性措施，肯德基终于在香港站稳了脚跟，并获得了巨大的成功。

二、进入中国内地的因地制宜

在随后进入中国内地的过程中，为了适应目标市场，肯德基同样采用了众多本土化手段以满足消费者的需求。

1. 灵活的经营模式——直营加特许经营

直营即直接经营，是指肯德基的门店由百胜直接投资经营管理。特许经营则是指百胜通过将肯德基一定期限的经营权卖给特许经营商而实现扩张。显然，前者需要承担更大的成本负担及投资风险，因此百胜在全球大约有75%的店铺采取特许经营的加盟模式。然而，截至2019年，在中国内地，肯德基的特许经营商大约只有5%。

原来，在肯德基进入中国内地的初期，由于相关法律的限制及管理体系没有完善，部分特许经营店一意孤行，不愿与其他店铺统一步调，出现价格过高、产品和服务质量下降的现象。因此，百胜不得不撤销此类加盟商，收回对店铺的控制权，并按照严格的规范直接经营自己的店铺。在中国这片土地上，百胜不得不放弃了在其他地区有效的特许经营模式，而改用直营模式开拓自己在中国的未来。

但是，百胜终究还是抵挡不住特许经营的诱惑，在结合了中国的国情后，推出了具有中国特色的特许经营模式——"不从零开始"的特许经营，即肯德基将一家成熟的、正在盈利的餐厅转售给加盟者。与普通特许经营不同，加盟者不需要自己完成选址、开店、招募与培训员工等大量繁重的前期准备工作。这种模式恰恰契合了中国人稳健、谨慎的性格特征。怪不得肯德基的一位高层管理者如此称道："在中国，这是最佳的特许经营模式。"

2. 入乡随俗的产品——中西结合

中国以及东亚地区都有着烹食鸡肉的传统，因此以鸡为主要产品的肯德基具有得天独厚的优势。即便如此，以油炸为主要烹饪方式的产品，首先难以满足本地消费者丰富的口味需求，特别是在中国这样一个美食大国；其次，被冠以"垃圾食品"的洋快餐，受到部分健康人士的拒绝，这些都大大影响了肯德基在中国的发展。

为此，肯德基在产品多样化方面不断创新，开发出更多适合中国人口味的食品。肯德基尤其注重蔬菜类、高营养价值食品的开发，产品种类增多，长、短期产品中的植物类产品占相当大比重。目前，除了广为消费者喜爱的吮指原味鸡、香辣鸡腿堡、香辣鸡翅等代表产品外，由中国团队研发的老北京鸡肉卷、新奥尔良烤翅、四季鲜蔬、早餐粥、蛋挞等也都获得好评。

肯德基提供越来越多的产品，使得众多消费者跃跃欲试。越来越多的中国人来到肯德基，享受这些中西合璧的快餐。每当肯德基推出新品种，总是有很多人争相尝鲜。2005年8月，肯德基提出"美味安全，高质快捷；营养均衡，健康生活；立足中国，创新无限"的"新快餐"理念，并向同行发起倡议，呼吁大家共同打造一个符合未来人类需求、符合中国国情的"新快餐"。

3. 市场的重新定位——欢乐儿童和温馨家庭

肯德基在美国提供的都是简单的食物，消费者几乎都是那些没有时间来享受美食的忙人。美国的肯德基店面装潢非常简单，服务也一般。然而，到中国后，肯德基改头换面，店面整洁明亮。服务方面也令人眼前一亮，印象深刻；一个微笑，一句"欢迎光临"，已成为了服务行业的标准礼仪。

不仅如此，肯德基的改变最主要体现在对目标消费者的定位上。肯德基进入中国时，社会上具有消费能力的基本都是比较传统保守的、不容易接受外来事物的人群，而且肯德基产品的售价偏高，令人望而却步。因此，肯德基将目标放在了孩子身上，在店堂内设置儿童乐园，让孩子们流连忘返；将广告做成卡通风格，将卡通鸡"奇奇"与创始人山德士上校作为自己的代言形象；此外，还有层出不穷的儿童套餐，随餐附送的小玩具牢牢吸引住了孩子们的眼光。这些举措很快就产生了神奇的效果，孩子们"谈鸡开颜"，肯德基在很短的时间里便在孩子们心目中树立起了"欢乐快餐"的形象。

在这之后，肯德基为了扩大消费者范围，又打出了家庭牌。和儿童策略一样，这一回，在广告和产品方面，肯德基都动足了脑筋。广告中出现了一个其乐融融的大家庭，分享着肯德基最新上市的"全家桶"，这个画面很具煽动性。

三、结语

有一个非常奇怪的现象，中国人在肯德基店堂内滞留消费的时间是最长的，而且是出奇的长。从某种程度上说，这已经违背了快餐产生的初衷，却也说明肯德基通过一系列本土化策略，如今已牢牢地扎根在了中国这片土地上。

思考题：
1. 早期肯德基在香港为什么会失败？
2. 在中国，肯德基如何进行本土化经营并因此取得了巨大成功？
3. 肯德基在中国的成功对中国餐饮企业的海外扩张，有何启示和借鉴意义？

第六章

跨文化人力资源管理

教学目的和要求：

1. 掌握跨文化人力资源管理的概念。
2. 掌握跨文化人力资源管理的主要内容。
3. 比较国内人力资源管理与跨文化人力资源管理的异同。

人力资源管理是指组织为有效利用其人力资源所进行的各项活动，包括招募与甄选、培训与开发、薪酬与福利、绩效评估、劳资关系等内容。跨文化人力资源管理是企业实施全球化战略的一个关键因素，指的是在一家跨国公司内获得、分配和有效使用人力资源的过程。一般而言，跨国公司的人力资源管理比国内企业的人力资源管理更复杂，它对优秀雇员的需求更迫切，同时它面临的选择也更多元化。

第一节 跨文化人员配备

招聘合适的人，将其安排在合适的岗位上，使其发挥作用，这是任何企业用人的一大目标。一旦跨出国门经营，由于涉及不同国家的文化和民族感情，企业内外部环境变得更加复杂并存在更大的风险。跨文化人员的配备关乎跨国公司的海外业务能否顺利开展，能否取得竞争优势。

一、跨国公司员工的来源

外派人员是跨国公司全球化业务过程中的一个重要因素。通常，跨国公司倾向于委派来自总部的母国公民担任子公司的高层管理职位，中层管理职位则由东道国和其他国公民担任，低层管理职位由东道国公民担任。跨国公司中不同国籍的员工在管理岗位方面大致呈现如图 6-1 所示的分配情况。例如，西门子公司设在中国的机构，招募的普通员工基本上均为中国本土人员，即东道国员工，并且轮换安排德国总部员工到中国任职，作为母国外派人员。另外，也可派遣新加坡籍员工到西门子的中国子公司任职，作为其他国员工。

图6-1　跨国公司人员分配图⊖

1. 母国员工

母国员工是指由跨国公司总部外派到东道国的人员。设立在东道国的子公司任用母国员工存在诸多优点。其中最主要的优点是母国员工对母国总部的文化、目标、产品、技术、政策及程序等更为熟悉，知晓如何依托总部顺利完成工作，并能够充分考虑公司的总体利益。倘若跨国公司在全球业务经营时要求各海外子公司与总部保持密切联系，一般会采取母国中心任用模式。跨国公司外派人员的动机因母国文化的差异而有所区别，例如德国企业将人员外派大多是考虑开发母国员工的管理技能；美国企业将人员外派的目的是提高母国员工的技术技能；日本和英国企业更多是在设立新运营分支机构后，满足新机构对高层管理者的需要。

跨国公司将母国员工外派至海外子公司担任高层管理者的情况较多，以实现对子公司严格控制的目的。当子公司中某个高层职位存在空缺时，母国员工往往会被优先录用。事实上，在经济相对欠发达的国家或地区，跨国公司尤其倾向于采用母国中心的用人方式，即从总部派遣母国员工前往业务扩展目标国家或地区担任要职。显然这是出于对海外子公司的不确定性规避，以及出于实现有效控制以保持公司总体目标一致性的考虑。但是，任用母国人员担任子公司高管职位存在两个显著缺点，不容忽视：其一是由于缺少晋升和发展空间，外派人员对子公司的忠诚度往往不高；其二是外派人员可能无法适应东道国新的环境和文化，导致其工作效率低下。

当前跨国公司的一个新动向是招募"半外籍"员工，即出生在母国或在母国长期留学、生活，但国籍在子公司所在国的员工。例如，美国的跨国公司聘用在美国出生的华裔员工，并将其派驻中国子公司担任管理职位。这类员工大多通晓两国语言，熟悉、理解两国的文化和社会传统，他们的存在能够减少母国员工和东道国员工之间因文化差异引起的摩擦，起到沟通桥梁的作用。

2. 东道国员工

在多国中心任用模式下，跨国公司往往会委派东道国公民担任东道国子公司的重要管理职位。当跨国公司想要建立以东道国为主的用工制度、获得东道国政府的支持、开拓东道国

⊖　赵曙明、（澳）彼得·J.道林、（澳）丹尼斯·E.韦尔奇，《跨国公司人力资源管理》，中国人民大学出版社，2001年版，第61页。

市场时,委任东道国本土公民作为高层管理者不失为一种好的策略。其主要优势在于此类管理者熟谙本土文化、当地语言,并且懂得和东道国各方(如消费者、供应商等)进行有效沟通的技巧。此外,东道国公民任职高层管理者更易被子公司内外部人员接受,进而能够更高效地履行管理职责。

从成本的角度考虑,招募东道国公民担任管理者比外派母国员工的成本更低。对于外派的母国员工,跨国公司总部往往除了给予其较高的补贴外,还可能需要解决其配偶的工作及子女的教育等问题。由此产生的高成本使一些跨国公司宁可在东道国寻找合适的人员,也不愿意花大代价外派母国员工。同时,东道国员工在如何有效回避敏感性政治问题方面发挥着不可替代的作用,降低了海外子公司在当地生产经营的风险,也间接增加了其经济价值。

3. 其他国员工

除了从总部派遣母国员工和雇用东道国员工外,跨国公司还可考虑任命第三国公民担任海外子公司的管理职位。这种任用模式遵从全球员工任用模式的规范,其主要优势有:①海外子公司可以在更广泛的范围内吸引到更多优秀的人才,推动公司全球管理团队的建立与发展;②甄选的第三国员工往往具有两种以上的语言技能,并且比母国员工更能适应当地文化;③来自第三国的管理者在薪资或福利待遇方面往往比母国员工低,因此可以减少因工作调动和人员管理等产生的成本。例如,中国华为技术有限公司的新加坡子公司聘用了一名印度国籍的员工担任首席工程师。

跨国公司的全球用工制度、管理系统和组织结构都必须与本公司的战略保持一致。因此,跨国公司如果想要实现真正意义上的国际化经营,就必须采取全球员工任用模式。但是,在这种任用模式下,还需要克服诸多困难,如要充分考虑高水平管理者在不同国家间频繁调动的意愿、多文化管理的能力、双重的职业压力、东道国的文化环境、当地的法律法规等方面。

自第二次世界大战以来,许多跨国公司设法从其他国家和地区选择合格的人才。例如,20世纪80年代末到20世纪90年代早期,不少跨国公司中国子公司的外派管理者来自东南亚等地的华人圈。在中国改革开放的初期阶段,许多外国跨国公司由于难以找到合适的东道国员工,作为一种救急方法,把在中国香港、中国台湾、马来西亚、新加坡等子公司的管理者调任到新成立的子公司。这些外派管理者被认为有四个优势:人事成本相对母国人员低,双语能力强,熟悉中国文化,不至于离家太远。

二、跨文化人力资源甄选方法

员工甄选的国际化,不仅是指员工国籍的多样化,也是甄选方式的国际化。尽管不同企业有不同的做法,各个跨国公司的甄选标准和方式不尽相同,但它们的目标是一致的,即把最合适的人才配置到最合适的岗位上。

1. 甄选母国和其他国外派员工

近年来,跨国公司在选聘海外高层管理者时,越来越重视候选人的海外工作经验和跨国经营管理才能。现在许多跨国公司把有前途的年轻管理者派遣到国外工作,使他们及时获得跨文化管理经验,在年富力强时就能担任需要这种经验的高级管理职务。

然而,美国一项人力资源调查结果显示,跨国公司外派员工经常因不了解东道国的政治、经济、文化等环境，和东道国政府、客户、员工发生冲突而导致驻外失败（expatiate failure）。驻外失败造成的直接成本损失至少是该外派人员年薪的 2～5 倍。而其造成的间接损失，如国际市场份额的丢失、东道国政府或客户拒绝与该企业继续合作等，更是无法估量。因此，对许多走向国际市场的企业而言，甄选胜任的外派人员十分关键，确定外派人员的甄选标准和方式更需谨慎。

（1）甄选标准 甄选外派员工的标准往往比普通员工的招聘标准更为严苛，其中需要考虑的因素和条件较多。甄选标准的设置会直接影响外派员工是否能在关键事项上取得成功。例如，语言技能很容易被评估，但外派员工最关键的特性，如文化适应性、跨文化管理能力等内在能力相对而言比较难判断。

外派员工的某些能力可以通过任职前和到任后的培训与开发来获得，而有些必须具有的性格特点，如乐观、创业精神、文化适应性、国际工作动力等，恐怕通过培训也无法立即见效。具体来说，从母国或者第三国甄选人员时，要注意以下六项影响跨国公司外派成功与否的关键因素：

1）职业和技术能力。考虑的要点包含专业技术技能、领导能力、管理与行政能力、人才培育能力、制定制度并切实执行的能力、经营管理知识、搜集相关信息的能力、有限资源整合以完成工作目标的能力等。候选人是否具有这些能力可以从其历年考核、专长与受训记录、日常工作观察、面谈中考察到。

2）交际关系能力。考虑的内容包括人际沟通技巧，对不同的文化标准、价值观和信仰是否十分敏感，能否高效地传递母公司企业文化等。往往可以通过心理测验、日常工作观察、工作访谈、国外生活经历记录、派驻经验记录等方式，对候选人的交际关系能力加以衡量。

3）国际动力和态度。它包括是否对外派任务有兴趣，对海外子公司的工作是否有信心，对派驻国是否有兴趣，以及是否将外派视为人生、职业规划的一次机遇。一般可通过日常工作观察及面谈了解和评估候选人这方面情况。

4）家庭配合程度。它包括眷属是否支持并有意愿居住在国外，候选人对家庭的依赖程度，对年迈双亲的责任，候选人眷属的适应力，子女教育，宗教信仰，婚姻关系等。这些方面的考察可通过拜访家属了解实际状况。

5）语言技能。懂得东道国语言会有助于外派员工对当地文化的了解，减缓适应一种新的文化环境时产生的压力。因此，是否掌握东道国语言的听、说、读、写技能也是评价外派候选人的因素之一。要评估候选人语言沟通和非语言沟通的意愿和能力。评估的方式一般有口试、书面写作能力审查等。

6）压力容忍度和外倾性。压力容忍度和外倾性是指一个人面对外在压力的能力，以及对不同环境的包容性，能够有效评价外派候选人是否能够胜任海外子公司相关工作。一个性格外倾（善于交际）和有着较高压力容忍度的（尤其是在不同文化背景下）管理者，通常更加能够胜任外派工作。这些方面的评估可以通过对候选人过往工作经历的考察，以及深度的面试交谈进行。

（2）甄选方式 国际任职时需要考虑的关键性甄选因素比国内任职时要多样且复杂。大多数成功的跨国公司综合运用多种选拔方法来识别候选人是否具备国际任职的才能。一些普遍使用的方法包括：面谈、标准化智力测验或技术知识测验、评价中心、个人资料、工作样本和推荐信等。表6-1罗列了一些国际外派的关键成功因素和用人选拔方法。

表6-1 外派成功因素和选拔方法[①]

关键成功因素	选拔方法					
	面谈	标准化智力测验或技术知识测验	评价中心	个人资料	工作样本	推荐信
职业/技术技能						
• 技术技能	√	√		√	√	√
• 行政技能	√		√	√	√	√
• 领导技能						
交际能力						
• 沟通能力						
• 文化容忍力和接受力	√		√			√
• 对模棱两可的容忍度	√	√				
• 灵活适应性的行为和态度	√					√
• 强调适应能力	√		√			
国际动力						
• 愿意接受外派职位的程度	√			√		
• 对派遣地区文化的兴趣	√					
• 对国际任务的责任感	√					
• 与职业发展阶段吻合	√					√
家庭状况						
• 配偶愿意到国外生活的程度	√					
• 配偶的交际能力	√	√	√			
• 配偶的职业目标						
• 子女的教育要求	√					
语言技能						
• 用当地语言沟通的能力	√	√	√	√		√

近年来，评价中心技术经常被应用在国际任职时的甄选过程中，多文化评价中心（intercultural assessment center，简称IAC）就是其中之一。它运用许多跨文化角色扮演、案例研究、小组讨论和模拟国际谈判来测量候选人对不确定性的容忍度、对异文化的接受力、

---

① 约翰·B. 库仑，《多国管理：战略要径》，邱立成等译．机械工业出版社，2003年版，第312页。

交际能力和沟通能力等，以此来评估外派候选人的多文化胜任能力。

目前，一些欧洲跨国公司已经开始采用此类评价中心技术作为国际项目管理的一部分，如德国的戴姆勒-克莱斯勒太空公司（Daimler-Chrysler Aerospace）采用两年一次的评价中心技术来甄选和培训海外派遣的候选人。参加这个甄选项目的候选人必须由他们的上级提名，是在母公司内有良好业绩且被认为具有潜力的年轻管理者。参加评价中心的评估后，候选人会收到关于他们在国际派遣方面优势和劣势的详细反馈。根据反馈，人力资源部门设计具体培训项目以符合这些管理者的需要。之后，候选人会被要求参加为期18个月的管理培训项目，包括跨文化沟通、自我意识培训等。培训项目结束后，候选人参加第二轮多文化评价中心来评估他们的学习过程，胜出的候选者将被指派为海外公司关键岗位的管理者。

2. 甄选东道国员工

跨国公司在海外子公司招募东道国员工时，可以借助当地人才中介机构、劳务市场，也可以通过国际或本土猎头公司高薪聘请高级管理人才或稀缺技术人才。在招募过程中，跨国公司必须制定符合当地劳动力市场规律的招募政策，遵守东道国的劳动法规，注意东道国的种族、民族及宗教等。

（1）符合当地的劳动法规和社会传统 有些国家对跨国公司在当地招募员工有较多限制。例如在越南，劳动局有很大的权限。劳动局可能只批准跨国公司在特定地区招收特定工种，也可能会简单指派工人给跨国公司，即使这些工人技术不熟练，跨国公司也难以拒绝。

在发达国家设立海外子公司，跨国公司必须考虑当地政府对平等就业机会等问题进行的法律限定及相关法律涉及的范围。澳大利亚的凯悦饭店（Hyatt）曾不得不在国家电视台就平等就业机会问题做出解释，原因是其在招聘广告中明确提出要招聘2名未婚的年轻男子，违反了澳大利亚相关法律对招聘中年龄、婚姻和性别的规定。同样，在美国，企业强制规定就业和退休年龄是非法的。

此外，跨国公司除了考虑当地的劳动法规外，还不能忽视东道国的传统，例如裙带关系。裙带关系在有些国家十分流行，子公司的东道国管理者往往特别照顾他们的家庭成员、亲戚和朋友。这种做法在一些国家是不可思议的，但在一些国家是符合当地道德标准和传统习惯的，而且还可能产生较大的经济效益。

（2）注意东道国的种族、民族及宗教 在一些多民族或多种族的国家，人们的社会地位与种族或民族有关。例如在印度，等级制度普遍存在，低社会等级的人主管高社会等级的人是当地人不能接受的。在日本，年轻人主管年纪大的人也是不合时宜的。在一个多文化的社会里，来自某个宗教组织的员工可能难以被另一个宗教组织的员工接受。因此海外子公司在招募和甄选东道国员工时要注意不能与当地的宗教信仰相冲突。⊖

三、跨国公司人力资源配置的四种方法

基于企业的国际化阶段和战略导向，跨国公司一般遵循以下四种人力资源配置的方法：民族中心法、多中心法、地区中心法、全球中心法。如表6-2所示，每一种方法都各有优缺点，跨国公司在进行跨国人力资源配置时有必要深入了解每一种方法的适用性，结合企业特

⊖ 何娟，《人力资源管理》，天津大学出版社，2000年版，第379页。

征选用切实可行的跨文化人力资源配置方法。

表6-2 四种不同的人力资源配置方法对比

	优 势	劣 势
民族中心法	保护专利技术 获得从当地无法获得的管理人才 有效的知识整合 战略转移和控制	安置成本 对东道国本土环境不熟悉 全球技能的发挥有限
多中心法	熟悉当地文化、程序、政策、法律等 满足劳动法规要求 高效的本土化运作 较低的人力成本 较高的士气 更容易被当地接受	较少与母国协作 可能的利益冲突
全球中心法	较强的语言技能 比母国员工更容易被接受 较少的转移成本 有效建立母子公司的联系	不像东道国员工那样容易被接受 成本比东道国员工高
地区中心法	较强的跨文化适应性 更容易被接受 较少的人力成本	人员开发难度大 与总部的利益冲突

注：资料源自海伦·德雷斯凯，国际惯例——跨国与跨文化管理（第8版），中国人民大学出版社，2015年10月，第399页。

1. 民族中心法

民族中心法又被称为母国中心法，是指跨国公司从本国权益出发，所有的关键岗位都由母国外派人员担任。这种策略在处于国际化早期阶段的企业中很普遍。

在企业国际化的早期发展阶段，企业要向海外转移资金、技术和管理方法。母国员工对这些内容最熟悉。在这种情况下，使用母国外派人员担任子公司的要职，能保证公司整体目标和政策的成功转移，并且能够和母公司总部保持良好的沟通、协调和控制等方面的联系。

随着子公司的不断发展，民族中心策略会暴露出很多缺点。首先，这种策略会妨碍母公司总部派出的管理者的晋升。长期在海外子公司服务的母国外派人员可能会意识到，他们逐渐丧失了跻身于母公司总部高层职位的机会。其次，母国外派人员适应东道国的环境需要很长一段时间，在此期间他们可能会做出错误或不当的决策。最后，实施这种政策需要付出高昂的成本。母国外派人员的平均维持费用包括外派人员甄选、培训的费用，安置家属和海外生活津贴等，通常是其国内工资的3~4倍。同时，母国外派人员和东道国员工的待遇差距过大时，又会引起东道国员工的不满和士气下降。

2. 多中心法

多中心法又被称为东道国中心法，是指跨国公司聘用东道国员工担任子公司的关键管理岗位，母国总部要职仍由母国员工担任。这样海外子公司基本独立于母公司，采取适合当地情况的各种销售、财务、人力资源等政策。

聘用东道国员工担任管理岗位有很多明显的优点：人力成本较低，可以消除语言障碍，避免母国外派人员的家庭适应等问题，免除昂贵的培训，以及母国外派人员的跨文化调整问题。另外，东道国员工对本国的法律、市场情况、消费习惯等经营环境有较深刻的认识；相对母国员工的阶段性任期，东道国员工的管理更具有连续性，并且更容易被当地内外部人员认同和接受。

这种配置方法的缺点是：担任管理岗位的东道国员工的个人价值观、管理风格的差别等，可能使母公司与子公司之间产生隔阂，甚至导致母公司总部难以控制子公司的局面。其次是管理者的职业发展问题。母公司的高层管理者需要晋升到更高的职位往往需要具备海外工作经验，雇佣东道国人员担任子公司的要职会使母国员工缺少获得海外工作经验的机会，将制约母公司总部管理者的晋升及职业发展。

许多大型跨国公司都在努力从民族中心法转向多中心法，致力于实现海外子公司的人才本土化。例如，美国IBM公司虽然对海外子公司坚持100%持股，但子公司的经营管理层和基层人员几乎100%雇佣东道国员工。其在法国的子公司采用本土化策略主要体现在：尽量雇佣东道国员工并将经营权交给他们；注意尊重法国人的民族性和传统观念；实施利润分享制，分出一部分股份给东道国员工；支持并协助法国政府的各项政策。因此在传统文化与民族意识很强的法国，有不少美国跨国公司都难以站稳脚跟，而IBM却取得了竞争优势。

3. 地区中心法

地区中心法是多国基础上的功能合理化组合，具体的组合情况要根据公司业务和战略性质而变化。跨国公司把它的经营范围按地理区域划分，使员工在区域内流动。区域内各子公司实施的政策是一致的，但区域间及各区域同总部间的联系非常有限。例如，一家总部设在美国的跨国公司可能形成三个地区：欧洲地区、美洲地区和亚太地区。欧洲员工在整个欧洲范围内流动，如英国人到德国、法国人到比利时、德国人到西班牙；然而，员工的跨区域流动很少，如欧洲区域员工派往亚太、亚太区域员工派往美洲工作的情况极少。

采用地区中心法的目的之一是，促进地区子公司调动到地区总部的高层管理人员与任命到地区总部的母国人员之间的互动。另外一项优点在于地区中心法是跨国公司逐渐由民族中心法或多中心法转向全球中心法的一条途径。

近些年来，跨国公司常使用的一种人员配置方式是内部派遣（inpatriates），即指派子公司中拥有全球经验的管理者到母公司总部。该方法是为了使子公司与母公司总部保持直接的联系，便于企业开发海外雇员，建设更加高效的人才队伍，实现位于不同国家的子公司之间的有效协作，并使子公司与总部保持利益一致性。

4. 全球中心法

全球中心法是在整个组织内部或外部选择最合适的人来担任相应职位而不考虑其国别。全球中心法有以下两个显著的优势：其一是能够吸引更多符合甄选标准的候选人，进而推动企业全球化管理团队的建设；其二是可以由母国和东道国之外的第三国公民来管理海外子公司，他们的多文化管理能力往往较强，并且大多数熟练掌握了两种以上的语言，能够快速适应东道国的文化环境。

如果全球中心法能较好实行，跨国公司由此能组建一支国际化骨干队伍，无论母公司总部还是子公司都能培养出高素质员工，具有开放思维和很强适应能力的管理者可以随时从一个国家调往另一个国家。

不过，迄今为止，采用这种方法的跨国公司并不多见。以下因素限制了全球中心策略的普及。首先，根据很多国家政府的政策，跨国公司被要求聘用东道国员工。其次，全球中心策略需要大笔投资，用于国际化骨干员工及其家属的语言与文化培训计划，其薪酬水平也明显高于各国普通员工水平。再次，这种方式需要对员工及其职业进行高度集中的控制，可能削弱东道国管理者选择自己下属的权力。

四、影响跨国公司选择人员配置方法的因素

影响跨国公司员工任用模式的因素有很多，其中最主要的因素包括企业战略、组织结构、海外子公司的独特性，以及东道国的客观因素（如经济发展水平、法律法规、劳动管理规章制度、技术条件）等。跨国公司在制订人员配置政策时要充分考虑这些因素之间的相互影响作用。此外，员工任用方法的选择会对企业结构有很大影响，例如沟通机制、总部与子公司的地理距离、人力资源管理政策更替频率等（见表6-3）。

表6-3 组织战略模式、结构变量与人员配置

企业自身因素	员工任用方法			
	民族中心法	多中心法	地区中心法	全球中心法
战略倾向	国际化	多国化	地区化	跨国
招聘、任用和开发	母国员工	当地员工	特定地区内员工	各国的合适人选
组织复杂性	母公司复杂，子公司简单	多样、独立	地区内部有较高的依存度	复杂、独立，全球范围内的联盟
权威、决策	母公司总部较高	母公司总部较低	子公司间合作程度高，地区总部权威大	母公司总部与子公司密切合作
评估与控制	使用母国标准	海外子公司决定	地区决定	全球范围整合
薪酬管理	子公司低、母公司总部高	子公司之间的绩效决定，差异大	取决于地区目标的达成	取决于全球各子公司对目标的贡献程度
交流、信息传递	子公司很大程度上受控于母公司	母公司与子公司、子公司与子公司之间较少信息互动	母公司总部发出信息较少，地区总部和当地方政府之间可能较多	彼此平等交流
地理	企业所有者所在国家	母国	地区中心	真正的全球化企业，认同国家利益

注：资料源自海伦·德雷斯凯，《国际惯例——跨国与跨文化管理》（第8版），中国人民大学出版社，2015年版，第400页。

1. 东道国的政策和法规

采用民族中心法管理海外人力资源的跨国公司可能发现，其管理方式会被东道国的政策和法规所限制。不少国家的政策要求跨国公司为东道国劳动者提供广泛的就业机会，并鼓励跨国公司培养本土员工，特别是管理和技术型员工。这种情况最有可能发生在发展中国家。这些国家的管理和技术培训教育系统并未完善，而且当地政府通常把吸引海外投资视为培养和开发本土人才的一种方式。

2. 东道国的劳动力质量水平

一家跨国公司在日本开设子公司，会比在西非任何一个国家开设子公司，有更多的人力资源配置方法供挑选。在日本，劳动者已接受过充分的教育，从 25～34 岁的人群中，超过 90% 的劳动者具有中学学历。同时日本的劳动力市场能够提供具有相当技术能力和管理经验的中高级人才。因此，跨国公司如果在日本开设子公司，前文所述的几种人力资源配置方式都是可行的。而在西非，管理技能和技术方面的教育可能非常有限，虽有大量劳动者，但他们缺乏完成现代化生产过程或服务活动的基本技能。这种情况下，管理岗位和关键技术岗位都需要母国员工担任。

3. 技术以及产品的自然属性

一般情况下，跨国公司子公司员工的国籍组合会随着企业的业务及产品策略而改变。在地区性专门知识起作用的情况下，为使产品适应东道国市场，较多采用多中心人员配置方式；而在产品性专门知识极为重要，并且工业市场竞争激烈的情况下，就会有很多母国员工被派往子公司，因为他们能够很快得到母国的供给和技术信息方面的支援，例如石油、建筑行业、服务性行业中常常派出较多的母国员工。

4. 企业的生命周期

国际化人力资源管理方式是否适宜，将由企业的生命周期和在多变的国际市场上的产品周期来决定。在早期生产阶段，技术和管理经验最为关键。跨国公司多派出母国员工，尤其是管理者到海外任职；随着海外生产进入标准化阶段，东道国员工经过培训掌握了生产技术和管理知识后，开始在子公司担任要职。在功能性成长阶段，跨国公司可采用多中心法，依靠本土管理者经营子公司；在受控的成长阶段，企业试图扩大产品生产能力并控制成本，采用地区中心法可充分利用规模经济和范围经济去扩展海外业务；而在战略成长阶段，国内和国际竞争迫使企业将它的业务看成是全球业务，此时主要的战略决策和政策集中在母公司，日常的生产经营活动则是标准化的，跨国公司倾向于选择高素质且经过培训的本土员工担任子公司管理职务。

5. 文化上的区别

文化，特别是母公司的民族文化，决定了人员甄选的方式。首先，一些母国社会文化导致该国的跨国公司更多地运用民族中心法。例如，日本的跨国公司比美国或欧洲的跨国公司更加频繁地以母国管理者来充实海外子公司的管理层。其次，子公司内文化的混合，以及子公司内文化水平的差异等情况，也会限制所运用的人力资源管理方式。由于子公司内文化差异较大，母公司总部的管理者要在世界范围内制定和实行总的政策、惯例会很困难。即使是母公司总部愿意以民族中心的方式来管理人力资源，但其制定的政策也许在某个特定子公司内完全不适用，而实际只能采用多中心或地区中心的管理方式。㊀

第二节 跨文化员工培训

无论跨国公司采用哪种人力资源配置方法，它必须制订与其全球战略及其业务结合在一

㊀ 何娟，《人力资源管理》，天津大学出版社，2000 年版，第 374 页。

起的人才培训与开发计划。培训的目的是为员工提供完成其本职工作所需的技能,而开发强调的则是增强员工与未来的岗位或工作相关的管理方面的能力。跨国公司面临的问题是:如何保持和影响自己所拥有的人力资源,使其受到适当的培训,成为具有跨文化管理能力的高素质人才。

一、母国和其他国员工的培训与开发

外派人员在驻外前后都会遇到因文化差异以及工作环境改变而造成的角色定位模糊。因此,通过建立完善的外派人员培训体系,实施系统的、全方位的培训方案,是避免驻外失败的有效途径。外派人员的培训主要包括三类内容:跨文化培训、语言培训,以及工作任务和工作环境培训。

1. 跨文化培训

跨文化培训也被称为"文化意识培训",目的是预防文化冲击,减轻因文化差异造成的不适应情况。"文化冲击"指的是企业员工被外派到新的文化环境时所产生的文化上的不适应。文化冲击是多方面的,从地理气候、文化传统、风俗习惯、饮食习惯、语言交流、服饰穿着,到行为举止、政治经济环境等,对外派人员的身体和精神都会产生影响。文化会对企业培训与开发的内容和方法产生影响,具体见表6-4。

表6-4 文化对培训设计的影响

文化维度	对培训设计的影响
个人主义与集体主义	高度个人主义的文化认为人们对练习和提问的参与取决于他们在组织或文化中的地位
权力距离	权力距离大的文化认为培训讲师应该是专家、发号施令者,应对培训有控制力
不确定性规避	高度不确定性规避的文化,期望有正式的教育环境,对即兴发挥的风格不大接受
刚性与柔性	柔性文化重视被培训者之间的关系,在这种文化中女性不大可能受到抵触
长期取向与短期取向	在有长期导向的文化中,被培训者将更有可能接受发展计划和任务安排

注:资料源自雷蒙德·A. 诺伊等,《人力资源管理基础》,雷丽华译,中国人民大学出版社,2005年版,第506页。

外派人员在东道国的文化环境中,文化冲击将使其无所适从,甚至导致整个心理平衡和价值判断标准完全丧失。这种冲击的根源是两国文化的较大差异。例如,从美国来到日本的人会觉得这两个国家的居民对待同一件事物的看法和认识存在相当大的差异。外派人员应当提前受到专业的跨文化培训并做充足的准备,以应对东道国的文化冲击。跨文化培训是减少文化冲击的有效方法。

(1) 培训内容 跨文化培训主要涉及对东道国文化和经济环境的理解、与当地政府及供应商的合作技巧等内容。其目的是使准外派人员具有一定的文化适应性,使其了解东道国的文化环境,并学会尊重各自的文化,化解日常工作中由文化差异而引起的危机。

不同区域和文化背景下的跨文化培训可能会有所差异,但培训的最终目的都是提高外派人员的工作效率,减少驻外失败的可能性。诸多培训结果显示,跨文化培训可以降低外派人员的失败率,提高外派人员的工作业绩。跨文化培训的方式和强度取决于在外派人员任职过程中预期出现的情况。

由于外派人员的文化适应能力不是短期培训后就能马上具备的,因而跨国公司必须根据企业国际化战略的发展需要和员工自身职业生涯的发展需要,有计划地培训和开发外派人员这一重要人力资源。如日本大型批发零售跨国公司佳世客（Jusco），通过各种培训，有计划地规划外派人员的职业生涯：大学毕业生进入企业后，一般在 24 岁通过公司内部英语水平测验，其中英语成绩好的可被考虑培训成为国际化骨干，开始接受有针对性且系统的培训。第一阶段，受训者接受初级开发，培养国际感觉。被选拔的员工在本国内不同地区和部门轮换工作，以理解公司的管理风格和组织文化特色，积累工作经验。同时也会被安排派往美国等海外的大学研究生院留学进修工商管理硕士课程。第二阶段，受训者要接受中级开发，如对不同文化的适应性培训，以便企业观察他们是否具备海外管理者的任职素质。第三阶段，即这批受训者 34 岁以后，开始被派往海外工作，在赴任前参加短期培训；驻外工作出色的将被派往名校参加短期高级经理培训。第四阶段，即这批受训者 40 岁以后，接受高级开发，以培训其国际性决策、判断的能力。46 岁以后，他们可能会成为国外部门负责人，即国际骨干。

（2）培训途径　外派人员的培训途径有研讨会、课程、书籍、网站等。跨国公司的人力资源管理部门也可以通过外派人员任职前的实地考察、录像、特别课程和企业内部网站，提供跨文化培训。例如，朗讯科技集团微电子部（Lucent Technologies Microelectronics Group）开发了一套高技术、低成本的跨文化培训课程，包括：通过视听技术向受训者介绍不同国家的文化、传统习惯等概况；用讲授式的培训方法提供经营文化"洗礼"课程；设立公司内部网站，介绍各国文化和实用旅行要点等。这些课程设计的目的在于，缓解外派人员可能遇到的、文化多样性造成的经营管理困难。

随着科技的发展，近年来，多媒体软件和基于因特网的培训也被频繁地运用到外派人员的培训中来。例如，文化桥梁（bridging cultures）软件是一种被外派人员用来自我培训的工具。受训者可以通过说明书和光盘学习。在学习的每个阶段，该软件都会给受训者介绍相关的跨文化概念，并提供自我评估测试，测试结果由软件计算得出并给出相应解释。受训者还可以通过互动性案例练习并评估最近的知识掌握情况。文化桥梁软件对个人适应、跨文化调整和跨文化价值观沟通均具有重要价值。它可以适应不同的培训目的，如外派管理者、外派家庭、外派培训讲师等。这个软件的优点在于，外派人员的配偶和孩子也能通过它获得相应培训，而此类家庭培训通常被跨国公司忽视。这种软件虽不是万能的，不能代替传统的培训方式，但它对提升外派人员和家庭成员的跨文化适应力来说，是一个非常好的工具。

其他外派人员自建网页对准外派人员的自我培训很有价值。例如，一对定居并工作在马来西亚的英国夫妇基于自身外派经验开设了一个网站，主要为有海外任职意向的跨国公司员工及其家庭提供可供选择的外派信息资源。在这个网站中，他们讨论了"文化震荡"的现实性以及如何克服，强调了外派人员乐观和冒险特质的必要性，同时提供了在热带生活的建议以及其他相关链接网址。

在跨文化培训中，利用回派人员的经验也是一种有效、低成本的方式。回派人员是指在外派到期后，从东道国返回母公司总部的员工。这些员工一般具有较好的全球性视野、丰富的海外市场经验和良好的外语能力，对东道国的文化、社会传统、风俗习惯都比较熟悉。跨国公司的人力资源管理部门可以定期组织研讨会，安排回派人员给那些准外派人员及其家庭成员传授海外生活的经验。回派人员的海外经验对于跨国公司来说是一种宝贵的资源，长期安排回派人员有组织地给母公司同事和下属传授他们的跨文化知识、经验，有助于企业形成

"全球性思考，本地化行动"的企业文化。

（3）培训方式　培训方式是跨文化培训设计的重要内容之一，它直接影响跨文化培训的效果。目标国家的不同、企业对外派人员跨文化技能要求的差异、外派人员跨文化认知和跨文化敏感性的差异等因素，都决定了对外派人员的跨文化培训应采用不同的培训方式。有学者总结出三种主要的跨文化培训方式，即事实法、分析法和体验法，它们的侧重点不同，在应用中也各有优缺点，见表6-5。

表 6-5　三种主要的跨文化培训方式

跨文化培训方式		描　述	优 缺 点
事实法	讲座 区域学习	强调认知目标，主要包括具体文化情节讲授和文化传统教育	优点：材料容易准备，简单、方便；针对性强，直接介绍目标国的文化；成本低 缺点：缺少真实的海外生活体验；不便于受训者自我检查跨文化交际行为
分析法	文化同化法 案例研究 文化比较培训	强调认知领域，主要由一系列描述跨文化冲突的关键事件和案例组成	优点：方便，受训者可以自学；成本低 缺点：受训者学到的知识在现实生活中大多会失效；受训者的跨文化交际行为难以得到改善
	敏感性训练	强调情感目标，通过学习和交流来提高对文化差异的敏感性，包括基于敏感性训练法的培训和角色扮演	优点：在加强受训者对不同文化环境的适应性和文化意识方面效果较好 缺点：缺少概念性结构框架；难以很好地培养受训者的行为能力和洞察力；没有强调学习方法
体验法	体验式培训 实地观摩 文化模拟 角色扮演 实地体验 互动式学习	强调情感目标，通过模拟或实地体验来掌握具体的文化细节	优点：以受训者为中心；以解决具体问题为中心；培训初期很有效 缺点：难以提高受训者适应真实环境的能力；侧重于环境，忽略了政治、人际关系等其他因素
	行为修正	受训者进行观察和实践，并不断练习，以掌握某种示范行为	优点：针对习惯性行为的培训很有效 缺点：成本高；要求受训者不断学习

注：资料来自高嘉勇、吴丹，《西方跨文化培训设计研究评介》，载于《外国经济与管理》，2007年第10期。

1）事实法是指向受训者提供有关东道国国家概况的跨文化培训方式，其目的是提高受训者的跨文化认知水平。事实法主要以培训讲师直接授课为主，主要包括讲座和区域学习两种方式。

2）分析法是指培训讲师与受训者，通过影像资料或书面材料，共同分析文化差异引发的冲突事件，以提高受训者认知文化差异和接受异文化行为的能力。分析法主要包括文化同化（学习管理中遇到的关键事件）、案例研究（通过对典型案例和事件的描述提高受训者的跨文化技能）、敏感性培训（训练组培训和角色扮演）等方法。

3）体验法是指通过培训讲师与受训者之间的互动或受训者的亲身实地体验，培养受训者的跨文化认知技能和行为方式的方法。体验法主要包括体验式培训、实地观摩、文化模拟、角色扮演和行为修正等。

国外学者的研究表明，将事实法、分析法和体验法这三种培训方式结合起来，能够最有效地帮助外派人员学习东道国文化，从而提高其跨文化技能。⊖

（4）培训强度　培训强度是指对培训讲师和受训者为海外任职做准备的努力程度的要求。低强度培训意味着培训是短期的，包括一些与当地文化有关的讲座、录像，以及与公司经营相关的手册；而高强度培训可能会持续一个月以上，包括更多的经验学习和广泛的语言培训，以及与东道国员工的沟通。图6-2罗列了几种不同强度的培训技术及其目标。

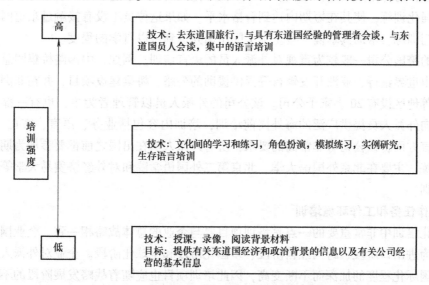

图6-2　不同强度的跨文化培训的技术和目标①

① BLACK J S, GREGERSEN H B, MENDENHALL M E. Toward a Theoretical Framework of Repatriation Adjustment [J]. Journal of International Business Studies. 1992, 23: 737-760.

海外任职条件影响外派人员的培训强度。任职时间越长，母国与东道国之间的文化差异越大，与东道国员工的接触和沟通越多，工作越复杂，培训的强度应越大。

2. 语言培训

语言培训包括通用语言培训和非通用语言培训两种。通常而言，通用语言的培训较为广泛，在经济全球化的背景下，各国为培养国际化人才往往都会在其基础教育课程中将国际通用语（如英语）纳入必修课程，因此对通用语的培训难度不会很大。相对而言，非通用语的使用人数较少，对非通用语的培训难度更大，并且需要投入时间更长。跨国公司对非通用语的培训依赖于其全球化战略，例如中国"一带一路"倡议的实施需要大量熟悉非通用语（如希腊语等）人才，这类人才是国家之间开展对话的关键一环，因此具有特殊意义和时代特征。

外派人员如果通晓东道国语言，可以提高工作效率和谈判能力，可以更好地了解东道国的经济、政治和市场信息。通晓东道国语言甚至可以帮助外派人员及其家庭成员更好地融入

⊖ HARRISON J K. Developing Successful Expatriate Managers: A Framework for the Structural Design and Strategic Alignment of Cross Cultural Training Programs [J]. Human Resource Planning. 1994, 17 (3): 17-35.

当地生活，得到社会帮助，提高外派工作和生活的质量。

虽然语言能力培训对外派人员任职期内的工作绩效和文化适应都十分重要，但它常常被跨国公司所忽略，因为获得最基本的语言能力需要时间。聘用具备多语言能力的人以扩大"语言源"，将他们培养为潜在的外派人员，这是跨国公司在解决外派人员问题时的一种有效方案。针对外派人员的语言培训，主要内容应是加强口语和听力的训练，使受训者能够在短期内强化提高口语和听力的水平。可以通过与专业的培训机构合作、聘请大学教师或东道国语言专家，对外派人员进行培训。如果某位外派人员曾经学过东道国的语言，则在赴任前可以进行强化训练，使其在短期内达到合格水平。如果这位员工没有接触过东道国语言，可以进行入门训练，帮助其掌握一些基本交际用语并达到可以自学的程度。

中国的跨国公司一般较为重视对外派人员的语言培训。例如，中国路桥集团总公司主要投标承建由世界银行、亚洲开发银行等提供援助的公路、桥梁建设项目，并在非洲、中东以及东南亚等地区设有20多家子公司。该公司的外派人员以管理者为主，也有一部分操作人员。公司向外派人员提供广泛的海外岗前培训，培训内容包括业务、语言、文化、政策等。尤其在语言方面，该公司有非常高的要求：所有外派人员在出国之前都要参加为期半年的外语强化训练，主要在北京外国语大学、北京第二外国语学院和对外经济贸易大学等院校进行正规化培训。

3. 工作任务和工作环境培训

跨文化培训中非常重要的一点是培训项目要与企业的总体战略相一致。企业国际化战略一般可分为进出口阶段、跨国经营阶段、多国化阶段和全球化阶段。企业对外派人员能力的要求随着国际化程度的加深而不断变高，因此培训项目也应随着战略发展阶段的不同而有所变动。例如，企业在进出口贸易阶段培训要求较低，培训内容以人际交往、当地文化、商业行为等为主；当企业步入全球化经营阶段后，培训要求提高，培训内容则更加侧重于压力管理、商业实践和法律等方面。

除了工作任务之外，使外派人员了解他们将要面对的工作和生活环境也是必要的。这包括东道国的住房、交通、教育等。通常采取的培训方式是安排回派员工介绍东道国的环境、条件及应注意的问题，或者在正式任命前让外派人员到东道国进行一次短期的实地考察，使他获得对东道国环境的感性认知。任职前的实地考察可以给驻外候选人及其配偶一个亲身体验的机会，使他们可以判断自己对驻外任职的兴趣。作为出发前培训的一部分，对东道国的访问可以帮助外派人员实现初期的适应。

跨国公司在外派人员任职前提供实地考察，通常有两个目的：一是帮助外派人员判断，二是出发前培训。前者是企业提供了一个机会，让驻外候选人及其配偶在决定是否接受国外任职时，能有机会实地考察并了解更多情况以便做出最后决定。实地考察也会带来这样一个问题：从驻外候选人的角度来看，很容易将这种实地考察理解为接受考察就等同于接受任职。因为公司花了大量经费，不管驻外候选人在考察中留下的印象如何，都很难拒绝这一任职。

把任职前的实地考察和跨文化培训结合起来，是出发前培训项目的重要组成部分。如果在东道国已有外派人员，则外派人员对驻外候选人的热情接待，以及彼此之间的交流等，会对驻外候选人的跨国任职选择产生积极影响，甚至会激发驻外候选人保留跨文化培训中习得的合适行为。如果允许外派人员带家属，培训内容还应包括对其家属进行海外公司生活环境和语言方面的全面培训，为他们准备好有关当地生活问题的重要信息。

二、东道国员工的培训与开发

跨国公司在东道国开展经营之前，必须考虑东道国劳动者和管理者的质量，还必须考察向东道国输出培训技术的可行性。例如，如果跨国公司在东道国的子公司需要招募具有数学和科学方面基本技能的工人，那么企业应该考虑在拥有良好教育体系的国家建厂，而不是投资于低成本员工的基础教育培训。

1. 东道国管理者的培训与开发

跨国公司人力资源管理的关键一环是东道国员工的引入，并且慢慢将其培训为达到任职标准的人才。作为长期人力资源管理的一部分，东道国管理者的可持续发展可以为公司的本土化政策提供便利，并且对树立"本地化企业"形象有一定促进作用。如果东道国的管理者对母公司的总体经营战略、经营哲学、管理风格、企业文化等不理解，势必会影响他们与母国员工的合作，甚至可能会导致母公司全球战略实施的失败。因此，对东道国管理者进行培训与开发就显得尤为重要。

（1）培训内容　在发展中国家，能成为跨国公司管理者的东道国员工一般基本素质都比较高，但他们可能缺乏跨国的工作经验，对跨国公司先进的技术、管理方式不适应。因此针对这类员工的培训，主要目的是解决不同文化背景、经营观念、管理方式所带来的沟通困难和不协调，保证高质量的管理和组织的一致性。

针对东道国管理者的培训，主要包括两方面内容：一是受训者对跨国公司先进技术和管理方式的掌握，即提高东道国管理者的业务能力；二是通过以母公司总部的战略、企业文化等为主要内容的培训，使子公司与母公司的总体利益和目标保持一致。

对东道国管理者的培训中还有一个重要组成部分，即语言培训，因为只有东道国管理者具备了相当的语言能力，才能从以母公司为基地的培训中获取最大益处。语言可能是培训项目最主要的问题，因为培训基地的培训往往都是以母公司语言进行的。

（2）培训方式　跨国公司对东道国员工的培训项目一般是本土化的。由各海外子公司负责培训；母公司总部监督各子公司的培训效果，并向子公司提供培训资料，组织各子公司之间交流经验。

一些以技术转移为主要战略方针的跨国公司，往往是母公司总部设计培训方案，各海外子公司执行培训方案。如日本的尼桑（Nissan）和本田（Honda）就相当成功地对美国、英国以及欧洲的子公司员工进行了大量培训。为了节省开支，一些跨国公司采用卫星技术将母国所设计的培训课程以远程方式传递给海外子公司。

生产标准产品的大型跨国公司一般有一个大型培训基地，对海外子公司的员工进行统一培训，以确保生产和营销的全球标准化。比如麦当劳的脱产培训主要由地处芝加哥的汉堡大学（Hamburger University）完成，麦当劳海外子公司的所有经理级工作人员每年至少在汉堡大学进修15天。这项培训制度使麦当劳极富魅力，吸引了大量有才华的东道国年轻员工，也使其经营理念和管理方式超越了时间和空间的界限。同样，百事可乐跨国管理学院的培训课程中有一项为"选派计划"，即选拔东道国员工到该学院参加至少18个月的培训。许多跨国公司重视这种派遣东道国管理者到母国培训基地进修的方式，一是考虑到这样非常有利于加深海外员工对母国、母公司文化的了解，另一方面是这样有利于促进员工的职业生涯发展，尤其对发展中国家的管理者而言，这是一种有效的激励方式。

有的跨国公司也利用流动培训的方式，让海外子公司的东道国员工到母公司总部或其他海外机构工作一段时间，这有助于他们进一步熟悉公司的整体情况和管理方式，以增加阅历、提高管理水平。如日本电气（NEC）就让一些30岁左右的年轻海外管理者在东京总部工作2年，以培养全球性经营人才。但是由于各国在发放入境签证、工作许可方面有很多限制，因而发展中国家的员工到发达国家轮岗工作实行起来较困难，一般只能采取短期进修的方式。

2. 东道国基层员工的培训

每一个民族都有自己的特征，跨国公司在招募本土员工时，要甄别他们的民族特征，以避免潜在的问题。特别是基层员工，由于受教育水平有限，国际化程度和开放性程度也较低，受传统文化影响的程度较深，因而对他们的管理更要注意文化差异。很多跨国公司聘用当地人担任中层管理职位，由他们直接管理基层员工，减少与基层员工的文化冲突。

由于几乎所有的国家都要求跨国公司雇佣当地人，受一些东道国经济技术发展水平的限制，尽管跨国公司的海外子公司对当地员工进行了严格的选拔，但很多员工一开始还是无法胜任本职工作。尤其是发展中国家的员工，技能水平可能达不到企业的要求，因此必须为他们提供培训的机会。

绝大多数跨国公司已经认识到对东道国普通员工进行培训的价值。由于受训者人数多，跨国公司一般就近通过外部机构、大学或公司内部培训部门对他们进行集中培训。培训内容侧重于：生产知识和劳动技能、良好的工作习惯和工作态度、企业文化、公司发展历史以及经营理念等。

跨国公司对东道国少数技工进行关键技能培训时，也可采用将受训者送到母国相关部门培训的方式。例如戴姆勒-奔驰汽车公司在美国建立一家新工厂时，工厂的650个工作岗位有40000人申请。然而，美国工人并未受过德国式的学徒培训，甚至招募的新员工中只有极少数在汽车组装厂工作过。戴姆勒-奔驰汽车公司的做法是把美国一线工人送往德国，同德国工人肩并肩地工作6个月。随后，70名德国"教官"来到美国继续培训。为了适应美国文化，他们放弃了德国工厂的等级制企业文化，给组装线上的工人以更多的自主权，并强调团队精神。

3. 开发国际化员工队伍和跨国团队

长期以来，国外任职一直被看成开发外派人员管理技能和组织发展的重要方法。而真正的全球性企业，需要有一支由母国员工和东道国员工共同组成的、遍布世界各地的国际化员工队伍。

为了组建这样一支队伍，很多跨国公司意识到它们需要向不同层次的管理者提供国际经验，而不是只提供给一小部分母国骨干员工。为了培养真正的国际化管理者，一些美国企业在员工管理生涯早期就提供全球性培训和派遣。例如，美国运通公司将其低层管理者送往海外任职两年，无论其来自美国还是其他国家。其目标就是使管理者在职业生涯早期就具有全球眼光，而不是在他们要成为副总裁之前。有些跨国公司会要求其管理者必须有能力在6～

18 个月内从一个国家到另一个国家任职。一些管理者在他们最初五年的职业生涯中已经有三次国际任职经历。

国际范围内工作轮换是组建跨国团队和培养跨国管理者的好办法。它可以通过由母国员工、其他国员工和东道国员工参加的在母国、东道国或其他地方共同举行的常规培训和开发项目而得以实现。美国密歇根大学提供的领导力课程就是外部机构提供培训课程的一个范例。该课程的目的是使学员具有全球思维。在大约五个星期的时间内,来自美国、日本和欧洲的管理者通过行为学习掌握全球性企业管理技能。为了建立跨文化团队,这一课程利用讨论和演讲、冒险活动训练以及野外旅行等方式对跨国管理者进行培训,如到巴西、中国和印度等国家寻找商业机会。

案例 6-1

英特尔的跨文化培训

英特尔公司(Intel Corporation)致力于在全球员工之间建立相互信任与尊重的关系。英特尔是一家高度国际化的公司,雇用来自不同国家的员工,这些员工必须学会如何与其他文化、其他国家的员工平等沟通。比如,英特尔中国的员工要学会与美国、菲律宾、新加坡、马来西亚等国的员工交流与共事,这就需要了解对方的文化。英特尔公司内部也有一些相关的培训课程,教导员工如何与不同国家、文化背景的员工沟通。英特尔中国人力资源总监黄丽萍,之前负责英特尔全球分装测试系统的人力资源工作,那时她就必须与来自世界各地的员工共事,了解他们的文化与背景,尊重他们的信仰与习惯,熟悉他们的工作方式,管理多元化的员工队伍。黄丽萍开展了一个名为"沟通大洋"的项目,即跨越海洋,在英特尔全球员工之间架起一座桥梁,为许多其他国家的员工提供一些培训课程,让各国员工了解中国的文化与中国员工的行为模式、习惯等,教会他们如何与中国员工共事。⊖

类似该项目的培训模式正纷纷被各大跨国公司仿效,联想、海尔以及华为等中国知名跨国公司也积极借鉴这种培训模式,尝试建立以有效沟通为基础的多文化团队管理模式。

第三节 跨文化绩效评估

绩效评估是对员工在一个既定时期内为企业做出的贡献进行评价的过程。绩效评估包括制定绩效标准、绩效考评、绩效反馈及绩效沟通等。绩效评估一般需要明确五个问题,即评估的目的、评估的标准、评估的方法、评估人的选择和评估的周期等。其目的主要有三个方面:改进企业与员工的绩效、促进企业发展,为薪酬与激励管理提供依据,为企业的人力资源管理决策提供依据。

跨国公司需要一个科学、合理的制度来管理其绩效,如全球定位系统一样,以巨大的网络覆盖各个海外子公司,使母公司总部能迅速、及时获取各子公司的绩效信息,并迅速做出反应。如何对海外子公司进行有效的绩效评估,是跨国公司管理中具有挑战性的工作之一。随着公司的扩张、生产运作模式的变化、人力资源来源的多样化、管理内容的增加等,跨国公司的绩效评估呈现日益复杂的趋势。

⊖ 高津华,《欧美在华企业的跨文化管理研究》,载于《产业经济》,2007 年第 4 期。

因此，成功的跨文化绩效评估对于企业跨国战略的顺利实施，以及跨国经营绩效的改进，都具有重要的意义。首先，跨文化绩效评估既是对企业跨国经营战略的一种验证，也为必要的战略修正提供依据。其次，跨文化绩效评估可以为企业战略资源配置、组织职能调配提供依据。通过绩效评估，母公司总部可以全面掌握各地区分公司或子公司的经营情况、市场潜力、发展前景，以及人力资源状况等，这些都为全球资源的合理配置以及组织权力的调配提供重要依据。再次，跨文化绩效评估本身就是跨国公司对各地区分公司或子公司及其人员的监督和考核过程，有利于防止本位主义、各自为政，保证企业的完整和团结。最后，跨文化绩效评估有利于防范跨国经营风险。跨国经营风险是多种多样的。通过绩效评估，可以有效洞察风险因素的发展趋势和对经营绩效的影响程度，从而促使公司可以及时采取措施，有效规避风险。

跨文化绩效评估的难点是对海外子公司中来自母国和其他国的外派人员的绩效考核。文化差异、工作环境的复杂性、战略目标的不一致等，都是造成外派人员考核困难的因素。一个有效的国际绩效评估系统应遵循以下原则，以解决不同的海外子公司管理者之间进行公平比较的问题。

一、跨文化绩效评估的标准与模式

从战略管理的动态循环角度看，绩效评估是企业战略管理的重要组成部分。因此，建立科学、有效的绩效评估体系是企业战略管理的要求。企业跨国经营大大增加了管理的复杂性和经营的风险性：国际市场变幻莫测，经营方式多种多样，经营成果的表现形式与国内经营也大不相同。因此，为了保证企业国际化战略的顺利实施，建立合理的跨文化绩效评估体系，采用适当的标准和模式对员工绩效进行准确的评估就显得尤为必要。

1. 跨文化绩效评估标准

一般而言，对跨国公司员工的绩效评估通常可以采取以下四种标准：

（1）母国标准　在母国标准情况下，跨国公司对于全球范围内的所有分支机构及其员工，均以母国公司的绩效评价标准为依据进行绩效评估。这种方式操作简便，成本较低，问题也较明显。一方面，各个分支机构在跨国公司中的战略定位不同，其所处的实际环境也各不相同，使用同一套评价标准与权变理论不符。另一方面，使用母国标准，也可能使其他国家或地区的员工受到自己所不能控制的因素的负面影响，从而使绩效评估面临额外的风险。例如，在东道国货币急剧贬值，以及由于政府管制造成恶性通货膨胀时，东道国子公司就可能亏损，尤其是在东道国货币必须兑换成母国货币来评估时。在这种情况下，在东道国子公司工作的员工即使已尽了自身最大的努力，也可能由于绩效不佳而受到处罚。

（2）东道国标准　如果使用东道国标准，虽然能够避免上述额外风险，但是为各个东道国设置独立的绩效评估标准费时费力，也使跨国公司对全球各个分支机构及其员工进行绩效控制和绩效比较变得非常困难。另外，使用东道国标准的前提条件是，当地员工的绩效评价指标和标准必须基于跨国公司对当地分支机构的战略目标定位。

（3）地区标准　区域标准能在一定程度上综合母国标准和东道国标准的优点。一方面，使该区域内的各分支机构更容易与公司整体战略目标保持一致，并利于对各分支机构的绩效进行较为有效的控制和比较；另一方面，既能使绩效评估成本保持在一个合理的范围内，同时又能保持某一个地域之内文化和环境因素的特征。

（4）全球性标准　全球性标准需要适用于跨国公司的任何一个分支机构，因而开发的难度是最大的；而如果能够开发成功，那么其效果是最好的。全球性标准面临的另一个问题是本土适应性与国际化战略之间的冲突。一套标准的普遍性得以提高，往往是以精确性下降为代价的。

和其他职能一样，绩效评估的标准依赖于公司整体的人力资源管理战略。在采用母国中心法配置人力资源的公司中，常采用母国标准，在子公司中使用与总公司相同的绩效评估标准；或将评估表翻译成当地语言；或一成不变，统一使用母公司的语言。

若采用多中心法或地区中心法，公司则多半会在每个国家或地区开发出一套本土化的评估体系。采用全球中心法的公司则在全球范围内使用相同的评估体系，但是该评估体系必须具有全球适用性，而发展一套全球性体系是很困难的。即便如此，也有些公司已经在建立全球适用的绩效评估体系方面做了一些有益的尝试。例如，百事可乐公司建立了一套战略绩效评估管理体系，这是一个在全球范围内采用一致性评估标准和评估方法的典范。公司起初建立这套体系时，对分布于不同市场和国家的员工采用相同的因素评估其绩效，同时也允许恰当的修改以便适应文化差异。然后，百事可乐公司在其品牌所遍及的100多个国家和地区，致力于培育共同的价值观，兼顾多民族文化，把全球的员工联系起来。最终，这套绩效评估体系既体现了市场条件和经济发展水平对员工绩效的影响，又保证了公司整体战略的实施，还适应了当地的环境和管理者的需要。

2. 跨文化绩效评估模式

从动态发展的角度看，员工绩效是相对于企业在生存和发展过程中所要达成的组织目标来说的。因此，员工绩效评估的维度和指标也必然服从于组织生存和发展的需要。企业作为一种在市场环境中生存和发展的社会经济组织，自然具有多维目标。相应地，从企业发展战略的高度看，企业绩效也就有多维的量度。对跨国经营企业及其分支机构而言，考虑到其全球化经营的特点，从跨文化管理的角度看，绩效评估模式应该包括如下三个维度[⊖]：

（1）文化适应维度　成功的国际经营必须根据不同东道国的不同文化特点，在生产经营活动中充分考虑当地市场的文化传统、生活习俗、宗教禁忌等因素，对不同地区的收入水平、消费偏好、市场沟通、销售推广等市场特征做出准确的反应，并通过这种反应使跨国公司在当地市场获得有利的竞争位置。

（2）文化利用维度　企业跨国经营的初衷是获得本土经营所不具备的一些优势，而要将国际化真正转变成全球竞争优势，应善于利用各种价值创造机会，即适应地区市场差异、利用全球规模经济、利用全球范围经济、选择活动和资源的有效定位，以及跨地区知识转移的最大化。文化利用维度反映了企业利用这些跨文化优势的能力。

⊖ 赵伊川、周健，《基于跨文化管理的企业绩效评估研究》，载于《大连海事大学学报》（社会科学版），2004年第1期。

（3）创新学习维度　跨国公司要在市场中生存和发展，必须能够不断适应、选择和改善自身的生存环境，提高自身的创新和学习能力。不断获取创新和学习的能力，具有新制度变革、新产品开发、新市场开拓的创新活力和学习动力，是企业在不同文化环境、不同市场中求得生存的保证。对于跨国公司及其分支机构而言，能否适应动态变化的文化，能否紧随顾客的消费趋势，将直接影响企业跨国经营的效果。

二、海外子公司绩效的影响因素

跨国公司海外子公司的绩效评估可能受母公司总部整体战略计划、国际环境变化、数据的可靠性、时间及地理造成的差异、文化差异等因素影响，面临考核困难。

1. 母公司总部的整体利益

海外子公司以利润为中心的考核指标可能难以反映外派人员的绩效。主要原因是跨国公司为了整体利益和必要的控制，常常会牺牲海外某个子公司的短期利益。如为了使跨国公司整体税负最小化，通过转移价格将某个海外子公司的利润人为地转移到另外一个海外子公司去，从而造成业绩考核结果失真。另外，在与东道国企业共同建立的合资企业中，为了减少东道国企业的利润分红比例，也可能通过技术转让费、管理费用等名目，降低合资企业的利润水平。

2. 数据的可靠性

用以衡量海外子公司绩效的数据，可能并不具备与母公司总部数据或其他国际经营数据的可比性。例如，东道国会计准则会改变财务数据的含义，进口关税可能扭曲了价格，当地劳动法可能要求低生产能力工厂不能解聘员工而造成成本居高不下等。

3. 复杂多变的环境

国际环境是复杂多变的，经济及其他环境条件的快速变化，通常是母公司总部难以预料的，其结果是使企业先前制定的合理业绩目标，很快变得难以完成。因此，国际环境的巨大变动要求公司的长期目标具有灵活性，以便对潜在的市场机遇和威胁做出反应。例如1989年东欧和苏联的突变、1991年的海湾战争、1992年欧洲统一市场的形成、1997年中国香港回归以及1998年的东南亚金融风暴和经济滑坡等，这些事件都对相关国家跨国公司的全球战略和本土战略产生了深刻的影响。子公司由于在这种多变而且波动的环境中经营，其绩效必然会偏离原定目标，从而产生评估方面的困难。

4. 由时间和地理造成的分隔

跨国公司和海外子公司活动的执行判断，因实际距离远近、时空差异、公司总部负责人与子公司管理层的联系多少，以及报告系统的成本等进一步复杂化。海外子公司与母公司总部之间地理上的分割和时间差别，造成考核的困难。两者之间缺乏足够的沟通，无法使总部随时了解本土管理各方面的问题。

5. 文化差异

由于文化差异的存在，员工可接受的工作方式差别很大。例如假期的数量、员工期望的工作时间、对当地员工的培训类型及当地现有管理人才的类型等因素，都会影响海外子公司的业绩。与海外子公司的管理者相比，母公司总部的管理者几乎很少对子公司情况有同样的理解，因此一个有效的国际绩效评估体系，必须可以调整以适应与工作有关的东道国文化

期望。㊀

三、外派人员的绩效考核

绩效考核需要标准，即以什么为依据来衡量母国和其他国外派人员对公司的贡献。一般国内企业是以子公司的利润等投资收益率指标作为考核的依据。然而，如果对外派人员的考核以其业务开展情况为依据，完全把对海外子公司经营业绩的考核与外派人员的考核等同起来作为考核依据，则会有很大的局限性。

1. 外派人员绩效考核标准的制订

跨国公司经营内容的复杂性和不可控性，使得其绩效评估必然受多方面因素影响。因此，跨国公司在制订其外派人员的绩效考核标准时必须注意以下几点：

（1）区别子公司业绩考核和外派人员业绩考核的标准　对海外子公司而言，其经营业绩直接受东道国商业环境和政策变化、跨国公司内部的战略调整如转移定价安排等各种错综复杂因素的影响，这些外部因素不同程度地影响着子公司的利润水平，而这些因素是外派人员不能控制的。因此，应将子公司业绩和外派人员业绩分别考核。即使将子公司的经营状况作为考核外派人员的一项指标，也必须充分考虑外部不可控因素对海外子公司经营业绩的影响。

（2）外派人员的考核不能只注重有形的数字指标　跨国公司在考核外派人员业绩时不能只关注海外子公司的财务状况，而忽略其他无形指标，如外派人员在维护企业形象及培养与东道国的良好关系等方面做出的成绩。由于子公司的经营可能会受企业全球转移定价、东道国汇率波动等商业环境变化等因素的影响，账面利润并不能全面、真实地反映其经营状况。因此，在考核外派人员的业绩时，除了利润、销售量、市场份额等数量指标外，还应评估他们在其他方面取得的成绩。此外，在海外开展业务不同于在母国国内从事商业活动；海外子公司的风险更大，因此对外派人员的考核应将长期表现与突发事件的影响一并加以考虑，才能更加客观、公正。

（3）总部战略目标对外派人员业绩的影响　由于不同的海外子公司在公司整体战略中的地位和经营环境不同，同一子公司在不同时期的环境条件和经营目标不同，因此，不能以不同子公司同一时期、同一子公司不同时期财务指标的对比，作为考核子公司经营业绩的依据；而应以子公司制定的经营目标和计划的完成情况，作为对外派人员业绩的考核标准。

为了克服外派人员业绩考核方面的困难，跨国公司可以采取以下步骤改善考核过程：①使考核标准与战略相适应。例如，如果海外子公司的目标是进入市场以取得长期的竞争地位，那么需要调整其财务业绩考核的周期。②调整合适的考核标准。高层管理者需要认真考虑其国际经营的所有目标，并需要出访经营地区以更加清楚地理解外派人员所面临的问题与环境。③将多种渠道考核与不同时期考核相结合。国际环境的复杂性，要求国际考核要比国内考核掌握更多信息。因此，考核者应该有多种信息来源。海外雇员业绩考核的评估渠道、标准和周期见表6-6，它展示了外派人员业绩考核的一些基本内容。

㊀ 李英、班博，《国际人力资源管理》，山东人民出版社，2004年版，第259页。

表6-6 外派人员业绩考核的评估渠道、标准和周期

评估渠道	标 准	时 期
自我评估	达到目标 管理技能 项目成功	六个月和在主要项目结束时
下属反馈	领导技能 沟通技能 下属发展	在主要项目结束时
外派管理者和东道国管理者的观察	团队建设 人际交往技能 跨文化沟通技能	六个月
现场监管	管理技能 领导技能 达到目标	在主要项目结束时
客户	服务质量和及时性 谈判技能 跨文化沟通技能	每年

注：资料来自 Black, Gregersen and Mendenhall, 1992。

2. 选择考核者

跨文化绩效评估中的一个突出问题是选择谁来担任考核者，才能客观、公正地考核外派人员业绩。东道国管理者虽然每天都能看到外派人员在当地的工作表现，对外派人员的绩效最清楚，但是他们可能持有文化偏见，也可能缺少对外派人员在全球视野下的表现予以正确评价的能力。例如一名美国员工在马来西亚工作，他的东道国上司可能不满意这名员工自认为很民主的员工参与决策的方式。

如果由跨国公司总部的管理者对外派人员进行考核，很可能因为距离遥远导致信息不充分而难以做出正确的评估。如果母公司只采用利润或市场占有率等客观数量指标来考核外派人员，将会由于不了解外派人员工作环境的不稳定性而导致评估失误。

因此，考虑到跨文化管理的复杂性，跨国公司可以用考核小组对外派人员进行考核，即所谓的360度绩效考核。事实上，大多数跨国公司在进行外派人员绩效考核时都用到不只一个考核者。直接主管、母国的人力资源经理和东道国的人力资源经理经常被当作外派人员的绩效考核者。此外，外派人员的自我评价也是考核的一部分依据。也有一些跨国公司采用以东道国当地管理层的意见为主、以母国总部的考核意见为辅的考核方式。

四、东道国员工的绩效评估

跨国公司在对东道国员工进行绩效评估时，通常有针对性地为东道国员工建立评估系统。这一做法的前提是，要使考核标准符合当地准则和风俗习惯，并且该系统要符合母公司的绩效评估要求。绩效评估结果与薪酬待遇紧密联系，这也是跨国公司常采用的激励方式，

即采用"基本薪资+绩效"的方式制订薪酬计划，通常，子公司的考核标准应与当地其他企业的通用考评准则一致。

对东道国员工进行绩效评估时常出现的问题包括：员工对绩效目标缺乏认识，不清楚自己的绩效是如何评定的，对管理者纠正绩效缺乏信心、不认为绩效可以评价自身的真实水平等。这些问题的出现将对东道国员工产生严重的影响：模糊的目标认识会导致员工丧失工作激情，尤其是高层管理者；与员工期待有显著偏差的绩效评估会增加离职率、降低员工忠诚度，进而增加本土化经营的风险。绩效评估标准往往由母国人员制定，因此难以避免由文化差异而产生的主观性，这种主观性来源于高层管理者实施不公平待遇的可能性。毫无疑问，企业进行跨国生产经营的重要出发点是降低成本，而人员薪酬占据了大部分成本。因此，在对东道国员工进行绩效评估时，应制定公平公正的评估体系，并且能够准确反映员工为企业创造的价值。

第四节 跨文化薪酬管理

薪酬政策对于跨国公司能否充分发挥人力资源的作用、调动员工的积极性起着重要的作用，它也是跨国公司在国际市场上能否具有竞争力的关键影响因素。跨国公司每一个子公司的薪酬系统都必须与当地的薪酬行情、相关法规、工会的影响、子公司的经济效益、文化偏好等因素相一致，同时又要与整个跨国公司的经营战略保持一致。除了要建立东道国员工的薪酬系统外，子公司还必须保持母公司外派人员薪酬与其他海外子公司外派人员薪酬的一致性。

一、跨文化薪酬管理的目的与特点

1. 跨文化薪酬管理的目的

薪酬是指作为劳动回报而支付给员工的各种类型的酬劳。对于跨国公司而言，制定合理有效的薪酬政策是一项非常复杂的工作。

和非跨国企业的薪酬管理目标一样，跨国公司的薪酬管理也并非仅仅是为了给员工的劳动付出以回报，而是达到公司某些目标的一种手段。一般而言，有效的跨国公司薪酬管理应努力达到如下目标：

1）要能够吸引世界各地的优秀人才。除了不惜代价进行大量智力投资，对其现有员工进行培训外，跨国公司还十分重视用高薪吸引和招聘世界各地的优秀人才。但是，要使其薪酬政策具有吸引力而又不会成本太高，则是比较困难的。

2）行为导向。即利用薪酬政策引导员工的行为模式，使他们的行为与公司的战略需要相一致。与绩效评估紧密相关的薪酬政策，是员工行为的直接动机，有利于提高公司战略计划的有效性。

3）企业文化导向。企业文化是指一个公司内部被普遍接受和认可，影响员工决策的行为标准，代表着公司的目标、信念、经营哲学及价值观念。有效的薪酬政策应与企业文化对员工行为的影响方向相同。也就是说，作为行为导向，两者对员工发出的信息应一致。但是，必要时，薪酬管理应通过潜移默化的影响促使企业文化向有利于公司战略实施的方向转化。

4) 成本目标。员工薪酬是公司经营成本的重要组成部分。在许多情况下，仅员工薪酬一项可能就占公司经营成本的一半以上。因此，通过薪酬管理降低经营成本对提高产品的竞争力是十分重要的。

5) 吸引并留住符合海外任职条件的员工。

6) 有利于员工在母公司与子公司之间，或者子公司与子公司之间的调动。

7) 使各子公司的薪酬政策保持一种稳定、公平的关系。

8) 使公司的薪酬政策相对于其主要竞争对手而言有较强的竞争力。

当然，这些目标经常是相互冲突的。较高的薪酬无疑会吸引并留住合格的员工，却将使公司的成本提高；而稳定的薪酬在各国薪酬水平相差很大的情况下，不利于员工在子公司之间的流动。因此，在选择薪酬管理模式和方法时，应对期望达到的目的有所侧重。

相对于跨文化薪酬管理的总体目标，外派人员的薪酬管理有其具体的目标，包括：①对离开母国到海外任职进行奖励；②维持一定的生活水准；③满足外派人员职业发展的需要及家庭的需要；④便于外派人员在海外任职期满后返回母国。

要达到这些目标，跨国公司往往需要在外派人员正常薪酬的基础上额外支付一笔高额费用，以便使其接受海外任职，薪酬成本通常是国内相应岗位的 2~2.5 倍。

因此，跨文化薪酬管理总的指导原则应当是全球化的构思和地方化的操作。也就是说，薪酬政策和薪酬方案应当既能满足公司总体战略意图的需要，又能保持足够的灵活性，以便为修正一些特别的政策留有足够的余地，从而满足特殊地区和特定员工群体的需要。

2. 跨文化薪酬管理的发展趋势

薪酬和津贴的主要职能是对薪酬系统和其他形式的报酬（如假期和生病期间的工资、健康保险及救济金等）进行管理。公司在发展一套国际性薪酬系统时，主要考虑两个方面的因素：

（1）可比性　一个好的薪酬系统给予员工的薪酬应在内部员工之间具有可比性，并在外部市场上具有竞争力。例如，一个高级经理通常比普通主管的薪酬高，而每一个职位的员工都应该获得当地劳动力市场条件下的合理的收入。同时，跨国公司必须考虑外派人员的薪酬水平。

（2）成本　母国外派人员虽具有能够与母公司保持战略目标和政策一致的优点，但其薪酬成本很高。同时，由于文化适应的问题，母国外派人员的失败率也比较高。因此，跨国公司员工本土化是近年来一个明显的特点。跨国公司在发展到一定阶段之后，除了最高层的职位外，往往更愿意聘用当地员工，或者从同一区域中选派第三国员工。因此，跨文化薪酬管理也必须考虑到这种发展趋势，在制定薪酬政策时，既要使之可以应用于全球，又要反映特定市场的具体情况。

跨文化薪酬管理的一个趋势是薪酬政策与当地劳动力市场的联系越来越紧密，即使在公司采用母国中心型或全球中心型方式时也是如此。当地人才供应状况、通行的工资率、对外派人员的使用及当地法规要求等因素，共同影响着跨国公司的薪酬政策。但是，在具体操作时，还需要根据企业的整体战略目标，调整薪酬政策的侧重点。比如，一家成功的跨国公司在强调产品质量的同时，也强调建立全球范围内一致的薪酬政策，以保证支付给员工当地最好的工资。另有一家跨国公司则区别对待，在开展研发工作的国家提供高工资，而在负责生产制造的国家只支付平均水平的工资。另外，对于某一职位而言，若当地没有足够的符合条件的人才，那么给予该职位的薪酬将提高。此时，为了降低成本，跨文化人力资源经理也许会考虑采用母国或第三国员工外派的方式。

跨文化薪酬管理的另外一个发展趋势是工资与福利的综合运用。跨国公司员工的薪酬一般包括工资性收入和福利两大部分，福利又包括法定福利和非法定福利两种。法定福利由法律、法规强制规定，企业必须支付；而非法定福利的项目和数额则可以根据企业的需要自行确定。因此，跨国公司在各个国家或地区所支付的员工法定福利受各个国家或地区法律、法规因素的影响，名目和水平都会有很大差异，在国家与国家之间、地区与地区之间很难进行直接比较。但是，目前的一个趋势是，很多企业不再将工资与福利分成两项互不关联的管理工作，而是将它们融合为一个有机的整体，即所谓"一揽子"薪酬福利，工资与福利尤其是非法定福利互相配合，共同围绕企业目标运转。

3. 跨文化薪酬管理的复杂性

薪酬是员工从企业所得到的金钱和各种形式的服务和福利。薪酬管理是在组织发展战略指导下，对员工薪酬支付原则、薪酬政策、薪酬水平、薪酬结构、薪酬构成进行确定、分配和调整的动态管理过程。[○]当代薪酬管理所依赖的基础已经发生了变化，传统的管理方法关注如何高效地管理薪酬，当下的薪酬管理已经成为企业经营战略的一部分，应当充分符合企业的经营目标。对于跨国公司而言，如何使薪酬管理方法符合跨国经营战略，是薪酬管理者面临的一道现实难题。

由于跨国公司需要面对不同国家的社会文化与法律制度背景，薪酬政策不能照搬本国企业的做法。跨国公司必须了解东道国的法律法规、风俗习惯、宗教信仰、文化环境和招募实践等多方面的知识，同时还需关注汇率波动和通货膨胀对薪酬的影响，以及理解为什么和什么时候为员工提供特殊津贴。

案例 6-2

美国跨国公司意大利子公司的薪酬政策变革

某美国跨国公司在其世界各地的子公司推行按绩效分配薪酬的政策，在大部分国家这项政策在提升销售额方面效果很好。然而在意大利，政策推行的头几个月效果很好；但接下来，表现最好的销售人员的销售额却大幅下滑。因为他的薪酬远高于同事，所以受到排挤。这名销售人员因为不想牺牲同事关系而故意降低了自己的销售额。针对这一问题，意大利子公司的管理者认为：在意大利，薪酬的分配不能简单地按个人销售额来定，而应该由区域经理及其下属来集体商定。

跨文化薪酬管理的复杂性主要可以归纳为以下几点：

（1）国际薪酬的多样性　跨国公司员工类型的多样性引起了不同的薪酬问题。在不同国家，员工的养老金、社会保障、医疗保险和其他各种福利的管理规定存在着很大差异。有

○ 赵国军，《薪酬管理方案设计与实施》，化学工业出版社，2009年版，第7页。

些国家按传统甚至要为员工提供住房、上下班的交通条件和年终奖金。由国家差异引起的薪酬货币购买力问题，以及由文化差异引起的福利待遇问题等，使得跨国公司往往对不同国家的员工采用不同的薪酬政策。

如图6-3所示，跨国公司在制订各国子公司的薪酬政策时，既要考虑与母公司的整体经营战略保持一致，也要考虑当地劳动力市场的工资行情、有关薪酬的法律法规和当地的文化倾向。

```
          ┌──────────────────────────┐
          │  海外管理者与第三国薪酬系统  │
          │     吸引人才及留住人才      │
          └──────────────────────────┘

   ┌──────────────┐          ┌──────────────┐
   │   子公司1     │          │   子公司2     │
   │   工资行情    │          │   工资行情    │
   │   工资法规    │          │   工资法规    │
   │  其他法律限制  │          │  其他法律限制  │
   └──────────────┘          └──────────────┘
```

图6-3 跨国公司海外子公司薪酬系统

资料来自何娟，《人力资源管理》，天津大学出版社，2000年版，第381页。

（2）汇率的波动 货币的贬值或升值，使得在用母国货币支付工资时，外派人员的工资会随着两国汇率的变化而变化。例如2002—2004年，英镑和欧元对美元的汇率分别上升了24.1%和33.2%。总部在芝加哥的一位美国经理被派往伦敦任职，由于英镑的升值，他发现在芝加哥时的1万美元月薪在伦敦消费时缩水不少，这就使得其在日常用品、食品、服装等方面的生活支出进一步增加。由于预计美元还要继续贬值，很多外派至海外子公司的员工都准备与母公司总部进行商议，争取能使自己的工资及福利得到相应的提升。

货币汇率的波动也对外派人员的薪酬产生影响。多数跨国公司进行一年一度的调查和调整，但是如果货币汇率有大于10%的剧烈变动，它们可能会在半年甚至更短的时间内对外派人员的工资进行调整。

（3）国际化经营导致的薪酬成本的计算问题以及公平问题 对外派人员而言，海外任职意味着要舍弃已经习惯的、舒适的工作和生活环境，要冒自身职业生涯发展的风险，有时还要冒国际政治风险。因此，跨国公司为了鼓励母公司总部有事业心和责任感的优秀员工赴海外任职，尽量用有吸引力的、丰厚的薪酬作为激励手段。

这种高成本的支出很可能造成跨国公司内部薪酬公平性失衡。一项调查表明：29%的企业称外派人员的薪酬是其国内工资的2~2.9倍，50%的企业称是3~3.9倍，18%的企业称是4~4.9倍。

在保持内部公平问题上，还有一个更常见、更突出的现象是：发展中国家的东道国员工与发达国家母公司派来的员工，在承担的责任、工作的复杂程度及重要性等方面相同时，母国员工的薪酬是东道国员工的十几倍甚至几十倍。这种做法容易使东道国员工产生一种没有被公平对待的感觉。

因此，从根本上看，国际薪酬是复杂的，因为跨国公司必须满足母国员工、东道国员工、其他国员工这三类员工的要求。由此，跨国公司在制定薪酬政策时必须注意以下几个方面：①海外子公司的薪酬政策要与母公司的总体战略以及需求保持一致。②国际薪酬必须具有激励性，能吸引优秀人才到最需要的地方并留住他们。③国际薪酬要有利于公司以最经济的方式调动外派人员。④要考虑到薪酬的一致性，即外派人员的薪酬水平至少应该能使其在东道国工作期间，保持与在本国相同的住房、消费及储蓄水平。⑤合法性，即必须遵守东道国有关养老金、社会保险、医疗保险及其他保护员工利益的法律法规。

二、母国和其他国员工的薪酬制定

在讨论母国和其他国员工的薪酬之前，跨国公司必须了解外派人员的一些个人目标，也就是这类员工接受外派时，希望通过海外赴任实现的部分个人期望。一般涉及以下几点：① 外派人员期望在海外任职期间获得在国外的福利、社会保险和生活费等经济保障。②大多数外派人员期望出国能够增加收入和存款。③外派人员期望企业对自己任职期间的住房、子女教育及娱乐等问题做出政策规定。④外派人员也期望企业对他们的职业生涯发展和回派有相应安排。

由此可见，支付给母国外派人员的薪酬至少要满足这样一个原则：保证其在海外任职期间，本人及家属至少能够维持同以前一样的生活消费水平。

跨国公司给母国外派人员的薪酬一般包括四个方面：基本工资、出国服务奖励、海外任职津贴和福利。

1. 基本工资的计算方法

跨国公司计算外派人员基本工资的方法主要有两种：现行费率法和资金平衡法。

（1）现行费率法　这种方法是把外派人员的基本工资与东道国的工资结构挂钩。跨国公司一般通过当地的专业薪酬调查机构取得当地企业员工、相同国籍的驻外人员和所有国家的驻外人员的薪酬信息。现行费率法的主要特点是[1]：

1）以当地的市场费率为基准。
2）以调查比较结果为基准。
3）薪酬以选定的调查比较结果为基准。
4）对低工资国家，在基本工资和福利之外提供额外支付。

例如，在伦敦设立子公司的一家美国企业需要决定，其外派人员的工资是以伦敦当地企业的工资标准支付，还是以伦敦其他同行竞争对手（跨国公司）的工资标准支付，还是以伦敦所有外资同行的标准支付。如果在发展中国家使用现行费率法，跨国公司通常在外派人员的基本工资之外提供额外福利和津贴。

这种国际薪酬计算方法的优点主要是：外派人员与东道国员工待遇较平等，尤其是在东道国的工资水平高于母国工资水平的情况下，该方法能够有效吸引母国人才和其他国人才。这种国际薪酬的计算方法简洁、明了、易于理解，并且与东道国的情况一致。

---

[1] 赵曙明，《跨国公司人力资源管理》，中国人民大学出版社，2001年版，第156页。

现行费率法也存在着一些缺点：首先，同一员工派遣到不同国家会产生差异，尤其是发达国家和发展中国家之间的差异最为明显；其次，东道国国籍相同但派遣地不同的外派人员之间会有差异。采用现行费率法会导致外派人员争相要求被派遣到待遇优厚的地方，而不愿意去工资标准较低的国家。最后，在东道国的工资水平高于母国公司的情况下，外派员工回国时工资要恢复到母国水平，会引起很多麻烦。⊖

（2）资金平衡法　根据雷诺兹的定义，用于国际薪酬的资金平衡法是这样一种系统，它使居住在国外的员工和国内与其职位水平相同的员工具有平等的购买力，并且提供奖励来补偿其在母国与派遣地之间的生活质量的差别。⊜

资金平衡法在国际薪酬中应用最为广泛，这种方法的基本目标是，使外派人员维持本国的生活标准，并通过经济激励使薪酬计划对他们具有吸引力。此方法将母国员工和其他国员工的基本工资与相对的本国工资结构挂钩。例如，一位美国经理如果接受了跨国任职，其薪酬计划将以美国（而不是东道国）的基本工资水平为基准。资金平衡法的准则是，国际任职的外派人员不应因工作调动而蒙受损失。

资金平衡法首先为在不同国家任职的同国籍的外派人员提供了平等待遇。同时由于外派人员的薪酬与母国的薪酬结构挂钩，因而使外派人员的回国安排变得简单。

这种计算方法也有缺点，主要包括：①在不同国籍的外派人员之间、母国人员和东道国人员之间，可能会产生相当大的差距。例如，任职于中国的一家美国跨国公司总部的美国员工，要比东道国的中国员工工资高许多。这种"双重薪资"非常容易引起母国外派人员和东道国员工之间的矛盾。②尽管这种方法在理论上便于员工理解，但在管理上会变得相当复杂。复杂性出现在税收、生活费用，以及母国员工和其他国员工之间的待遇差异等方面。

2. 出国服务奖励/艰苦补贴

母国员工通常会得到一份奖金或补贴，作为接受出国派遣的奖励或在海外任职中所遇到的艰苦条件（地方病、气候恶劣、高风险等）的补偿。跨国公司总部会根据各个东道国的实际情况，对艰苦程度的定义、领取奖金的资格、补贴的金额和时间等都予以规定。例如美国的跨国公司在支付艰苦补贴时，往往会参照美国政府部门相关指导价格来确定支付级别。

艰苦补贴一般只支付给母国员工，而不支付给其他国员工。跨国公司通常以工资的百分比形式支付出国服务奖励，通常是该名员工基本工资的5%～40%，并且随着任职情况、实际艰苦程度、税收情况及派遣时间的长短而变动。

3. 其他海外任职津贴

海外任职津贴是为了帮助外派人员保持正常生活水平而支付的，不同的东道国有不同的支付标准。一般有生活费津贴、住房津贴、子女教育津贴、搬家费和某些特殊保险。

生活费津贴通常最受外派人员的关注，它涉及对母国和东道国之间支付差额的补偿费用，如用于解决通货膨胀造成的差别。这种津贴通常很难确定，跨国公司可以聘请专业咨询公司，获得全球性、最新的生活费津贴信息。一位美国管理者如果被派到东京工作，那么他获得的生活费津贴就会比派到中国北京多，因为东京的物价比北京高。

⊖ 赵曙明，《跨国公司人力资源管理》，中国人民大学出版社，2001年版，157页。

⊜ REYNOLDS. Compensation of Overseas Personnel in Handbook of Human Resources Administration [M]. 2nd ed. New York: McGraw-Hill, 1986.

跨国公司提供住房津贴的目的是，保证外派人员获得与同类外派人员、同事相同的居住条件。这些津贴往往根据东道国的房屋租赁市场价格定期调整，或根据外派人员的实际住房费用支付。其他替代办法包括公司提供强制性的或选择性的住房、固定的住房津贴、或按基本工资的比例支付。虽然住房津贴根据东道国的情况会有所不同，但是跨国公司内部制定全球性住房津贴政策是必要和有效的。

外派人员赴任时需要很大数额的额外补贴。很多跨国公司在制定这些福利措施的时候非常具体，使员工感受到组织的关心。例如"搬家费"包括搬迁、运输和储存的费用，临时酒店住宿费，电器或汽车购买（或出售）的补贴等相关费用。一些银行和金融企业会向他们的外派人员提供出售或出租住房的帮助，为员工支付离家费和出租管理费，并提供租金保护和财产保护。这些方面，其他国员工获得的福利通常少于母国员工。

影响海外任职成功的重要因素之一是外派人员的子女教育问题。跨国公司一般都为外派人员支付子女在东道国国际学校或本土学校的学习费用。这笔教育津贴往往包括学费、学习语言课程的费用、交通费和食宿费等。东道国是否有合适的国际学校，是否能提供不亚于母国的教育水平，都会成为外派人员海外任职考虑的重要因素。优厚的教育津贴也不能解决一切问题，由于外派人员及家属长期在外，不利于学龄期子女的母语教育。这些外派人员的子女归国后在母国激烈的升学竞争中可能处于不利地位，难以被名牌大学录取（很多国家大学不是通过考试而是通过申请来录取的）。随着经济全球化和跨国公司数量的急剧上升，一些国家的政府和大学也相应制定了一些优惠政策，比如为归国子女准备特殊考试等，尽量解除外派人员的后顾之忧。

另外，越来越多的跨国公司开始提供配偶补助，以抵消外派人员的配偶因随同海外赴任而损失的收入。更多的跨国公司开始注重于为配偶提供国外工作机会。例如，荷兰皇家壳牌公司（Royal Dutch Shell Group）宣布向外派人员的配偶和未婚伴侣提供职业顾问服务，公司为此创建了一个有44个中心的信息网络，帮助这些配偶和未婚伴侣在东道国找到合适的工作。德勤会计公司（Deloitte Touche）在其公司内部网站为外派员工的配偶们提供寻找工作的信息等。

除上述为外派人员提供的主要的海外任职津贴外，一些跨国公司根据外派人员的职务级别，还提供其他优厚的福利待遇。例如，外派人员在海外作为跨国公司代表参加当地的政治、社交活动等，可享受较高级别的待遇。派往发展中国家时，外派人员有时还能享受到比在母国更为优厚的待遇，比如企业将向他们及其家属无偿地提供高级住宅、厨师、司机等。

综上所述，跨国公司通常以支付津贴的方式，鼓励外派人员接受国际工作的任务，使外派人员在总体收入水平上达到甚至超过国内标准。

4. 福利

与薪酬、津贴相比，复杂的法定福利经常会造成很大的困难。由于各国的法定福利之间存在很大差异，因而养老金、医药费和社会保险费的可转移性也使得跨国公司的实际操作十分困难。

跨国公司通常都会保留外派人员的国内基本福利，以保证其能照常享受国内的各项医疗保险、养老保险等法定福利。由于各国涉及社会福利的法律法规各不相同，因而跨国公司的操作方式也存在差异。在大部分美国和日本企业，外派人员都享受母国的福利；欧洲的外派人员和其他国员工在欧盟内可享受可转移的社会保险福利。

除法定福利外，跨国公司大多为外派人员提供休假和特殊假期。作为外派人员定期休假的一部分，每年的福利中通常包括家庭成员回国探亲的机票费用。目的是使外派人员保持与家庭、母国同事、客户之间的联系，避免他们在海外任职结束归国后出现不适应。此外，根据工作所在地的条件，福利也包括为外派人员的家属免费提供机票去东道国附近的疗养地疗养。企业还需要制定应急条款，以处理家庭成员的死亡或生病等突发事件。在艰苦地区工作的外派人员，经常能获得额外的休假费用和疗养假期。

三、东道国员工的薪酬制定

影响东道国薪酬体系制定的因素大致有外部因素、内部因素及企业薪酬结构等。这些因素共同作用于跨国公司在当地制定的薪酬策略，并且在不同的国家其作用强度也不尽相同。例如，美国有严格的法系，《公平工资法案》（Pay Equity Act）及《民权法案》（Civil Rights Act）都要求企业做到"同工同酬"，即工作类型相同时不得以性别、宗教、种族等为由制定不同的薪酬待遇。这些因素对当地的跨国企业有较强的约束力。

跨国公司根据当地的薪酬标准制定符合东道国员工的薪酬体系，是在东道国顺利经营的重要环节之一。薪酬体系的制定还取决于市场环境及工作内容，如工会的能力、市场因素、当地生活成本等。

普华永道的一项调查显示，在亚太地区有40%的跨国公司存在人才获得方面的难题，这一问题在印度和中国尤为严重。在印度和中国的西方企业和外包机构，管理者最担心的问题是快速增长的市场薪酬标准使高端人才出现短缺。随着新兴市场的快速崛起，跨国公司想要在当地的人才争夺战中获得优势，就必须支付他们逐渐上涨的薪水。随着本土化人才素质的提高，大多数跨国公司也乐意这样做。

跨国公司的薪酬体系往往由多个部分组成，因此要有效激励本土员工，母国高层管理者需要了解不同职位上的员工对薪酬和福利的关注重点和程度。例如，拉丁美洲的一名员工可能会将他的薪酬和头衔挂钩。跨国公司为东道国员工制定的薪酬制度依然要以"本土企业"的身份充分考量激励因素，如职位等级与薪酬相匹配、不同职位的薪酬差异、以当地的标准来确定薪酬体系等。

第五节 跨文化劳资关系

劳资关系（Industrial Relations）是指劳工和资方之间的权利和义务关系，这种关系通过劳资两方所签订的劳动契约和团体契约而成立。在西方企业人力资源管理中，劳资关系主要是指代表资方的经营管理层与代表员工的工会之间的关系。

如果跨国公司对海外子公司东道国的劳资关系和工会力量没有事先进行详细的了解而贸然进入，则可能会遇到难以想象的挫折。例如，1992年中国首钢收购了秘鲁铁矿后，为保证生产对当地工会连续3年让步，造成工资总额急剧增长，该企业薪酬水平一下跃居秘鲁矿业部门之首。而当地工会得寸进尺，继续要求提高工资，1996年劳资谈判僵持，当地工会多次发动不定期的全面罢工。2006年，当地工会组织的罢工使每天铁矿产量损失达1.8万吨，经济损失严重。此外，当地一些新闻媒体也经常在劳工问题上大做文章，使首钢公司形象受到严重影响。⊖由此可见，处理好劳资关系是跨国公司经营成功的关键。

一、各国工会与劳资关系的特点

不同国家的劳资关系模式相差很大，每一种模式都反映了独特的文化、法律与社会制度。不同的价值观、劳动者的精神需要、特殊的工业关系和有关的法律条文也影响劳资关系。发达国家的工会历史较长，工会在长期的斗争中，从各自的国情出发，形成了适应市场经济的不同的组织结构。

1. 英国、澳大利亚的劳资关系和工会组织的特点

英国是工业革命的发源地，劳动者的觉悟和素质处于世界前列。在19世纪初，伴随着以工厂为基础的主要工业产业的兴起，工会建立了强大而完备的组织机构。英国的劳资关系在20世纪80年代之前一直处于对抗、强烈冲突的状态。近年来，英国劳资关系发生了很大变化，呈现出由对抗转向协商型、谈判型劳资关系的转变趋势。

英国工会的组织结构，最主要的特点是以行业工会为主的多元工会结构。在一些英国大企业中，往往有两三个行业工会同时存在，这些工会相互联系，相互合作，同时也相互竞争，关系十分复杂。在和资方进行集体谈判时，各个行业工会也有不同的标准。这种错综复杂的组织结构很大程度上影响了各工会之间的团结，削弱了英国工会的力量。

澳大利亚工会运动的发展，一直受英国工会运动的影响，其组织结构与英国工会相仿，多为行业工会。20世纪90年代之后，澳大利亚工会的组织结构进入大转变时期，许多小的行业工会合并成较大的产业工会，以适应新的产业结构，并逐步加强了工会之间的团结。

2. 德国的劳资关系和工会组织的特点

德国的劳资关系长期处于正式的、法律化的、低冲突的状态，其中德国政府起着工会和资方中间人的作用。由于德国文化非常重视规避不确定性，因而早在19世纪80年代中期，德国政府就承认了工会运动的合法性，同时政府大力促进劳资双方关系朝向和谐的方向发展。

德国工会以产业工会为主，产业和地方相结合的组织结构主要是适应德国现代化社会化大生产的要求。这种组织结构，使德国工会在国家经济社会发展中起到了重要的作用。

3. 美国的劳资关系和工会组织的特点

美国在1926年以前，对工会活动几乎没有法律支持。1935年通过正式立法，给予工会集体组织和集体议价的权利。美国的工会力量在20世纪40年代达到顶峰，然而随着许多建立了工会的传统产业的衰落和美国制造业向海外转移，美国的工会力量之后一直呈弱化趋势。美国现在是西方国家中工会密度最低的国家之一。地方工会是美国工会组织结构的主要形式，同时大多数地方工会同一些行业、产业及全国工会保持着联系。

虽然美国工会的力量日趋衰落，但是劳资关系由以往的对立关系逐渐向有利于生产力不断增长的新型关系转变。许多美国企业的劳资协议都有一项特别的条款规定——禁止罢工，因此突发性的或未经授权的罢工——通常被称为"野猫罢工"（Wildcat Strike）就没有那么

⊖ 刘国强，《首钢收购秘鲁铁矿后双管齐下成功应对无理罢工》. 载于《国际先驱导报》，2006年7月11日。

普遍了。如果劳资任何一方觉得对方没有诚意执行协议条款，可以通过申诉程序来和平解决问题。越来越多的美国工会意识到与其采用"势不两立"的态度，还不如与资方共同研究、达成共识的战略，更能引导工会保持长期繁荣。

案例 6-3

福耀美国工厂的工会问题

福耀玻璃工业集团股份有限公司（简称福耀集团）是中国的一家大型跨国集团，是全球最具规模的汽车玻璃专业供应商之一。

美国汽车产业工人联合会（the United Automobile Workers Union）自2015年以来一直试图在福耀美国工厂组织工会，指控福耀美国工厂的很多上司依靠恐吓和偏袒来控制工人，雇用很多临时签证的实习生或外国人，生产安全条件不合规。福耀美国工厂的首席法务官雅典娜·侯（Athena Hou）表示，美国汽车产业工人联合会试图"妖魔化"公司。

福耀集团还制作了反对工会动议、"捍卫个人发声权利"的材料。在这些材料中，菲亚特、克莱斯勒和联合汽车工会之间的腐败丑闻被不断提及。此外，对于美国汽车产业工人联合会的攻击，福耀集团管理者通过与员工建立感情联系来应对——公司对一些工人提供免费餐点，奖励他们的表现。

据《纽约时报》当地时间2017年11月9日报道，福耀美国工厂的工人以868票对444票，近乎2:1的比例否决了成立工会的动议，也就是说，福耀美国工厂无须建立工会组织。目前，福耀集团在美国投资超过5亿美元，还恢复了前通用汽车工厂。福耀集团成功地适应了美国劳资关系。

4. 瑞典、挪威的劳资关系和工会组织的特点

瑞典由于社会内部的聚合力很强，避免了一般西方社会的各种摩擦。90%的瑞典蓝领工会都加入了瑞典总工会。瑞典的工会组织一直十分团结，既没有分裂成几个派别，也未由几个政党分而治之。总工会内部权力较为集中，集权特征使其在战后相当长的时间内，维持了与雇主协会的对等谈判地位，代表会员与雇主进行具体谈判，在劳资关系中发挥了特殊作用。

挪威总工会与瑞典一样，有着严密的组织系统，通过工党对议会及政府施加影响，在经济上支持工党。挪威总工会与雇主联合会于1935年达成协议，规定了解决劳资双方冲突的基本原则，并确定了集体谈判制度为该原则的重要组成部分，并在集体谈判中起着主导作用。

5. 亚洲国家的劳资关系和工会组织的特点

由于各国政治体制不同，各国工会起的作用也有所不同。《中国工会章程》明确定义：中国工会是中国共产党领导的职工自愿结合的工人阶级群众组织，是党联系职工群众的桥梁和纽带，是国家政权的重要社会支柱，是会员和职工利益的代表。

日本企业建立的是一种比较和谐的合作型的劳资关系。日本企业经营方式的重要特点之一就是采用了企业工会的形式，即一个企业内只有一个工会，管理方每年也只要与一个工会打交道，省时省力。日本的文化价值观主张个人利益应当服从集体利益，这一点也促成了日本劳资之间的融洽关系。日本的工会在每年春季和年末最为活跃，因为这是商议定期加薪和年度奖金数额的两个时期。近年来日本工会试图像德国工会一样，把工资谈判的范围扩展、

覆盖至某一个行业的所有企业，使工会具有更大的议价力量。这种全行业议价的战略虽然会对在日本开展经营的跨国公司产生一些影响，但是与许多其他发达国家的工会相比，日本工会的力量仍然是相对弱小的。

韩国工会与企业和政府的关系更具有冲突性。例如，由于韩国劳动法律法规授予企业解雇工人时更大的自由，这导致了学生骚乱和工人罢工，损失估计超过 20 亿美元。而同样在亚洲，在新加坡政府的严格控制下，工会力量受到限制，基本没有出现过类似韩国这样由于工会运动而造成的经济损失。㊀

综上所述，由于受到所在国家政治、经济体制和产业结构等方面的影响，各国工会采取了与之相适应的组织结构，形成了当今各国不同的劳资关系。跨国公司在投资建厂之前有必要充分调查，了解当地工会组织情况、工会力量强弱及劳资关系特点。

二、工会对跨国公司的态度

一个国家的劳资关系只能结合该国特定的国情环境和工会发展历史来理解，如复杂的文化背景、技术问题、经济因素、政府的监管系统等。因此，工会组织的概念和系统流程在不同国家都不尽相同。各党派获得执政权力的方式和时间，对工会有较大影响。如在瑞典，工会主要通过议会行动，而在美国和加拿大工会则多与管理层进行谈判。

工会谈判的结果也会因国家的不同而有所区别。例如，在法国、英国和意大利，劳资双方的谈判多是非正式的，口头承诺只有在一方希望落实并且重新进行谈判的前提下才会奏效；北欧和北美在某一时期特别奏效的、具有法律约束力的条约在南欧和南美却没有那么流行。

1. 工会与跨国公司的利益矛盾点

跨国公司对东道国当下的劳资关系给予充分的重视是非常必要的，因为这会影响到其在当地各方面的经营活动。通常情况下，跨国公司需要考虑的劳资关系包括以下几个方面：①东道国的招聘、培训、薪资等人力资源相关政策。②工会在当地的地位以及影响力。③东道国公民对跨国公司进入当地开展经营活动的态度。

一些工会影响力较大的国家，对跨国公司会加以多种约束，主要包括以下三种：①工会与当地相关部门之间的协议会决定当地的薪资水平，限制了跨国公司经营的灵活性。②在东道国整体的生产经营环境中，工会会调整与跨国公司相关的政策，以改善当地的就业水平。③当地工会将对跨国公司制定的不符合东道国利益的一体化战略进行限制，例如潜在的劳动纠纷可能导致当地员工利益受损等问题。

2. 工会与跨国公司的利益一致点

虽然东道国的工会针对跨国公司制定出一系列限制"条约"，以保护当地员工的利益与经济发展的稳定性，但是工会与跨国公司之间也存在共同的目标，即利益一致点，主要表现为以下几个方面：

1) 在就业方面，工会认可跨国公司在一定时期内提供更多就业岗位的能力。跨国公司的跨国经营不但给东道国提供了很多新的就业岗位，由于将生产转移到海外，也将在总部为

㊀ CULLEN J B, PARBOTEEAH K P. Multinational Management: A Strategic Approach [M]. Mason: Thomson, 2018.

母国创造更多的工作机会，如更多的服务协调人员、技术开发人员、财务人员等。

2）工会也意识到，跨国公司能向员工提供比本地企业更好的条件、更优越的工作环境和更高的工资。在某些情况下，跨国公司乐于接受公开的"雇员费用"，从而使其有能力化解最直接的工会压力。实际上，在一些政府眼中，跨国公司似乎太易于屈从于工会的要求，以致政府降低工资增长以减少通货膨胀的政策被置于不顾。

3）跨国公司通过对东道国员工的培训与开发，一定程度上提高了东道国劳动力素质，促进了劳务市场中经营人才的丰富。它们有可能吸引那些最优秀、最守纪律、适应力强的人才，并靠支付高于当地水平的薪酬条件来保持对这些人才的吸引力。跨国公司也很重视对人力资源的培训，这往往是本地企业所不能企及的。但另一方面，跨国公司也可能因为获得了最优秀、最富创造力的人才而损害了本地企业的利益。这显然是东道国（尤其是发展中国家）急需解决的问题，但这似乎还未成为工会关注的热点。

4）当一个国家发生经济衰退时，国内企业尤其是那些产品只在本国内销售的企业难以分散经济风险，可能会解雇员工以降低成本、增强竞争力。而跨国公司由于在多个国家分布其价值链的各个环节，抗风险能力大大增强，可以不通过解雇员工的方式来增强竞争力。

种种迹象表明，工会已经意识到应该综合评价跨国公司的发展对工会的影响。也就是说，工会应该建立完整的约束机制来保护跨国公司中劳动者的权益。既要使工会在跨国公司的活动有利于推动本国国家经济和社会的发展，又要规范与约束跨国公司的行为，与跨国公司的违法行为进行斗争。

立法和执法活动是维护劳动者合法权益的有效途径，涉及工会参与跨国公司活动的重要国际法规有：国际劳工组织1977年通过了调节政府、雇主组织和工会关系的《国际劳工组织关于跨国企业及社会政策三方原则宣言》；欧盟也制定了一些有关跨国公司活动的文件，如1989年欧共体的《社会宪章》（the Social Charter）等。这些文件对跨国公司的活动和有关政策做出了规定，如规定了工人组建工会及其开展活动的权利及如何调解劳资争议的集体谈判等；1993年联合国制定了《跨国公司行为法典》，并成立了跨国公司专门委员会。多年来，一些国家也制定了不少有关跨国公司的法规，同时工会自己也制定了一些相关文件。它们强调，要善于运用有关法律法规在跨国公司内开展维权活动，并监督跨国公司遵守有关法律，促使它们尊重本国工人和工会的合法权益。

三、跨国公司的劳资关系对策

跨国公司应当重视对海外子公司劳资关系的管理。为了处理好和当地工会的关系，必须重视以下三个方面：

1. 了解东道国的劳资关系特征

对于在不同国家从事经营活动的跨国公司而言，由于各国制度、法律法规、传统文化的不同，工会的作用和劳资关系的特征也截然不同。跨国公司很少能够改变东道国的劳资关系传统，因此必须对东道国的劳资关系进行详尽的研究，并以此作为影响选择东道国的一个关键因素。例如，在美国的日本企业力求避开工会力量强大的北部各州，而选择工会活动较少的南部地区。西欧强势的工会力量已使一些跨国公司到捷克去寻求投资目标，因为那里不仅工资较低，而且劳资冲突也较少。

跨国公司在投资建厂之前，要充分调查并了解东道国的劳工状况、工会组织情况和工会力量的强弱，并参考当地其他跨国公司的劳资政策。跨国公司在当地进行招聘、制定薪酬政策、处罚员工时，必须考虑当地的政策、企业与工会的协定等。如果跨国公司开始时没有处理好劳资关系，其在东道国的经营就难上正轨。

2. 确定海外子公司处理劳资关系方面的权限

由于各国情况存在差异，跨国公司是否应把处理劳资关系的权限下放给海外子公司，在这一问题上各方争论不休。有些跨国公司不把处理劳资关系的权力下放给海外子公司，或者总部可能因全球目标或母国目标压力而忽略海外子公司的考虑，如花旗银行规定，花旗银行的海外子公司在处理劳资关系时，必须避免建立工会。在类似情况下，母公司总部应当就劳资关系进行某种居中协调。因为在新成立的子公司中，当地管理者处理劳资纠纷的经验可能不足，也达不到跨国公司所期望的标准。同时，在一个国家中达成的协议可能影响跨国公司覆盖全球的整体安排，或者给其他国家的谈判造成障碍。跨国界的经营范围越大，资方就越需要有协调一致的"统一战线"。因此，由母公司总部来协调劳资关系的理由就很有力量，当然这类协调必须允许当地管理者充分参与，并尽可能不伤害子公司的自主权。

然而，如果在处理劳资纠纷时，海外子公司的管理者没有独立的决策权，当工会不能直接同最后决策者打交道时，谈判不可避免地会更加困难。某些东道国的工会领袖抱怨，同跨国公司打交道时，工会接触不到总部管理者。

一些跨国公司认为，海外子公司在处理劳资关系方面应具有连续的权力与责任。这些跨国公司认为由于当地管理者更熟悉情况，而且在达成协议后，必须由他们在工作中加以观测和实施，因而有必要把权力下放给子公司。它们认为，如果没有这种权力与责任，子公司将难以与员工和员工代表建立良好的关系，而这正是它们成功的关键因素。当然，这种政策的前提假设是海外子公司管理者在处理劳资关系方面已有充足的经验。

有些跨国公司，采取由子公司工会推举代表组成统一的谈判团，与总公司举行集体谈判的做法。如瑞典的一家跨国公司在 21 个国家有子公司，全部员工数达 6 万多。为了便于维权活动，公司各层次的工会组织经常协调立场，交流信息和经验，并统一与总公司举行集体谈判。美国和加拿大等国的一些跨国公司工会也采取类似的做法。

3. 建立协作型劳资关系

20 世纪前半叶，大多数工会的存在是为了改善会员的劳动待遇、劳动条件。现在工会的工作重点发生了变化。因为 20 世纪 60 年代起，世界的民主化潮流兴起，各国保护劳动者权益的法律、法制逐渐健全，加上企业经营方也主动改善员工的工作条件和待遇，减少了工会在这些方面的工作，因此越来越多的工会把工作重点转移到对企业经营管理的参与权上。欧美的跨国公司从日本、德国企业的成功中发现，协作型的劳资关系对企业发展非常重要。在经济全球化的趋势下，跨国公司越来越注重加强劳资双方的合作，鼓励员工参与管理，以培养员工对企业的献身精神。例如，NUMMI（新联合汽车制造公司，是日本丰田和美国通用在加利福尼亚州成立的合资企业，2010 年被特斯拉收购）拥有员工 4500 名，其中 UAW（全美汽车工会）会员占了 85%。NUMMI 经营状态良好，主要原因是与 UAW 建立了协作关系。为了得到 UAW 的合作，NUMMI 宣告不解雇员工，以取得工会和员工的充分信任，同时努力与 UAW 做好分工，并经常互相交流。

建立协作型劳资关系的主要体现是参与管理。根据国际劳工组织（ILO）的定义，参与管理指的是劳动者通过经营系统上的指挥命令系统，有组织地在经营决策上持有发言权。参与管理的主要方式有：

(1) 通过法律赋予参与权　例如，德国的《共同决策法》规定，在2000人以上的大企业的董事会中，员工代表和雇主代表必须占有等同的数量，双方共同额外选举一位中立代表。一旦决策中劳资双方平分秋色，由该中立代表表决决定。类似地，丹麦的相关法律要求在30人以上的公司中必须有员工代表参与董事会。

(2) 集体谈判　这是指劳资双方就工资、工时及雇佣条件和期限进行的定期谈判，谈判结果是签订劳动协议或称"集体合同"。集体谈判后所签的劳动协议，并不一定非常全面。因此，在日常工作中，员工如果对公司某项决定，如解雇、罚款、延长工时等持有异议，一般通过协议中的"申诉程序"（Grievance Procedure）处理解决。

(3) 劳资协议制　这是将原先由集体谈判的项目、内容改成事前协议的方式，日本较为典型。这种方式可以突破集体谈判对时间、内容的限制，劳资之间的交流更开放，信息也不局限于劳动待遇和条件，有助于加强劳资双方全方位的沟通和协作。它是辅助集体谈判的重要方式，也是预防双方关系破裂、员工罢工的一种缓冲手段。如果提高小时工资等事项在劳资协议会上无法达成协议，劳资双方都有权提出进行集体谈判的建议。

(4) 工作现场、第一线的劳动者参与管理　这是通过鼓励普通员工参与企业日常管理活动，发挥全体员工的智慧，强化员工对企业的关注和归属感，直接提高员工的工作生活质量（Quality of Work Life，简称"QWL"）。工会对员工积极参与管理起着不可忽视的推动作用。前文提到的NUMMI就得到了UAW的支持，推动了"质量圈"（Quality Circle）活动在该工厂的实行。

总之，跨国公司处理好与东道国工会关系的总原则是：关心和改善员工的生活和工作条件，注意与当地工会组织的沟通，协调与工会组织的关系，同时应与国际劳工组织保持沟通和联系，以了解有关信息和国际惯例。

本章小结

跨文化人力资源管理是指跨国公司在全球范围内获得、分配和有效使用人力资源的过程。跨国公司的员工可能来自母国、东道国和其他国，其种族构成也多种多样。由于涉及不同国家的文化和民族感情，跨文化人力资源管理的环境变得更加复杂，需要高层管理者具备更深刻的洞察力，在母公司总部和海外子公司之间进行有效的协调。人员的配备与培训、绩效考核、薪酬设计及子公司的劳资关系管理，都会影响公司海外业务能否顺利展开，这对跨文化人力资源管理来说是一个严峻的挑战。

跨文化人力资源管理的方法可以分为民族中心法、多中心法、地区中心法和全球中心法。跨国公司可以根据东道国政治和法律环境、管理水平、教育程度、公司产品的特性，以及组织的生命周期，采用不同的方法进行人力资源管理。海外子公司的人力资源管理者在东道国需注意，母公司的人力资源管理系统与当地文化是否相适应，而母公司的人力资源管理者需认真考虑外派人员的选派、培训、绩效考核、薪酬、归国后的安置，以及海外各子公司之间的协调和平衡。跨国公司应该重视东道国工会，建立协作型劳资关系，平衡企业与员工的利益。

思考题

1. 文化差异是如何影响跨文化人力资源管理的？
2. 跨文化人力资源配置有哪几种方法？选择的依据是什么？
3. 跨国公司的海外管理者应具备的基本条件有哪些？
4. 跨国公司如何处理其劳资关系？

章后案例

德国戴姆勒（Daimler）和美国克莱斯勒（Chrysler）汽车合并

1998年5月，德国戴姆勒-奔驰公司宣布与美国克莱斯勒汽车公司合并（以下将新公司简称为"戴克公司"），金额高达920亿美元，成为世界汽车发展史上规模最大的一次合并。对于这次重组案，一些业界人士认为并不成功，最直接的证据就是合并后新公司的市值还比不上合并前戴姆勒-奔驰公司一家的市值。尽管后来戴克公司经过磨合，经营已经顺畅了许多，但是在经营理念方面仍存在不少分歧。也有人认为，由于未来的汽车发展趋势是集中度更高，因此这种重组合并遭遇挫折也是正常的，是一种整合时的"阵痛"。

通常来说，为了克服彼此间的差异，跨国合并后的公司必须采取特殊的措施。遗憾的是，即使是在两家公司合并的大体框架确定之后，这一桩合并案的跨国本质还没有作为一个特别的问题，放到桌面上认认真真讨论过。理想的企业并购是：要在提高效率和加强策划方面狠下功夫，而用不着过多考虑管理模式是否因地制宜、有的放矢。但是，随着时间的推移，戴克公司合并双方的管理层越来越感到，要想使合并取得圆满的成功，就得认真处理好不同地域、文化的深层次矛盾。这些矛盾更因美国方面的心理不平衡而雪上加霜：克莱斯勒公司的中层管理者认为，这不是一桩平等的合并，更像是克莱斯勒把自己出卖给了外国人。他们担心德国公司严格的纪律会破坏克莱斯勒自由的氛围。合并双方的企业文化和民族文化的碰撞在所难免。

一、美国人和德国人在个性方面的差异

德国人的严谨与美国人的自由是世界皆知的。德国员工严格遵守工作时间，上班时绝不三心二意；下班后，则完全是私人时间，任何与工作有关的事情都免谈。相较而言，美国人若是创意如泉涌，哪管朝九还是晚五，即便在吃饭也会跑来工作；而若是精神萎靡，一整天也不一定能完成什么工作。此外，德国人较为执着，对已做出的决定，他们不会轻易放弃。如果你想要改变他们的想法，必须以充足的证据证明他们的想法是错的。因此，他们在决策或与他人合作时往往缺乏灵活性，遇到不同观点时也不易接受他人的想法，不易与他人相处。美国人则相当自信，经常认为他们的方法是最好的，往往会把自己的想法强加于他人。若遭到对方拒绝，他们还会责怪对方为什么不接受好的建议。

敢于冒险的美国人和讲究效率的德国人搭档，难免会产生问题。在合并后的戴克公司里，美国人在决策时，往往直截了当地提出不同的观点；而德国人缺乏灵活性，不做任何让步和妥协。双方各持己见，这种争执和正面冲突既会伤害彼此良好的初衷，又不利于问题的解决。这也是原克莱斯勒公司的高层管理者在新公司危难之际纷纷离去的重要原因,同样也能证明美国人和德国人的个性难以融合。

二、美国人和德国人对公司忠诚度的差异

根据不确定性规避原理,不同国家的人对不确定性的容忍度不同。强不确定因素规避的行为特征,表现为将不确定性视作一种威胁,因此他们以规避不确定性为其文化价值观,以崇尚和谐、稳定与一致为其行为准则。弱不确定性规避的行为特征是宽容不确定性和保持含糊性,因此他们能接受不同的社会行为方式,鼓励不同的观点,敢于冒险与创新,不求工作的稳定,但求个人的发展。据调查统计,德国的不确定因素规避指数为 -2,而美国为 -81。这一差异说明,在不确定因素规避的文化特征方面,德国相对美国具有强不确定因素规避的文化特征,这一点在两国员工对公司的忠诚度方面也有反映。

一般来说,美国人对公司的忠诚度不高。当公司的目标和利益与美国员工个人的利益相吻合时,他会为公司效劳;当公司的利益与个人的利益相矛盾时,他会毫不犹豫地维护自己的利益。当他在公司看不到发展空间或发现前途渺茫时,不会消极等待,也不会抱怨自己的命运不好,而是依然坚信靠自己的努力,终会实现自我价值。因此,他会积极主动地去寻找能实现自我价值的地方,以使不确定的前途成为确定的前途。戴克公司合并后,克莱斯勒公司高层管理者在与德方合作困难之时频频"跳槽",以谋求新的发展,而不会与德方较劲。这充分证明,当美国管理者的利益与公司的利益毫无直接关系,或当公司的利益与个人的利益相矛盾时,他会毫不犹豫地离去。

三、美国人和德国人在个人主义和集体主义方面的差异

美国和德国虽都属于西方国家,但分析它们在个人主义和集体主义方面的表现之后,我们可以发现:美国属于最强个人主义文化的国家之一,德国属于较弱个人主义文化的国家。这一情况说明,与美国文化相比,德国文化在个人主义方面的表现不明显。也就是说,德国人不像美国人那样完全崇尚个性,相反具有与集体保持一致、以集体利益为重的东方国家的文化特征。

戴克公司在讨论公司管理者与员工薪水或福利的差距时,也反映出不同的个人主义和集体主义的文化特征。Steinmetz 和 White(1998)在分析戴克公司工资分配时发现,德方管理者与员工的工资差距不大,因为德方管理者认为管理者与员工的工资应相对平等,工资的悬殊差异会扩大贫富差距,危害社会安定。同样,德方以奖励集体成绩为主,而不是个人成绩。对德方的这一做法,美方持有不同观点,他们认为管理者应按业绩取酬,既然他对自己所做的决定负责,就理应从每一成功的决策中获得回报,所以管理者与员工的工资应有差距。

合并之初,由于克莱斯勒公司高级管理者手头握有的股票期权一下子变得价值连城,因而他们也在一夜之间暴富。由于美国人拿回家的工资是德国同行的两倍、三倍,甚至是四倍,因此两家公司员工的收入差异等深层次问题也一同浮出水面。此外,还发生了很多德、美员工互相抱怨的事情。例如,戴姆勒公司普通员工可以坐飞机的一等舱,而在克莱斯勒公司只有高层管理者才能享受这种待遇。因此,美方员工责怪德国人花钱大手大脚,浪费公司资源,而德国人却认为这是员工该享受的权利。为协调这一矛盾,戴克公司整整花了六个月的时间,这使得公司高层管理者的主要精力与时间都用于解决由文化差异引起的矛盾,而不

是谋求公司的新发展。

综上所述,在跨国并购的企业中,要想在两种文化之间找到新的平衡点,恐怕还需要花一定的时间,采用双方都能接受的新办法。在磨合两家公司迥然不同的运作模式方面,戴姆勒公司正规得近乎"官僚衙门",一次标准的高级经理会议会"生产"出成堆的文件和会议记录。合并以后的几个月里,受美国同行更为自发性行为的影响,德国人也把书面的官样文章改成了口头的东西。尽管如此,戴姆勒公司和克莱斯勒公司之间平稳磨合的法宝之一,就是:合并后的新公司既不完全按美国人的模式运作,也不照抄德国人的做法,在管理的高层更是如此。这也许是最终解决问题的必然选择。

思考题:
1. 戴姆勒和克莱斯勒合并"失败"的直接原因是什么?
2. 双方在文化上存在哪些差异?
3. 从国际人力资源角度谈谈如何改善美、德两国员工之间的关系。

参考文献

[1] 王朝晖.国际企业管理原理与实务[M].北京:高等教育出版社,2019.

[2] 施奈德,张刚峰,巴苏克斯,等.跨文化管理:第3版[M].张刚峰,译.北京:机械工业出版社,2019.

[3] 商务部跨国经营管理人才培训教材编写组.中外企业跨文化管理与企业社会责任比较[M].北京:中国商务出版社,2018.

[4] 胡玲燕.跨文化人力资源管理[M].武汉:武汉大学出版社,2018.

[5] 王建民.跨文化沟通管理学[M].2版.北京:北京师范大学出版社,2018.

[6] 唐宁玉,王玉梅.跨文化管理:理论和实践[M].北京:科学出版社,2018.

[7] 张智远.跨文化管理案例[M].北京:经济科学出版社,2017.

[8] 圭达,特里奇,费雷南.跨文化项目管理:多元文化项目团队的工具箱[M].赵磊,译.北京:中国电力出版社,2016.

[9] 晏雄.跨文化管理[M].2版.北京:北京大学出版社,2016.

[10] 陈晓萍.跨文化管理[M].3版.北京:清华大学出版社,2016.

[11] 卢森斯,多.跨文化沟通与管理:第9版[M].北京:人民邮电出版社,2016.

[12] 罗帆.跨国公司人力资源管理[M].北京:清华大学出版社,2016.

[13] 德雷斯凯.国际管理:跨国与跨文化管理 第8版[M].周路路,赵曙明,译.北京:中国人民大学出版社,2015.

[14] 林新奇.跨国公司人力资源管理[M].北京:清华大学出版社,2015.

[15] 王朝晖.跨文化管理原理与实务[M].北京:北京大学出版社,2014.

[16] 周洁.跨文化管理:在华跨国公司的员工激励[M].北京:北京师范大学出版社,2014.

[17] 时秀梅.跨国公司跨文化管理研究:基于美国在华跨国公司视角[M].北京:经济管理出版社,2013.

[18] 张智远,于璠.跨文化管理[M].大连:东北财经大学出版社,2013.

[19] 张广宁.在华合资企业核心员工跨文化管理研究[M].北京:经济管理出版社,2011.

[20] BARTEL,KEMPA,舒雨,等.中德跨文化交际与管理[M].北京:商务印书馆,2011.

[21] 霍尔顿.跨文化管理:基于知识管理的视角[M].康青,郑彤,韩建军,译.北京:中国人民大学出版社,2011.

[22] 德雷斯基.国际管理:跨国与跨文化管理[M].宋丕丞,译.北京:清华大学出版社,2011.

[23] 魏小军.跨文化管理精品案例[M].上海:上海交通大学出版社,2011.

[24] 彭绪娟.我国海外工程项目跨文化管理研究[M].成都:西南财经大学出版社,2011.

[25] 吕宛青,赵书虹,罗江波.旅游企业跨文化管理[M].天津:南开大学出版社,2009.

[26] 郑兴山.跨文化管理[M].北京:中国人民大学出版社,2010.

[27] 麦克法林,斯威尼.国际管理:第3版[M].黄磊,译.北京:中国市场出版社,2009.

[28] 卢森斯,多.国际企业管理:文化、战略与行为[M].赵曙明,程德俊,译.北京:机械工业出版社,2009.

[29] 陈晓萍.跨文化管理[M].2版.北京:清华大学出版社,2009.

[30] 霍夫斯泰德.文化之重:价值、行为、体制和组织的跨国比较 第2版[M].许力生,导读.上海:上海外语教育出版社,2008.

[31] 卢森斯,霍杰茨,多.跨文化沟通与管理:第6版[M].北京:人民邮电出版社,2008.

[32] 姜秀珍. 国际企业人力资源管理 [M]. 上海：上海交通大学出版社，2008.
[33] 郭国庆. 国际营销学 [M]. 北京：中国人民大学出版社，2008.
[34] 王朝晖. 跨国公司的人才本土化 [M]. 北京：机械工业出版社，2007.
[35] 余建年. 跨文化人力资源管理 [M]. 武汉：武汉大学出版社，2007.
[36] 窦卫霖. 跨文化商务交流案例分析 [M]. 北京：对外经济贸易出版社，2007.
[37] 王辉. 跨国公司技术联盟管理 [M]. 上海：立信会计出版社，2006.
[38] 任志宏. 企业文化 [M]. 北京：经济科学出版社，2006.
[39] 周施恩. 企业文化理论与实务 [M]. 北京：首都经济贸易大学出版社，2006.
[40] 瓦尔纳，比默. 跨文化沟通：第3版 [M]. 高增安，马永红，孔令翠，译. 北京：机械工业出版社，2006.
[41] 曾仕强. 中国式的管理行为 [M]. 北京：中国社会科学出版社，2005.
[42] 李晓蕊. 儒家经典与中国式管理 [M]. 北京：企业管理出版社，2006.
[43] 卢福财，庄凯. 人力资源管理 [M]. 北京：经济管理出版社，2003.
[44] 陈晓萍. 跨文化管理 [M]. 北京：清华大学出版社，2005.
[45] 库马尔. 国际营销调研 [M]. 陈宝明，译. 北京：中国人民大学出版社，2005.
[46] 德斯勒. 人力资源管理：第9版 [M]. 吴雯芳，刘昕，译. 北京：中国人民大学出版社，2005.
[47] 赵曙明. 国际企业：人力资源管理 [M]. 3版. 南京：南京大学出版社，2005.
[48] 泰勒. 原始文化 [M]. 连树声，译. 桂林：广西师范大学出版社，2005.
[49] 单波，石义彬. 跨文化传播新论 [M]. 武汉：武汉大学出版社，2005.
[50] 道尔顿，厄恩斯特，迪尔，等. 成功的全球化管理者：如何进行跨地区、跨国家与跨文化管理 [M]. 王俊杰，译. 北京：中国人民大学出版社，2005.
[51] 萨默瓦，波等. 跨文化管理 [M]. 闵惠泉，译. 北京：中国人民大学出版社，2004.
[52] 布拉德利. 国际营销战略：第4版 [M]. 王高，王霞，译. 北京：中国人民大学出版社，2004.
[53] 科特勒. 营销管理 [M]. 梅清豪，译. 上海：上海人民出版社，2003.
[54] 巴内. 人际沟通指南 [M]. 刘志刚，袁瑛，译. 北京：清华大学出版社，2004.
[55] 席旭东. 跨文化管理方法论 [M]. 北京：中国经济出版社，2004.
[56] 马春光. 国际企业跨文化管理 [M]. 北京：对外经济贸易大学出版社，2004.
[57] 庄恩平. 跨文化商务沟通案例教程 [M]. 上海：上海外语教育出版社，2004.
[58] 蔡建生. 跨文化生存：在外企的成功之路 [M]. 广州：南方日报出版社，2004.
[59] 刘光明. 企业文化 [M]. 北京：经济管理出版社，2004.
[60] 周晓阳，张多来. 现代文化哲学 [M]. 长沙：湖南大学出版社，2004.
[61] 林新奇. 国际人力资源管理 [M]. 上海：复旦大学出版社，2004.
[62] 李英，班博. 国际人力资源管理 [M]. 济南：山东人民出版社，2004.
[63] 徐波. 第五次企业购并浪潮及对我国经济影响的研究 [M]. 北京：中国商务出版社，2004.
[64] 沃纳，乔恩特. 跨文化管理：第2版 [M]. 郝继涛，译. 北京：机械工业出版社，2004.
[65] 里克斯. 跨国经营失败案例 [M]. 郭武文，译. 北京：中国标准出版社，2003.
[66] 凯特奥拉，格雷厄姆. 国际市场营销学：第11版 [M]. 周祖城，译. 北京：机械工业出版社，2003.
[67] 乔恩特，华纳. 跨文化管理 [M]. 卢长怀，孙红英，杨洁，译. 大连：东北财经大学出版社，2003.
[68] 戴凡，史密斯. 文化碰撞：中国北美人际交往误解剖析 [M]. 上海：上海外语教育出版社，2003.
[69] 吴选锋，姜仲良. 跨国企业20位营销经理中国市场10年征战录 [M]. 北京：企业管理出版社，2003.
[70] 董克用，叶向峰. 人力资源管理概论 [M]. 北京：中国人民大学出版社，2003.

[71] 哈里斯，莫兰．跨文化管理教程：第5版［M］．关世杰，译．北京：新华出版社，2002.
[72] 施奈德，巴尔索克斯．跨文化管理［M］．石永恒，译．北京：经济管理出版社，2002.
[73] 张静河．跨文化管理［M］．合肥：安徽科学技术出版社，2002.
[74] 孙明贵．管理创新的奥秘［M］．北京：机械工业出版社，2002.
[75] 科特勒，阿姆斯特朗．市场营销原理：第11版［M］．郭庆国，译．北京：清华大学出版社，2001.
[76] 赵曙明，道林，韦尔奇．跨国公司人力资源管理［M］．北京：中国人民大学出版社，2001.
[77] 马勒茨克．跨文化交流：不同文化的人与人之间的交往［M］．潘亚玲，译．北京：北京大学出版社，2001.
[78] 雷诺兹，瓦伦丁．跨文化沟通指南［M］．张微，译．北京：清华大学出版，2004.
[79] 张一弛．人力资源管理教程［M］．北京：北京大学出版社，2001.
[80] 库伦．多国管理：战略要径［M］．邱立成，译．北京：机械工业出版社，2000.
[81] 朱筠笙．跨文化管理：碰撞中的协同［M］．广州：广东经济出版社，2000.
[82] 哈曲波．美国式管理［M］．北京：西苑出版社，2000.
[83] 朱明伟．中国管理文化论［M］．上海：立信会计出版社，2000.
[84] 何娟．人力资源管理［M］．天津：天津大学出版社，2000.
[85] 罗钢，刘象愚．文化研究读本［M］．北京：中国社会科学出版社，2000.
[86] 乔恩特，华纳．跨文化管理［M］．卢长怀，孙红英，杨洁，译．大连：东北财经大学出版社，1999.
[87] 赵曙明．企业人力资源管理与开发国际比较研究［M］．北京：人民出版社，1999.
[88] 巴尔索克斯．跨文化管理［M］．北京：经济管理出版社，1999.
[89] 罗鸿．比较管理学［M］．广州：广东高等教育出版社，1998.
[90] 科特，赫斯克特．文化与经营绩效［M］．曾中，李晓涛，译．北京：华夏出版社，1997.
[91] 张德．人力资源开发与管理［M］．北京：清华大学出版社，1996.
[92] 胡军．跨文化管理［M］．广州：暨南大学出版社，1995.
[93] 裘元伦，刘立群．亚洲背景下的中德关系［M］．北京：社会科学文献出版社，1995.
[94] 霍尔．无声的语言［M］．刘建荣，译．上海：上海人民出版社，1991.